PMV RABBIT

VORWORT

Das Bergische Land hat es in sich, sogar für meinen Computer war es nicht leicht. Immer wenn ich Bergisches Land schrieb, wollte er sich nützlich machen und schrieb »bergiges Land«. Ja, hat er denn nicht Recht? Zwischen Wuppertal, Siegburg und Reichshof ist es doch überall auch so bergig, dass man beim Wandern und Radeln schnell aus der Puste kommt! Der Name hat aber gar keinen geografischen Ursprung, sondern stammt aus der Ritterzeit, als östlich von Köln die Grafen von Berg ihre Schlösser, Burgen und Ländereien hatten. Das war dann zuerst nach dem damaligen Sprachgebrauch »Bergsch« und wurde später, weil es sich leichter aussprechen lässt, zu »Bergisch«.

Ein ganzes Jahr voller toller Ausflüge in dieser Landschaft mit vielen Wäldern, Flüssen und Seen liegt hinter mir. Begleitet haben mich Isabel, Lena, Falk, Mark, Kai, Mama, Dirk, Jörg, Dani, mein Hund Balou, das Pissnelken-Tour-Team und einmal sogar 96 Kinder unserer DRK-Stadtranderholung. Nicht alles, was wir besucht und ausprobiert haben, konnte in dieses Buch aufgenommen werden. Aber alles, was drin steht, kann ich auch empfehlen. Wie immer musste ich angesichts der Vielzahl kindgerechter Angebote eine Auswahl treffen und das Gebiet auch räumlich beschränken. Im Norden hört das Bergische Land auf vielen Karten und für viele Leute nicht schon in Wuppertal und Solingen auf.

Auch diesmal habe ich den ganz kurzen, leichten Wanderungen und Radtouren den Vorzug gegeben. Aber lasst es euch gesagt sein: Das Bergische Land ist ein Wanderparadies. Ihr werdet nicht genug davon bekommen. Und wenn nicht alle in eurer Familie gern laufen, verrate ich euch einen Trick: Geocaching! Das ist eine ganz moderne Art der Schatzsuche, bei der euch im Internet, z.B. unter www.geocaching.de verraten wird, wo jemand einen Schatz im Wald versteckt hat. Manchmal braucht ihr einfach nur zu der entsprechenden Koordinate zu laufen, manchmal

Über die Autorin

Die versierte Ausflugsführer-Autorin Ingrid Retterath, von Haus aus Juristin und Rotkreuzlerin, bereist die Region seit ihrer Vorschulzeit. Basislager waren stets Naturfreundehäuser und Jugendherbergen. So hat sie Altbekanntes wieder aufgesucht, Neues aufgestöbert und alles zusammen präzise und aktuell recherchiert.

@ Mehr über die Autorin auf ihrer privaten Homepage www.retterath.net.

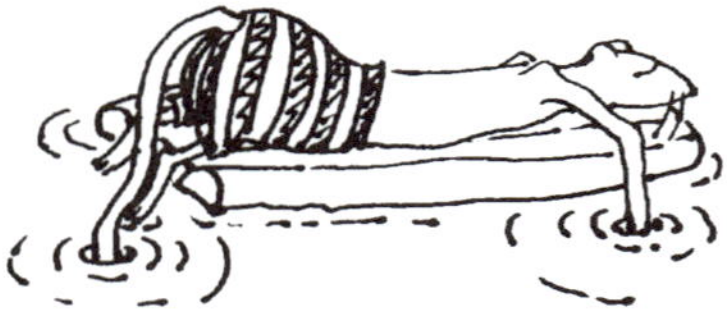

müssen unterwegs noch Aufgaben und Rätsel gelöst werden. Am Ende wartet dann eine kleine Schatzkiste, der Cache, auf euch. Besonders, wenn wir als Geocacher mit GPS-Empfänger, Karte und Kompass unterwegs waren, war schnell die Zeit vergessen und wir konnten am Ende der Tour über 10 km vom Schrittzähler ablesen.

Damit euch die Touren auch sonst nicht langweilig werden, führen sie zu Aussichtstürmen und Ausflugslokalen oder zu Waldbienenhotels und auf Spuren von Köhlern und Bergleuten. Erfrischung findet ihr an heißen Sommertagen an den vielen Stauseen. Im Winter geht es ins Spaßbad oder auf die Rodelpiste. Nicht nur bei schlechtem Wetter interessant sind die vielen Museen, von denen ich wiederum nur die für Kinder besonders spannenden vorstelle. Im bergigen Bergischen gibt es natürlich auch Höhlen, Bergwerke und Seilbahnen, die euch auf die Höhen zu Burgen und Schlössern bringen.

Ich wünsche euch viele schöne Ausflüge

Eure Ingrid Retterath

Zur Gliederung dieses Buches

▶ In diesem Buch wird das Bergische Land in acht Reisekapiteln und einem Servicekapitel vorgestellt. Die Griffmarken am Seitenrand sind von Norden nach Süden und von Westen nach Osten sortiert. Sie weisen euch den Weg zu den Regionen *Solingen, Wuppertal & Remscheid, Wupper & Dhünn, Wahner Heide & Agger, Oberbergische Stauseen, Gummersbach & Umgebung, Homburger Ländchen* und *Nutscheid & Siegtal.*

Innerhalb einer Region findet ihr immer zuerst **Tipps für Wasserratten** und **Aktionen an der frischen Luft.** Wer also schwimmen, paddeln, wandern, skaten oder radeln will, findet hier ebenso gute Adressen wie die Naturfreunde und Umweltforscher unter euch. Höhlen, Tierparks, Märchen- und Erlebnisparks locken ebenfalls ins Grüne. Zum Schluss der Frisch-

Gestatten?

Ich bin Sam, die Wasserratte. Meine Clique und ich begleiten euch mit noch ein paar Freunden auf euren Entdeckertouren durch dieses Buch und das Bergische Land. Darf ich vorstellen:

Karlinchen, unsere Frischluftfanatikerin,

Herr Mau, Experte für Handwerk und Geschichte,

und Mockes, der liebt Musik und Action.

In den Randspalten des Buches findet ihr Tipps zum Einkehren, Einkaufen oder Feiern sowie Hinweise auf weiterführende Literatur, Kartenempfehlungen, Spiel- und Wandertipps ..., ihr werdet ja sehen.

Hinweis in eigener Sache

Die Adressen, Preise und Informationen habe ich an vielen Tagen im ganzen Gebiet zusammengetragen und in ebenso vielen Nächten in den Computer eingegeben. Doch trotz aller Sorgfalt können sich Fehler einschleichen. Und es lässt sich auch nicht verhindern, dass sich Daten noch während des Niederschreibens oder nach dem Erscheinen des Buches ändern. Auf jeden Fall freuen wir – der Verlag und ich – uns, wenn ihr uns auf Fehler und Veränderungen aufmerksam macht. Auch Lob und zusätzliche Tipps sind jederzeit willkommen!

luftaktivitäten findet sich der Winterspaß mit Tipps zum Skifahren, Rodeln und Eislaufen.
Anschließend kommen interessante Ziele aus **Handwerk und Geschichte** wie Besucherbergwerke, Museumsbahnen, Fabrikbesichtigungen, Burgen und Museen, also eher Ziele, die man auch bei schlechtem Wetter ansteuern kann. Abgerundet wird jede Griffmarke mit einem **Festkalender** einschließlich Weihnachtsmärkten und Karnevalsveranstaltungen.
Unter **Info- & Ferienadressen** nenne ich zunächst Informationsstellen und Anfahrtswege zu den Orten und gebe Infos zum umweltfreundlichen Reisen mit Bahn und Bus. Die **Ferien-Adressen** schließlich nennen kinderfreundlichen Unterkünfte, Bauern- und Reiterhöfe sowie Gruppenunterkünfte und Zeltplätze, damit ihr auch ein verlängertes Wochenende im Bergischen Land verbringen könnt. Und damit ihr euch zurecht findet, gibt es einen 10-seitigen **Kartenatlas.**
Jetzt heißt es: Vor die Haustür, fertig – los!

Schreibt an:
Peter Meyer Verlag
– Bergisches Land –
Schopenhauerstraße 11
60316 Frankfurt a.M.
info@PeterMeyerVerlag.de
www.PeterMeyerVerlag.de

Danksagung

Mein Dank gilt all den hilfsbereiten Menschen, die mir meine Fragen beantworteten und mich mit Informationsmaterial versorgten. Bei den Wanderungen halfen mir meine Bookcrosser mit wertvollen Tipps, besonders linguistkris alias Kristina Henschke. Vielen Dank auch für die stete Unterstützung an Kurt Köhler, der mich in Bewegung hielt und an meine Mutter, die während der Recherche meinen Garten versorgte. Ganz lieben Dank an Dirk Winter für die gewohnt schönen Fotos.

SOLINGEN

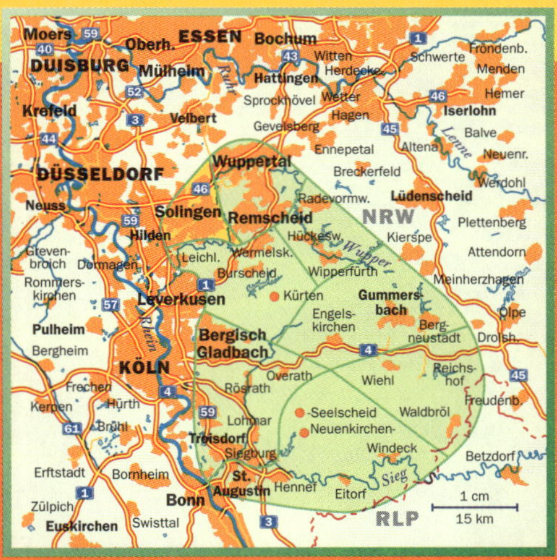

Moers
DUISBURG
Oberh.
ESSEN
Bochum
Mülheim
Ruhr
Witten
Herdecke
Schwerte
Fröndenb.
Menden
Hattingen
Sprockhövel
Wetter
Hagen
Hemer
Iserlohn
Krefeld
Velbert
Gevelsberg
Balve
Lenne
Altena
Neuenr.
Ennepetal
Wuppertal
Breckerfeld
DÜSSELDORF
Werdohl
Neuss
Solingen
Remscheid
Radevormw.
Lüdenscheid
NRW
Plettenberg
Hilden
Hückesw.
Kierspe
Wupper
Greven-
broich
Dormagen
Leichl.
Wermelsk.
Attendorn
Burscheid
Wipperfürth
Meinherzhagen
Rommers-
kirchen
Leverkusen
Kürten
Gummers-
bach
Olpe
Engels-
kirchen
Berg-
neustadt
Pulheim
Rhein
Bergisch
Gladbach
Drolsh.
Bergheim
KÖLN
Reichs-
hof
Overath
Wiehl
Frechen
Rösrath
Freudenb.
Kerpen
Hürth
Lohmar
Seelscheid
Waldbröl
Brühl
Troisdorf
Neuenkirchen-
Siegburg
Windeck
Erftstadt
Bornheim
Betzdorf
St.
Augustin
Hennef
Sieg
Eitorf
Zülpich
Bonn
1 cm
15 km
RLP
Euskirchen
Swisttal

Ein Schloss namens Burg

Ein rundherum schöner Tagesausflug bietet sich in Schloss Burg an der Wupper an. Wie wär's mit einer Wanderung, an deren Ende ihr mit einem Sessellift zu einem Schloss hoch oben über der Wupper fahren könnt? Nach der spannenden Schlossführung und bevor ihr den Rückweg antretet, stärkt ihr euch dann mit einer superleckeren Bergischen Kaffeetafel. Im gesamten Bergischen Land gibt es nirgendwo so viele und noch dazu sehr gute Cafés, die diesen üppigen Imbiss bestehend aus Waffeln, Kuchen, Brot und Wurstplatte anbieten, wie hier.

Auch der Rest **Solingens** hat viel zu bieten: Sportler haben die Wahl zwischen gleich zwei Eislaufmöglichkeiten in der Halle und an der frischen Luft, etlichen Schwimmbädern, weiteren schönen Wanderstrecken und einem Inliner-Paradies. Auch Naturfreunde kommen bei den Tierparks, Gärten, Waldlehrpfaden und Naturkundestationen nicht zu kurz. Sogar eine Sternwarte gibt es in Solingen.

Der *Solinger Familienstadtplan,* 1. Aufl. 2004, ist kostenlos bei der Stadt Solingen, stadtinfo@solingen.de zu haben. Darin sind alle hier und im Serviceteil genannten Ziele eingezeichnet.

Frei- und Hallenbäder

Tipps für Wasserratten

Freibad Schellbergtal

Schellberger Weg 121a, 42659 Solingen. ✆ 0212/42504, Handy 0177/7943699. www.schellbergtal.de. service@freibad-schellbergtal.de. **Anfahrt:** Bus 681 Pfaffenberg, über den Schellberger Weg etwa 10 Min Fußweg. **Auto:** ↗ Solingen. **Zeiten:** Mo – Sa 10 – 19 Uhr, So und Ferien 9 – 19 Uhr. **Preise:** 3 €, 10er-Karte 26 €, Saisonkarte 40 €; Kinder bis 5 Jahre 0,50 €, bis 15 Jahre 1,50 €, 10er-Karte 13 €, Saisonkarte 20 €.

▶ Solarbeheiztes Freibad mitten im Wald. Das Hauptbecken ist 50 m lang, hinein kommt ihr über einen 5-m-Sprungturm, die 1- und 3-m-Bretter und auf der anderen Seite über die 67 m lange, offene Wasserrutsche. Auch in das Lehrschwimmbecken führt eine kleine Rutsche und selbst am Plantschbecken gibt es eine Minirutsche.

Gleichberechtigung: Auf Schloss Burg dürfen auch Mädchen Ritter werden

Happy Birthday!
Geburtstagskinder aufgepasst: An eurem Geburtstag habt ihr freien Eintritt.

Freibad Ittertal

Mittelitter 10, 42719 Solingen-Wald. ✆ 0212/230390, www.ittertal.de. info@ittertal.de. **Anfahrt:** Bus 690 Mittelitter. **Auto:** ↗ Solingen. **Zeiten:** Mai – Sep täglich 10 – 19 Uhr. **Preise:** 3,50 €, 10er-Karte 31,50 €; Kinder 3 – 5 Jahre 1 €, 6 – 16 Jahre 2,50 €, 10er-Karte 22,50 €. Familienkarte 3 Pers 7 €, 4 Pers 9 €.

▶ Unmittelbar an der Itter liegt ein Waldfreibad mit Schwimmerbecken in Wettkampfgröße (50-m-Bahn), Nichtschwimmer- und Plantschbecken. Ausruhen könnt ihr auf der Liegewiese, am Grillplatz oder an den Picknicktischen. Nebenan, wo im Winter die Eisbahn ist, könnt ihr im Sommer die Inliner oder den Basketball auspacken. Im **Restaurant Quitte** im Schwimmbad könnt ihr lecker nach türkischer Art essen.

Wassersport

Startpunkte für Wupper-Kanuten

Auto: Zu den Wanderparkplätzen Wupperhof aus Solingen-Mitte über L427/Odenthaler Weg Richtung Witzhelden. Zur Müngstener Brücke A46 Kreuz Sonnborn, L74 Richtung Solingen, am Ende der Straße rechts Richtung Solingen und sofort links in das Sträßchen.

▶ Mit dem eigenen Boot können geübte Kanuten ohne größere Probleme die Wupper befahren. Günstige Einlassstellen sind die Wanderparkplätze Wupperhof (L427/Odenthaler Weg) und Müngstener Brücke (B229).

RAUS IN DIE NATUR

Radeln und Skaten

Skaten in Solingen

▶ Ein spezieller Spiel- und Skaterpark liegt in Solingen-Höhscheid in der Neuenkamper Straße gegenüber der Straße namens *Bauermannskulle.* Wettergeschützt läuft es sich gut im ↗ Rollhaus. Außerdem könnt ihr im Freizeitzentrum Ittertal, im Jugendpark Oligs, neben dem Hallenbad Vogelsang und im Bärenloch eure Rollen heiß laufen lassen.

Rollhaus

Konrad-Adenauer-Straße 8 – 10, 42651 Solingen-Schlagbaum. ✆ 0212/2216149, www.rollhaus.de. info@rollhaus.de. Im alten Mühlenhof-Kino. **Anfahrt:** Bus 681, 683 Mühlenplatz. **Auto:** A46, Ausfahrt 30 Haan-Ost, Richtung Solingen-Zentrum, Wuppertaler Straße, links auf die Schlagbaumer Straße, die in die Konrad-Adenauer-Straße übergeht. **Zeiten:** Mi, Fr – So 13 – 21 Uhr. **Preise:** 3 €, 5er-Ticket 12 €, 10er-Ticket 23 €.

▶ Diese Skate-Halle ist ganzjährig ein Paradies für Kinder mit Skateboard, Inlinern, City-Rollern, BMX-Fahrrädern und Mountainbikes. Kein Herbstlaub oder Regen trübt den Fahrgenuss auf Rampen, Rails und Halfpipes. Hier werden samstags speziell für 6 bis 10-Jährige Skateboard-Kurse angeboten, donnerstags 13 – 17.30 Uhr heißt es Skaten für Kinder im Alter 6 – 12 Jahre.

Der Solinger Korkenzieher

Länge: bis zu 12 km einfach. Durchgängig etwa 3 m breiter Weg mit Dämmen und Brücken, nur für Reifen, die Schotter vertragen. **Auto:** ↗ Solingen.

▶ Früher fuhren hier Züge, heute sind es Fahrräder und Kinderwagen. Viele fleißige Hände verwandeln die alte Trasse der **Korkenzieherbahn** in einen besonderen Fuß- und Radweg. Insgesamt 12 km lang soll er werden, die ersten 8 km zwischen Gleisdreieck und Carl-Ruß-Straße sind schon fertig und können für erholsame Wanderungen und Radtouren genutzt werden. Bald wird auch der letzte Bauabschnitt bis zur Stadtgrenze nach Wuppertal an der L357n folgen.

*Die alte **Bahntrasse** zwischen dem Hauptbahnhof Solingen und Wuppertal-Vohwinkel windet sich fast spiralförmig durch die Solinger Stadtteile und wird deshalb von den Solingern Korkenzieher genannt.*

Wandern und Spazieren

Wandern an der höchsten Eisenbahnbrücke Deutschlands

Müngstener Brückenweg 71, 42659 Solingen. www.muengstener-bruecke.de. **Länge:** 1,5 km pro Richtung, bis Burg je 3 km, leichte Streckenwanderung im Tal entlang der Wupper. **Anfahrt:** Bus 658 bis Alte Wendung oder RB 67 bis Solingen-Schaberg. **Auto:** A46, ab Kreuz Sonnborn L74 Richtung Solingen. Am Ende der Straße rechts Richtung Solingen und sofort links in das Sträßchen unter der Brücke.

▶ Die **Müngstener Brücke** liegt 107 m über der Wupper und ist deshalb die höchste Stahlgitterbrücke Deutschlands, sie ist 465 m lang. Das Mauerwerk wiegt 27.500 t, die Eisenkonstruktion nochmal 5000 t, das Eisen allein wiegt also so viel wie 1000 Elefanten! Die Baukosten betrugen 2.646.368,25 Mark, das war im Jahr 1897 viel, viel Geld.

Der Wanderweg von der Müngstener Brücke zur Wupperbrücke und zur Waldschänke Wiesenkotten ist nur

Unter der Müngstener Brücke: Sie ist beeindruckend hoch, doch das Bad in der Wupper ist auch nicht zu verachten

anderthalb Kilometer lang, führt über gut zu laufende Wege und ist nicht zu verfehlen. Wer dort noch nicht sofort zurückgehen will, gelangt nach weiteren 1,5 km nach *Unterburg* zur Talstation der Seilbahn, die hinaufführt zum *Schloss Burg* an der Wupper. Nach der Besichtigung ist dann eine Bergische Kaffeetafel genau die richtige Grundlage, um gestärkt den Rückweg anzutreten. So macht ihr insgesamt einen herrlich gemischten Ausflug aus Natur, Technik, Kultur und Leckerei.

Minigolfplatz, ✆ 0212/46369, mit Kiosk nicht weit vom Startpunkt, pro Runde 1,80 €, für Kinder 1,20 €.

Von Schloss Burg zum Diederichstempel

Solingen-Burg an der Wupper. **Länge:** 4,3 km anstrengende Wanderung bergauf und bergab. **Anfahrt:** Bus 266, 689 Schloss Burg. Den Rückweg kann man mit Bus 264, 689 Höhrath abkürzen. **Auto:** A1, Abfahrt 96 Schloss Burg/Wermelskirchen, Beschilderung folgen.

▶ Wer in **Burg** nach einer üppigen Bergischen Kaffeetafel dringend Bewegung braucht, kann sofort am Schlossparkplatz losgehen. Der Weg hinten links am Parkplatzende führt zunächst ins Tal, dann als A5 gekennzeichnet rechts zum **Diederichstempel.** Hier habt ihr – je nach Witterung – eine schöne Aussicht auf Schloss Burg und Unterburg oder Regenschutz. Am *Angenscheider Bach* entlang führt der Weg anschließend wieder steil bergauf. An der nächsten Gabelung geht ihr allerdings nicht links der Markierung A5 über den Bach hinterher, sondern geradeaus den Berg hinauf nach **Höhrath.** Oben angekommen lauft ihr links durch den Ort. Die Straße ist kaum befahren. Findet ihr die Mauer, auf die irgendein Spaßvogel echte Wanderschuhe gestellt und mit Blumen bepflanzt hat? Am Ortsende, kurz vor der Straßengabelung, führt der Weg wieder links ins Tal hinab. Ab hier an Weggabelungen immer den Wegweisern nach **Oberburg** folgen. Links könnt ihr zwischendurch noch einen kleinen Abstecher von 50 m zu einem Kriegerdenkmal machen. Ansonsten geht es einfach geradeaus wieder zurück nach **Burg.**

Hunger & Durst

Obwohl wir uns durch etliche Bergische Kaffeetafeln gefuttert haben (natürlich rein zu Recherchezwecken), ist es mir nicht gelungen, all die vielen Cafés in Burg für euch zu testen. Eine Übersicht findet ihr auf www.schlossburg.de/auf_schlossburg. Meinen Recherchehelfern und mir sind die Waffeln im **Kalkum,** ✆ 0212/44327, und im **Burghof,** ✆ 0212/41024, besonders lecker in Erinnerung.

Natur und Umwelt erforschen

Biologische Station Mittlere Wupper

Vogelsang 2, 42653 Solingen. © 0212/2542727, Fax 2542728. www.bsmw.de. info@bsmw.de. **Anfahrt:** Bus 682 Heresbachstraße, 683 Wasserturm. **Auto:** A46, Ausfahrt 30 Haan-Ost, B224 über Central bis zum ehemaligen Wasserturm, dort rechts in die Germanenstraße und wieder rechts in die Frankenstraße Richtung Botanischer Garten. **Preise:** Halbtagesexkursion 4 €; Kinder bis 12 Jahre kostenlos.

▶ Bei dieser Biostation erhaltet ihr alle Infos über Schutzgebiete im Bergischen Städtedreieck. Schon allein die Homepage umfasst viele Beschreibungen von heimischen Tieren und Pflanzen. Das kann aber natürlich eine naturkundliche Wanderung oder Exkursion nicht ersetzen. Dabei gehen Biologen und Ökologen mit euch los und zeigen Tiere und Pflanzen, an denen man sonst achtlos vorbeigehen würde. Gute Ohren braucht ihr bei der Vogelstimmenexkursion und eine Wanderung hat sogar die Delikatessen am Wegesrand zum Inhalt. Bei der bekommt ihr gezeigt, wie viele leckere Pflanzen im Wald und an den Feldern wachsen, die die meisten Leute einfach als Unkraut abtun.

Nach Voranmeldung führt die Biologische Station Gruppen, z.B. durch die Ohligser Heide, den Brückenpark Müngsten oder über den Wildbienenlehrpfad. Eine zweistündige Gruppenführung durch die Ohligser Heide oder den Brückenpark Müngsten kostet 75 €, eine einstündige Gruppenführung durch den Wildbienenlehrpfad 50 €.

Wandern auf dem Waldschadenslehrpfad

Solingen-Glüder. **Länge:** 3,5 km lange Rundwanderung über breite Waldwege, Kennzeichnung A1, mit robustem Kinderwagen machbar. **Anfahrt:** Bus 252 Glüder. **Auto:** Kreisstraße K4 (Balkhauser Weg) Solingen-Mitte – Leichlingen-Witzhelden.

Startpunkt ist die Brücke zwischen den beiden Wanderparkplätzen in Glüder. Nach wenigen Schritten auf der Straße zum Tierheim führt der Weg von der Wupper weg und schräg nach rechts in den Wald hinauf. Die *Deutsche Waldjugend* hat von hier bis zur Waldschule auf der Strohner Höhe einen ganz besonderen Lehrpfad angelegt. Auf Infotafeln bekommt ihr nicht nur ganz allgemein die Gefahren des Waldsterbens erklärt. An einzelnen Bäumen werdet ihr ganz genau auf Schäden aufmerksam gemacht, die Laien wahrscheinlich gar nicht sehen. Schlimm, wie krank der Wald bei genauerem Hinsehen schon ist!
Der Weg führt hinter der Waldschule weiter den Berg hinauf und an der Schutzhütte rechts zur Staumauer der Sengbachtalsperre. Die ist schon über Hundert Jahre alt, sie wurde 1903 eingeweiht. Geht über die Staumauer und gleich dahinter rechts auf einem asphaltierten Weg hinunter zum Hammerbachtal. Dort führt der Weg oberhalb der Kreisstraße bergab und über zwei Holzbrücken zurück nach Glüder.

Biologische Station

Waldschule Solingen, Strohner Höhe 1, 42659 Solingen-Strohn. © 0212/295-1095, Fax 295-1096. **Anfahrt:** Bus 252 Glüder. **Auto:** Kreisstraße K4 (Balkhauser Weg) Solingen-Mitte – Leichlingen-Witzhelden. **Zeiten:** Büro Mo – Fr 8.30 – 12.30 Uhr.

Möchtet ihr mit eurer Schulklasse dem Wald lauschen, wie er in den Jahreszeiten klingt und dabei den Duft des Waldbodens einatmen? Oder möchtet ihr mit der Lupe Ausschau nach Krabbeltieren halten, dem geschäftigen Treiben der Bienen und Hummeln zuschauen oder mit Gummistiefeln durch die Wupper laufen und etwas über das geheimnisvolle Leben der Eintagsfliegen und Köcherfliegenlarven erfahren? Dann seid ihr in der Solinger Waldschule genau richtig. Hier können schon Kindergartenkinder weiches Moos und harte Baumrinde streicheln. Allen macht das Basteln mit Rinde, Ästen und anderen Materia-

Öko-Tipps für die (Rad-)Wanderung

- *»hinterlasse nichts, nicht einmal deine Spuren« – alte Indianerweisheit*
- *Pflanzen nicht abreißen oder ausbuddeln*
- *Pilze nicht zertreten, Tiere brauchen sie als Nahrung*
- *gegen einen kleinen Handstrauß ist nichts einzuwenden, doch dürfen keine geschützten Arten darunter sein*
- *in Naturschutzgebieten dürfen keine Sträuße gepflückt werden*
- *keine Namen und Herzen in Bäume schnitzen; solche Botschaften interessieren keinen, Bäumen tun sie weh*
- *Tiere in Ruhe lassen*
- *nicht in Ameisenhaufen rumstochern: ihr zerstört sonst einen ganzen Staat*
- *Hunde müssen angeleint werden*
- *Staudämme nach dem Spielen wieder abbauen*

Auf dem Gelände der Waldschule findet ihr eine Kräuterspirale, einen Barfuß-Fühlpfad, Weidenzelte und eine gemütliche Sitzgruppe mit Grillmöglichkeit!

lien aus dem Wald Spaß. Wenn ihr wollt, geht ihr bei einer Walldrallye auf Schatzsuche oder streift als Waldwichtel oder Waldindianer umher.

Sternwarte Solingen

Walter-Horn-Gesellschaft, Sternstraße 5, 42719 Solingen-Wald. ✆ 0212/232425, 2324266, Fax 2324260. www.sternwarte-solingen.de. info@sternwarte-solingen.de. **Anfahrt:** Bus 682 Röntgenstraße, dann 250 m Fußweg. **Auto:** ↗ Solingen. **Zeiten:** Fr, Sa 20 Uhr und nach Vereinbarung. **Preise:** 4 €; Kinder und Schüler bis 18 Jahre 2 €.

▶ In diesem wetterunabhängigen Sterntheater könnt ihr Sternführungen und Himmelsbeobachtungen machen. Wenn euch das Erwachsenenprogramm zu schwierig ist, meldet euch doch einfach für eines der vielen Kinderprogramme an. An ausgewählten Samstagen, die rechtzeitig auf der Terminseite im Internet bekannt gegeben werden, erfahrt ihr viel über Astronomie, also Sternkunde. Schon Vorschulkinder lernen bei der astronomischen Märchenstunde »Wie der große Bär an den Himmel kam« erstaunliche Geschichten aus der Welt der Sterne kennen. Kurz vor Weihnachten wollt ihr vielleicht mehr über den Stern von Bethlehem erfahren. Oder soll es lieber ein Flug mit dem Space Shuttle, eine Zeitreise zu Galileo Gallilei oder eine Antwort auf die Frage sein, warum Sterne vom Himmel fallen?

Tierparks und Gärten

Tierpark Fauna

Lützowstraße 347, 42627 Solingen. ✆ 0212/591256, www.tierpark-fauna.de. info@tierpark-fauna.de. **Anfahrt:** Bus 695 Eugen Maurer Heim, dann 10 Min zu Fuß über die Melanchtonstraße stadtauswärts, geradeaus am Seniorenheim vorbei. **Auto:** ↗ Solingen. **Zeiten:** Mo – Fr 9 – 18 Uhr, Sa, So 9 – 19 Uhr, im Winter nur bis 17 Uhr.

Im Juni wird im Tierpark Fauna ein großes **Sommerfest** gefeiert.

Preise: 3,50 €; Kinder 4 – 14 Jahre 2 €; Ermäßigung für Gruppen auf Anfrage.

▶ Bei einem Rundgang in diesem Tierpark begegnet ihr vielen heimischen Tieren, aber auch echten Exoten. Damit fängt auch gleich euer Rundgang an: In den Papageienhäusern seht ihr Kakadus, Amazonen, Graupapageien, Aras und Sittiche. Einige der nächsten Vögel kennt ihr sicher aus dem Garten: Sperlinge, Stare, Amseln, Drosseln und Grünfinken sind nur einige davon. Danach bekommt ihr Nasenbären, Luchse und niedliche Erdmännchen zu sehen. Nun folgen Ibisse und andere Vögel, bevor ihr die Shetlandponys und den Hausesel trefft. Nicht weit davon entfernt besucht ihr die Java-Affen und die Weißbüscheläffchen. Hinter dem Affenhaus stehen Flamingos, gegenüber Stachelschweine. Im Teich tummeln sich Gänse, Schwäne, Enten und andere Schwimmvögel. Gleich nach einem weiteren Vogelhaus werdet ihr wohl auf dem Spielplatz eine Pause einlegen wollen, bevor ihr die Zwergziegen, Vierhornschafe und Mufflons besucht. Rechts seht ihr dann noch Uhus, Eulen, Käuze und Bussarde, bevor der Rundgang bei den Meerschweinchen und Kaninchen zu Ende ist.

Wisst ihr, was »Fauna« bedeutet und woher der Begriff stammt? Fauna ist der Fachbegriff für die Tierwelt und geht auf die gleichnamige griechische Waldgöttin zurück. Das Gegenstück dazu ist »Flora«, die römische Frühlingsgöttin, nach der wir die Pflanzenwelt bezeichnen.

Botanischer Garten

Stiftung Botanischer Garten Solingen e.V., Vorsitzende: Ingeborg Meuter-Reckermann, Vogelsang 2a, 42653 Solingen. ✆ 0212/819793 (Anmeldung zu Führungen), www.botanischer-garten-solingen.de. botanischer-garten@solingen.de (Garten), I.Meuter-Reckermann@t-online.de (Führungen). **Anfahrt:** Bus 682 Heresbachstraße, Bus 690 Eigen, Bus 692, 693 Vogelsang oder Klinikum. **Auto:** ↗ Solingen. **Zeiten:** Freiland April – Sep 8 Uhr – Dämmerung (max. 20 Uhr), Okt – März 9 Uhr – Dämmerung (max. 18 Uhr), Schauhäuser Mo – Do 10 – 15.30 Uhr, So, Fei 10 – 13 Uhr. **Preise:** Eintritt frei, um Spenden wird gebeten. **Infos:** Hunde haben in den Schauhäusern keinen Zutritt, im Freiland nur an der kurzen Leine.

▶ In diesem Botanischen Garten könnt ihr zu jeder Jahreszeit die schönsten Blumen ansehen. Im Frühjahr stehen der Primel- und der Irisgarten in voller Blüte, im Sommer ist es im Rosengarten und auf der Staudenterrasse am schönsten. Später im Jahr werden dann die Früchte im Obstgarten reif und die Heide blüht. Im Alpengarten blüht es vom Frühjahr bis zum Herbst. Wenn die Pflanzen draußen in der Winterruhe sind, ist ein Besuch im Tropenhaus und in den Gewächshäusern mit Orchideen, Kakteen, Bananen, Zimt und vielen anderen tropischen Pflanzen ein schöner Ersatz.

Aber nicht, dass ihr denkt, im Botanischen Garten könne man nur Blumen anschauen: Hier gibt es auch einen **Wildbienenlehrpfad** und einen Pfad, wo ihr mit geschlossenen Augen fühlen sollt, auf welchem Untergrund ihr geht. Und genau die Mitte des Geländes bildet ein Kinderspielplatz.

Solinger Vogelpark und Streichelzoo

Hermann-Löns-Weg 71, 42697 Solingen-Ohligs. ✆ 0212/75936, Fax 3834864. www.solinger-vogelpark.de. info@solinger-vogelpark.de. **Anfahrt:** ↗ Solingen. **Zeiten:** Mo – Fr 9 – 18 Uhr, Sa, So, Fei 9 – 19 Uhr, Ende Sep – Ende März nur bis 17 Uhr. **Preise:** 2,50 €; Kinder 2 – 13 Jahre 1,50 €; Familienjahreskarte 50 €, Ermäßigung ab 15 Pers. **Infos:** Hunde dürfen auch in den Park, aber nur an der Leine.

Reißen den Schnabel ganz schön weit auf: Farbenfrohe Papageien

▶ Ursprünglich als reiner Vogelpark gegründet, macht das Federvieh inzwischen nur noch zwei Drittel aller 450 Tiere aus, die ihr hier kennen lernen werdet. Vertreten sind etwa 120 Vogel- und 20 Säugetierarten. Besonders viele Kinder stehen immer bei den sprechenden Vögeln (Ara, Kakadu und Beo) und bei den exotischen Tieren wie Emus, Nasenbären und Kängurus. Zu Ostern, an den Adventssonntagen und an Weihnachten gibt es für kleine Besucher sogar eine Überraschung.

Spiel- und Erlebnisparks

Familienparadies Ittertal

Ittertaler Straße 50, 42627 Solingen. © 0212/ 3809691, Fax 3809694. www.itterpit.de. schmelterb@ aol.com. **Anfahrt:** Bus 690 Oberitter. **Auto:** ↗ Solingen. **Zeiten:** April – Sep Di – So, Okt und März Sa, So 11 – 18 Uhr, in den Ferien täglich 11 – 19 Uhr.

▶ Indoor- und Outdoor-Spielpark mit Märchenexpress, Märchenwald, Streichelzoo, Karussells, Schaukeln, Trampolinen und Elefantenflug. Die Benutzung der Geräte ist im Eintrittspreis enthalten. Auch das Tretbootfahren auf dem Feensee, Kernstück des Parks mit Enten und Schwänen drauf und Karpfen drin. Der Märchenwald von 1920 steht unter Denkmalschutz und wurde jüngst renoviert. Restaurant, Biergarten und Picknickplätze vorhanden.

Happy Birthday!
Geburtstagskinder haben freien Eintritt!

Das Solinger Bärenloch

Solingen. Zugang über Cronenberger Straße, Bimericher Straße oder Untere Werner Straße. **Anfahrt:** Bus 684, 685 Stöckerberg, dann durch Schweizer Straße, dann links in Untere Wernerstraße und rechts namenloser Fußweg, 10 Min. **Auto:** ↗ Solingen.

▶ Jederzeit zugängliche Freizeitanlage mit riesigem Spielplatz, Naturbühne, Bolzplatz, Grillplatz (gratis), Friedenswäldchen, Skateranlage, Teich sowie Baseball-, Streetball- und Beachvolleyball-Plätze.

Natur erleben und spielen am Engelsberger Hof

Langhansstraße, 42627 Solingen-Ohligs. **Anfahrt:** Bus 691 St.-Lukas-Klinik. **Auto:** Die Langhansstraße ist von SG-Merscheid kommend die Verlängerung der L288n, von SG-Ohligs Bonner Straße Richtung A3 bzw. Leichlingen, am Ortsausgang rechts. **Zeiten:** frei zugänglich.

▶ Parkanlage mit großem Spielplatz (Dampflok, Klettergerüste, Street- und Volleyballplatz ...), Grillplatz (frei zugänglich) am Südrand des Naturschutzgebiets Ohligser Heide.

Tiki-Kinderland

Katternberger Straße 111, 42655 Solingen. ✆ 0212/814060, Fax 499575. www.tiki-kinderland.de. info@tiki-kinderland.de. **Anfahrt:** Bus 696 Worringer Straße. **Auto:** A46, Ausfahrt 30 Haan-Ost, B224 bis Kreuzung Werwolf, dann Beschilderung folgen. **Zeiten:** Mo – Fr 14 – 19 Uhr, Sa, So, Fei, Ferien 11 – 19 Uhr. **Preise:** 2,50 €; Kinder bis 2 Jahre 1,50 €, bis 12 Jahre 5,70 € (Sa, So 6,70 €).

▶ 3500 qm großer Indoor-Spielplatz für jedes Alter. Im Sommer steht auch ein Außenbereich zur Verfügung. Gemäß dem Slogan »Hier kann ich Kind sein« bietet das Spielparadies alle Attraktionen, die Kinderherzen begehren, vom Babybereich über Trampoline, Hüpfburgen, Bowling, Elektro-Karts bis hin zum Paddelbecken. Besonders beliebt sind die vom Tiki-Kinderland veranstalteten Piratennächte mit Übernachtungsparty. Bei einem Kindergeburtstag stärkt ihr euch nach dem Toben am gedeckten Tisch in den abenteuerlich gestalteten Geburtstagskojen. Die im Südsee-Stil dekorierte Gastronomie lädt bei familienfreundlichen Preisen zum Verweilen ein.

Grillplätze in Solingen

▶ Drei der Solinger Grillplätze sind frei zugänglich und kostenlos, d.h. wer zuerst kommt, hat den Platz. Erst für Gruppen ab 100 Personen braucht ihr eine kostenpflichtige Genehmigung. Infos bei der Stadt Solingen, ✆ 0212/2904302.

Solingen-Mitte: Grünanlage Bärenloch.

Solingen-Oberburg: Sportplatz.

Solingen-Ohligs: Freibad/Eisbahn Ittertal, Kontakt ✆ 0212/230390. Grillhütte für etwa 20 Pers, auch im Winter nutzbar. Miete 29 € plus Eintritt.

Solingen-Ohligs: Grünanlage Engelsberger Hof.

Wintersport und -spaß

Eissporthalle Solingen

Brühler Straße 20, 42697 Solingen. ✆ 0212/5996700, Fax 5996702. www.eissporthalle-solingen.de. **Anfahrt:** Bus 681, 683, 684, 686, 697 Werwolf oder Lagerstraße. **Auto:** ↗ Solingen. **Zeiten:** Mo – Fr 8 – 10, 11 – 13 Uhr, Mo 17 – 19 Uhr, Di, Mi, Fr 14 – 16 Uhr, Do 17 – 21 Uhr Eisdisco, Sa 9.30 – 10.45 Schlägerlaufzeit, 11 – 13, 14 – 16 Uhr, 17 – 20 Uhr Familiendisko, So 9 – 12, 15 – 18 Uhr. **Preise:** 3,50 €, 10er-Karte 17,50 €, Schlägerlaufzeit 4 €; Kinder bis 13 Jahre 2 €, 10er-Karte 12,50 €, 14 – 17 Jahre 2,50 €, 10er-Karte 17,50 €. Schlägerlaufzeit und Disco für Kinder und Jugendliche 3 €; Schlittschuhverleih 3 €, Schleifen 5 €. **Infos:** Barrierefreie Eishalle und Toilettenanlagen.

▶ In dieser Eissporthalle könnt ihr das Schlittschuhlaufen lernen, Kunststücke üben oder einfach nur eure Runden drehen. Samstags während der Schlägerlaufzeit werden etliche Pucks gejagt. Und richtig heiß geht es auf dem Eis her, wenn donnerstags und samstags Disko angesagt ist. Anschließend könnt ihr euch im Bistro stärken.

Eislaufanlage Ittertal

Mittelitter 10, 42719 Solingen-Wald. ✆ 0212/230390, Fax 2303910. www.ittertal.de. info@ittertal.de. **Anfahrt:** Bus 690 Mittelitter. **Auto:** ↗ Solingen. **Zeiten:** Ende Nov – Mitte März (je nach Witterung) Mo, Do 11 –

Im Sommer, wenn das Freibad geöffnet ist, wird die Eislaufanlage zum Tummelplatz für Inline-Fahrer und Basketballer.

An den Ohren fest zugegriffen und schon geht's ab: Eiswichtellaufen auf dem Eisplatz Itterfeld

14 Uhr, Di, Mi, Fr, Sa, So 11 – 19.30, Do 16.30 – 21.30 Uhr. **Preise:** 3,50 €, 10er-Karte 31,50 €; Kinder 3 – 5 Jahre 1 €, 6 – 16 Jahre 2,50 €, 10er-Karte 22,50 €. Familienkarte 3 Pers 7 €, 4 Pers 9 €; die letzte Stunde vor Schluss ist für Kinder bis 5 Jahre frei und kostet für jeden ab 6 Jahre 1,50 €. **Infos:** Im Verleih sind Schlittschuhe der Größen 23 – 49. Verleih 3 €, Schleifen 3,50 €.

▶ Bei Minustemperaturen braucht ihr in keine Eishalle zu gehen. Viel schöner ist das Fahren unter freiem Himmel auf der einzigen Freilufteisbahn im Bergischen Land. Hier könnt ihr bei fetziger Musik eure Runden drehen. Anfänger lassen sich von einem der drei Eislaufwichtel helfen, an denen ihr euch beim Fahren festhalten könnt. Ganz Bequeme setzen sich auf den Kufenstuhl und lassen sich über das Eis schieben. Die abtrainierten Kalorien könnt ihr im *Restaurant Quitte* auffüllen oder euch ein Picknick mitbringen, Picknicktische sind vorhanden. Und das nette Team im Ittertal schafft es sogar, das Eis bis +12 Grad zu erhalten.

HANDWERK UND GESCHICHTE

Bahnen und Betriebe

Berg- und Tal-Tour zum Manuelskotten

Straßenbahnmuseum Kohlfurth, Info: Bergischer Ring e.V., Bahnhofstraße 5, 42651 Solingen. ✆ 0212/ 2239120, Fax 2239121. www.bergischer-ring.de. info@bergischer-ring.de. **Anfahrt:** Ab Wuppertal Hbf CityExpress-Linie CE 64. **Auto:** A46, am Sonnborner Kreuz südwärts auf der L74 zur Abfahrt Wuppertal-Kohlfurth, Kohlfurther Brücke, hinterm Strandcafé parken. **Zeiten:** April – Okt 2. und 4. So im Monat 10.40 – 17.20 Uhr halbstündlich. Manuelskotten: Schulklassen mit Voranmeldung Mi 10 – 13 Uhr, alle übrigen Gruppen nach Vereinbarung. **Preise:** Einzelfahrt 2 €, Rückfahrkarte 3 €; Kinder 10 – 16 Jahre 1 bzw. 1,50 €, Manuelskotten: Eintritt frei. **Infos:** Manuelskotten, Kaltenbacher Kotten 1, 42349 Wuppertal, ✆ 0202/563-6498.

▶ Diese Tour ist etwas ganz Besonderes für Bahnfans. Mit den historischen Straßenbahnen, die älteste ist von 1927, fahrt ihr auf Deutschlands kleinstem Straßenbahnnetz durch das waldreiche Kaltenbachtal. Unterwegs könnt ihr die Fahrt an verschiedenen Haltestellen unterbrechen, z.B. am **Manuelskotten**. An der Endstation führt eine kleine Wanderung zu Kaffee und Kuchen zum Naturfreundehaus in waldreicher und romantischer Umgebung. Unvergessliche Panoramablicke über das Bergische Land runden diesen Ausflug ab.

Der seit 1755 arbeitende Kotten läuft wie eh und je und steht dabei für Besucher offen. Er war einst einer von sechs Wasserkraftanlagen, die allein im engen Tal des Kaltenbachs arbeiteten: zwei Hammerwerke, drei Schleifkotten und eine Mühle. Heute ist der Manuelskotten nicht nur die letzte mit einem Wasserrad betreibbare Anlage an diesem Bach, sondern der letzte Kotten von Wuppertal überhaupt. In seinen besten Zeiten haben bis zu 28 Mann an den Nass- und Trockenschleifstellen im Untergeschoss und an den Pliest- und Polierscheiben im Obergeschoss des Kottens gearbeitet. Diese Schleifer waren zum größten Teil selbstständig. Sie arbeiteten also auf eigene Rechnung und hatten den Arbeitsplatz und den Antrieb von den Eigentümern des Kottens stundenweise angemietet. Heute werden hier von einem Remscheider Schleifer noch Cutter- und Spezialmesser für Fleischer und Metzger hergestellt. Wie früher geht der Schleifer dabei in »Knie- und Schleifblotschen« (Knieschonern und Holzschuhen) zu Wer-

Der Manuelskotten – offiziell heißt er Kaltenbacher Kotten – ist nach dem früheren Besitzer Emanuel Morsbach benannt. Mundartlich korrekt wird der Name Manewellskotten ausgesprochen. Seit 1993 gehört der Kotten der Stadt Wuppertal als Außenstelle des Historischen Zentrums, Engelsstraße 10, Di – So 10 – 13, 15 – 17 Uhr.

Hunger & Durst

Naturfreundehaus Am Hülsberg, ✆ 0202/474382, geöffnet an Berg- und Taltour-Tagen und am Wochenende. Hausmannskost sowie Kaffee und Kuchen, ↗ Ferienadressen.

ke: Mit den Knien drückt er das Werkstück gegen den rotierenden Schleifstein.

Mit der Seilbahn zum Schloss Burg

Seilbahn Burg GmbH, Hasencleverstraße 2, 42659 Solingen-Burg. ✆ 0212/43181 (Bergstation), 42264 (Talstation), Fax 44950. www.seilbahn-burg.de. info@seilbahn-burg.de. **Anfahrt:** Bus 266, 653, 683, 689 Schloss Burg. **Auto:** A1, Ausfahrt 96 Wermelskirchen, Beschilderung folgen, kostenloser Parkplatz an der Talstation. **Zeiten:** April – Okt täglich 10 – 17 Uhr, Dez, Jan So 12 – 17 Uhr, Feb, März Sa, So 12 – 17 Uhr, Nov Sa, So 10 – 17 Uhr, Gruppenfahrten auch nach Vereinbarung. **Preise:** einfache Fahrt 2 €, Hin- und Rückfahrt 2,80 €; Familien (bis 3 Ki unter 14 Jahre) 5,60 € bzw. 8,10 €, Schwerbehinderten- und Gruppenermäßigung 0,20 € pro Pers. Klassenlehrer, Geburtstagskinder, Kinderwagen und Rollstühle reisen kostenlos.

Tipp: Bei Regenjackenwetter telefonisch nachfragen, ob die Seilbahn in Betrieb ist.

▶ Ein Ausflug nach Burg an der Wupper ist doppelt so schön, wenn ihr den Schlossbesuch mit einer Seilbahnfahrt von oder nach Unterburg kombiniert. Ihr fahrt in einem offenen Sessellift mit Zweiersesseln.

Zwischen Solingen-Schloss Burg, Solingen Graf-Wilhelm-Platz, Solingen-Gräfrath, Klingenmuseum und der Schwebebahnhaltestelle in Wuppertal-Vohwinkel verkehrt ein historischer Oberleitungsbus – das so genannte **Stangentaxi**. April – Okt 2. und 4. So im Monat 10 – 17 Uhr 1 x pro Std. Einzelfahrt pro Zone 1,50 €, Ki 5 Jahre – 10 Jahre 0,70 €. www.bergischer-ring.de.

Was mag denn ein Wipperkotten sein?

Schleiferei Wipperkotten, Wipperkotten 2, 42699 Solingen-Höhscheid. ✆ 0212/2473958, Fax 3823854. www.schleiferei-wipperkotten.de. auk.birkenbeul@t-online.de. **Anfahrt:** Bus 250 Haasenmühle, dann 300 m Fußweg. **Auto:** B229 bis Solingen-Brücke, Leichlinger Straße bis Haasenmühle. Links in die Wipperaue einbiegen und bis zum Wanderparkplatz durchfahren. **Zeiten:** April – Okt 1. und 3. So 14 – 16 Uhr und nach Vereinbarung. **Preise:** 1 €. **Infos:** Führung für Gruppen 15 €.

▶ Mit den Wipperkotten sind zwei Fachwerkhäuser an der Wupper gemeint, auf der Grenze von Solingen nach Leichlingen, die früher als doppelter Schleifkotten Arbeitsstelle für viele Schleifer waren. Eins der Häuser, die *Schleiferei Wipperkotten,* ist ein sehr le-

bendiges Museum, in dem heute noch mit Hilfe der Wasserkraft der Wupper Messer und Scheren geschliffen werden. Beeindruckend ist die voll funktionsfähige Wasserkraftanlage, von der aus Transmissionsriemen zu den Schleifstellen führen. Mitglieder des Fördervereins führen euch durch das Gebäude und erläutern, was es mit Ritzeisen, Blotschen und Schliepschiewen auf sich hat.
Die Werkstätten, in denen früher Schwerter, Messer, Scheren und Beile mit von Wasserkraft angetriebenen Schleifsteinen geschliffen wurden, nannte man in der Solinger Gegend allgemein Schleifkotten. Einen aussagekräftigeren Namen erhielten die Solingen **Kotten** an den Bächen nach den Namen der Eigentümer (z.B. Ernenkotten, Schmidtskotten oder Lauterjungskotten). Die Kotten, die am Ufer der Wupper standen, wurden hingegen mit dem Standortnamen verbunden: Der Balkhauser Kotten steht in der Hofschaft Balkhausen, der Obenrüder Kotten in Obenrüden und der Wipper Kotten, wie es der Name andeutet, in der Hofschaft Wippe.

Schleiferwerkstatt am Fluss: Der Wipperkotten

*Ein **Kotten** ist euch vielleicht eher als Kote oder Kate bekannt. Das ist das kleine Haus eines Kleinbauern oder Tagelöhners oder eine Fischerhütte. Im Bergischen Land sind damit meist kleine Handwerksbetriebe gemeint, deren Hämmer und andere Werkzeuge mit Wasserkraft angetrieben wurden.*

Gesenkschmiede Hendrichs

Rheinisches Industriemuseum, Merscheider Straße 289 – 297, 42699 Solingen-Merscheid. © 01805/743465 (0,12 €/Min), Fax 02234/9921300. www.rim.lvr.de. rim-service@lvr.de. **Zeiten:** Di – So 10 – 17 Uhr, Hammerbetrieb Di – Sa 10 – 12, 14 – 16 Uhr. **Preise:** 3 €, Gruppen ab 10 Pers 2,50 €; Kinder 6 – 17 Jahre 2,50 €, Gruppen 1,50 €; Schüler im Klassenverband 1 €. **Infos:** Kinderführung ab 6 Jahre 2 €, Familien 6 €, Anmeldung erforderlich, Kindergeburtstag 50 €.

▶ In dieser alten Schmiede, heute einer von sechs Schauplätzen des Rheinischen Industriemuseums, lernen schon die Kleinsten die Arbeitsabläufe an den Hämmern und Maschinen einer **Gesenkschmiede** kennen. Von 1886 bis 1986 wurden hier Rohlinge für die Solinger Messer- und Scheren-Industrie gefertigt. Genau auf euer Alter und Interesse zugeschnitten

__Gesenke__ sind Formwerkzeuge für das Schmieden.

Blotschen sind riesige Holzschuhe, die die Solinger Scherenschleifer trugen, damit nur die Scheren und nicht die Füße geschliffen wurden.

Bären nennt man die Fallgewichte der Riemenfallhämmer.

werden euch ein Dutzend Programme und etliche Zusatzangebote zur Auswahl gestellt. Bei der Herstellung einer Schere braucht ihr auch nicht nur zuzuschauen, sondern ihr bekommt eine Feile in die Hand und verrichtet selbst die Arbeit eines Scherenfeilers! Danach geht es vielleicht zum **Blotschenrennen** oder zur **Bärensuche.**

Burgen und Schlösser

Schloss Burg an der Wupper

Schlossplatz 2, 42659 Solingen-Burg an der Wupper. ✆ 0212/2422611 (Verwaltung), 2422626 (Kindergeburtstag), Fax 2422640. www.schlossburg.de. schloss.burg@t-online.de. **Anfahrt:** Bhf Solingen Ohligs, Bus 681, 682 Graf-Wilhelm-Platz, Bus 683 Unterburg, von dort mit Seilbahn oder 20 Min Waldwanderung. **Auto:** A1, Ausfahrt 96 Wermelskirchen, Beschilderung folgen. **Zeiten:** Di – So 10 – 18 Uhr, Mo 13 – 18 Uhr, Nov – Feb Di – Fr 10 – 16 Uhr, Sa, So, Winterferien 10 – 17 Uhr. **Preise:** 5 €, Gruppen ab 15 Pers 4,50 €; Kinder 3 – 18 Jahre 2,50 €, Schüler im Klassenverband 2 €; Familien 14 €, weitere Ermäßigungen für Studenten und Schwerbehinderte. **Infos:** Führungen 35 – 50 €.

Happy Birthday!

Einen Kindergeburtstag auf Schloss Burg gibt es nach Voranmeldung für 40 € (Mo – Fr) oder 50 € (Sa, So). Inbegriffen sind eine spannende Schlossführung und ein kleines Geschenk für das Geburtstagskind. Der Eintritt ist für das Geburtstagskind und seine Eltern frei und wird für alle Geburtstagsgäste auf 1 € reduziert. Aber seid gewarnt: Der Geheimgang zum Wehrgang ist nichts für Angsthasen!

Rittersturz? Nein, Kinderführung auf Schloss Burg

DER RITTER-STURZ IN BURG

Unterhalb von Schloss Burg an der Wupper liegt auf der linken Wupperseite ein weißer Stein. Einer Legende nach war der edle Ritter Gerhard von Steinach auf Schloss Burg des Mordes und Verrates angeklagt, obwohl er immer wieder seine Unschuld beteuerte. Er fühlte sich vom weltlichen Gericht ungerecht behandelt und wollte sich nun Gottes Urteil stellen: Er stürzte sich in den tiefen Abgrund.
Zur großen Verblüffung seiner Richter und aller Schaulustigen landete er unverletzt im Tal. Er sagte voraus, dass dort, wo sein Sturz endete, alle Pflanzen verdorren und nie wieder etwas wachsen werde. Und so kam es auch, bis heute wächst an jener Stelle weder Gras, noch Moos, noch Strauch. Das ist aber auch kein Wunder, denn er war auf einem großen Fels gelandet. Der ist auch nicht von Natur aus weiß, sondern wird immer wieder angepinselt.

Dieses Schloss ist auch in dieser Region, in der es ja viele Burgen und Schlösser gibt, etwas ganz Besonderes, denn hier herrscht reges Leben. Schon beim Betreten des Schlosshofs seht ihr viele kleine Läden, in denen Kunsthandwerker ihr Geschick zeigen. Und dabei ist dort dann gar nicht unbedingt Weihnachtsmarkt, das ist das ganze Jahr so.
Ob ihr die Gebäude, das Museum und das Kindermuseum allein erkundet oder in einer Kinderführung, ihr werdet in Schloss Burg schnell erkennen, dass die »gute alte Zeit« gar nicht so gut, sondern sehr blutrünstig war. Überall auf eurem Weg durch das Verließ, den Rittersaal, die Kapelle, den Ahnensaal und die Rüstkammer sind Ritterrüstungen, Kettenhemden, Schwerter, Lanzen und Jagdgewehre ausgestellt. Auch die Gemälde und Wandteppiche zeigen entweder kämpfende Ritter oder Jagdszenen. Und mit Gefangenen wurde ganz besonders brutal umgegangen: Sie wurden durch das Angstloch des Kerkers 5 m tief gestoßen. Daher kommt auch der Ausdruck, jemanden ins Gefängnis werfen.

Mauela Mechtel, Peter Friedl, *Otto auf der Ritterburg.* Ottos Eltern sind Gaukler. Mit ihrem Pferdewagen und dem Tanzbären überwintern sie auf der Burg. So kann Otto Freundschaft mit dem Pagen Kuno schließen. Ab 6 Jahre, Lückentexte – schwierige Worte sind als Bild dargestellt, mit Leserätseln. ISBN 3-551-06303-6, 3,90 €.

Hunger & Durst

Café Zum Rittersturz, Steinweg 14, ✆ 0212/ 42912, Mo – Do 10.30 – 18, Sa, So, Fei 10 – 18 Uhr. Von hier aus habt ihr einen hinreißenden Blick auf die Seilbahn und den steilen Berg, an dem sich der Rittersturz zugetragen haben soll. Bestellen solltet ihr eine Bergische Kaffeetafel oder eine der köstlichen Waffeln mit Milchreis und Kirschen.

Happy Birthday!

Bei einem Geburtstag im Klingenmuseum habt ihr die Wahl zwischen vier spannenden Programmen, bei denen gebastelt, gespielt und gestaunt werden kann. Stellt euch vor: Da könnt ihr sogar euer eigenes Frühstücksset mit Messer und Löffel gestalten!

Im Sommer finden viele Ritterspiele statt, ein Termin im Juni steht sogar extra als Turnier der Kinderritter im Programm. Hier könnt ihr euch selbst im Schwertkampf oder als Schmied versuchen. Wer es ruhiger bevorzugt, setzt sich zu den Puppenspielern und Märchenerzählern. An Ostern und am 1. Advent locken Basare viele Besucher an, der Höhepunkt des Jahres ist aber unbestritten der große Mittelaltermarkt am ersten Wochenende im Juli.

Museen und Stadtführungen

Messer, Gabel, Schere, Licht

Deutsches Klingenmuseum, Klosterhof 4, 42653 Solingen-Gräfrath. ✆ 0212/25836-0 (allgemeine Informationen), 25836-10 (Termine), Fax 25836-30. www.klingenmuseum.de. klingenmuseum@solingen.de. **Anfahrt:** Bus 683 Klingenmuseum. **Auto:** A46 Ausfahrt 30 Haan-Ost, Richtung Solingen-Gräfrath, dann ausgeschildert. **Zeiten:** Di – Do, Sa, So 10 – 17, Fr 14 – 17 Uhr. **Preise:** 3,50 €; Kinder bis 17 Jahre 1,50 €; Familie 7 €. Ermäßigungen für Gruppen, Schüler, Studenten, Auszubildende, Wehr- oder Zivildienstleistende.

▶ In Solingen werden seit über 100 Jahren Klingen gesammelt. 1904 schon wurde eine Vorbilder-Sammlung für die Schüler der Fachschule für Metallgestaltung zusammengetragen. Inzwischen besitzt das Museum die umfangreichste historische Besteckssammlung der Welt. Zu sehen bekommt ihr Messer, Schwerter, Degen, Dolche, Scheren, Rasiermesser, medizinisches Gerät und komplette Besteckssammlungen.

Außer den üblichen Führungen gibt es auch spezielle Kinderführungen.

Im Haus neben dem großen Museum gibt es sogar ein Museum extra für Kinder: Das **Klingenmuseum für Kinder** (KfK). Echte Blankwaffen, Arbeitsklingen und Essgeräte dürfen angesehen, angefasst und ausprobiert werden. Ihr trefft einen schlauen Zwerg, könnt Geräusche raten, in geheimnisvolle Kisten greifen und kleine Filme sehen. Für Schulklassen wird ein genau passendes Programm mit den Lehrern abgesprochen.

Mögt ihr Gouda? Der Käse kommt aus der Partnerstadt von Solingen, Gouda in den Niederlanden.

Kunst für Kinder

Museum Baden – Kunstmuseum Solingen, Wuppertaler Straße 160, 42653 Solingen-Gräfrath. ✆ 0212/ 258140, 2581413, Fax 2581444. www.museum-baden.de. museum-baden@t-online.de. **Anfahrt:** Bus 683 Gräfrath. **Auto:** A4,6 Ausfahrt 30 Haan-Ost/Solingen,dann B224. Parken an der Kreuzung Dycker Feld. **Zeiten:** Di – So 10 – 17 Uhr. **Preise:** 4 €; Kinder bis 16 Jahre 2 €, Schüler im Klassenverband 1 €; Ermäßigung für Gruppen ab 10 Pers.

▶ Das Museum Baden zeigt regelmäßig wechselnde Ausstellungen aktueller Kunst. Weiterer Ausstellungsschwerpunkt ist die verfemte Kunst des 20. Jahrhunderts, die mit der »Bürgerstiftung für verfemte Künste mit der Sammlung Schneider, Solingen« einen interessanten Überblick über die zu Unrecht vergessene oder von der Öffentlichkeit abgelehnte Kunstwerke gibt. Dies waren oft sehr ausdrucksstarke, expressive Bilder oder Widerstandskunst. Die Spanne der 300 gezeigten Werke umfasst die Revolutionszeit 1918/19 über die Widerstandskunst gegen das Nazi-Regime bis zur expressiven Kunst der ehemaligen DDR. Im Mittelpunkt steht dabei die von den Nationalsozialisten 1937 als »entartet« diffarmierte Kunst. Schwerpunkt der städtischen Sammlung bietet das Werk *Georg Meistermanns* und die *Stiftung Max Kratz,* mit Werken dieses Düsseldorfer Bildhauers.

Qualifizierte und nette Stadtführer bieten verschiedene **Führungen** zu den unterschiedlichsten Themen rund um Solingen an. Infos: Debbie Little, ✆ 0212/62801, stadtfuehrer@solingen.de.

Jeweils am 1. So im Monat findet um 11.15 Uhr eine öffentliche Familienführung statt, private Führungen sind für Gruppen bis 25 Personen möglich. Bei den Kindervormittagen samstags 10 – 13 Uhr, dürfen Kinder 6 – 12 Jahre unter Anleitung zu wechselnden

Themen malen, basteln, kritzeln und klecksen. In den Schulferien finden viertägige Kurse statt, in denen natürlich gemalt und gezeichnet, vielleicht aber sogar eine Skulptur gebaut wird. Auch Kindergeburtstage sind im Museumsatelier möglich, bei denen z.B. selbst gemachte Masken entstehen. Und wem das immer noch nicht reicht, dem sei die »Rallye durch die Kunst« empfohlen.

Film und Theater

Stan und Olli in Solingen

Laurel Hardy Museum, Walder Kotten, Locher Straße 17, 42719 Solingen-Wald. ✆ 0212/816109, Fax 816109. www.laurel-hardy-museum.de. laurel.hardy.museum@t-online.de. **Zeiten:** Letztes Wochenende im Monat Sa 12 – 17 Uhr, So 11 – 17 Uhr und nach Vereinbarung. **Preise:** Eintritt frei, um Spenden wird gebeten.

▶ Könnt ihr euch einen Film in Schwarz-Weiß und ohne Ton vorstellen? Mit solchen Stummfilmen begann 1926 die große Karriere von Stan Laurel (1890 – 1965) und Oliver Hardy (1982 – 1957), die noch immer als das größte Komiker-Duo aller Zeiten gelten. Den meisten Zuschauern waren sie als Dick und Doof bekannt. Sie kamen immer wieder in die komischsten Situationen, meist durch das Verschulden des tollpatschigen Stan. Kein Wunder also, dass er den Spitznamen Doof hatte.

In diesem Museum sind die meisten der 106 Filme vorhanden, die die beiden in den gemeinsamen Jahren 1926 – 1950 gedreht haben. Selbstverständlich werden sie im kleinen Kino auf einer großen Leinwand auch vorgeführt. Außerdem sind Filmplakate, Fotos, Zinnfiguren, Spieldosen, Marionetten und private Sachen der Schauspieler zu sehen.

Immer am 3. Sa im Monat könnt ihr im Museum für nur je 4 € ganz besonderes **Kino** erleben: Um 13 Uhr gibt es Familienkino, um 15 Uhr einen Leckerbissen für Kinofans: Originalfassungen, Seltenes und Außergewöhnliches, das Programm steht auf der Museums-Homepage. Nach dem Film folgt, außer bei Überlänge, ein Überraschungs-Kurzfilm!

Violettas Puppenbühne

Puppentheater am Böckerhof, Wittekindstraße 28, 42627 Solingen-Höhscheid. ✆ 0212/2473909, Fax 2473910. www.violettas-puppenbuehne.de. violbuehne@aol.com. **Anfahrt:** Bus 861 Bülowplatz, dann 3 Min über Argonner Straße zum Spielplatz, das Theater ist genau daneben. **Preise:** 5 €; Kinder bis 15 Jahre 4 €.

▶ Behindertengerecht ausgestattetes Theater mit 100 Sitzplätzen. Gespielt werden liebevoll inszenierte Kasper- und Märchenstücken. Schön für Kinder mit Fernweh ist »Das kleine Kätzchen Naseweis«. Darin lernen sich ein großer Hund und eine kleine Katze kennen. Die Katze möchte dem Hund beweisen, dass sie schlau, mutig und überhaupt nicht so klein ist, wie er glaubt. Deshalb begibt sie sich auf eine Entdeckungsreise, auf der sie einen sehr eitlen Frosch kennen lernt, der alles besser weiß, einen Bauern, der dringend eine Katze braucht, weil ihm die Mäuse auf dem Kopf herumtanzen, und einen Raben, der das ahnungslose Kätzchen überlisten will. Aber der Hund ist ja schließlich auch noch da …

Kindertheater in Solingen

Theater und Konzerthaus, Konrad-Adenauer-Straße 71, 42627 Solingen-Mitte. ✆ 0212/2902404 (Kulturbüro), 204820 (Theaterkasse), Fax 2902437. **Anfahrt:** Bus 681 – 686, 686, 690, 692, 693, 695 Schlagbaum. **Preise:** 8 €; Kinder und Jugendliche bis 17 Jahre 4,50 €.

▶ Wer sagt denn, Musicals seien nur etwas für Erwachsene? Im Solinger Konzerthaus stehen regelmäßig Kindermusicals für Zuschauer ab 3 Jahre auf dem Spielplan. Egal, ob es Klassiker wie *Peterchens Mondfahrt* und *Tischlein deck dich* oder moderne Stücke sind – ihr werdet verzaubert sein von den schönen Kostümen, spannenden Geschichten, der tollen Musik und dem guten Gesang sowie den Puppen. Denn neben Musicals gibt es Märchenopern, Kindertheater, Puppenspiele, Familienkonzerte und Feste zu erleben.

Spielt doch selbst einmal Theater: entweder nach einem Märchen oder einer selbst ausgedachten Geschichte. Alle müssen die Story gut kennen, jeder bekommt eine Rolle oder Aufgabe, denn beim Theater gibt es noch mehr Berufe als nur Schauspieler: Kulissenbauer, Kostümschneider und natürlich jemand, der Regie führt, also immer sagt, wie es weitergehen soll. Der Theaterdirektor muss für »volles Haus« sorgen, also für genügend Publikum. Kulissen könnt ihr aus beklebten und bemalten großen Pappkartons bauen, zum Verkleiden genügen oft schon ein paar alte Gardinen oder Hemden.

FESTKALENDER

März/April:	Karfreitag – Ostermontag, Solingen-Burg: **Ostermarkt** auf Schloss Burg mit Kunsthandwerkern.
April:	29. April – 1. Mai, Solingen-Burg: **Hexentanz** auf Schloss Burg mit Hexenmarkt, Ritterlager, Gauklern und Zauberern.
Mai/Juni:	Christi Himmelfahrt – Pfingsten, Solingen-Burg: **Ritterspiele** auf Schloss Burg mit vielen Mitmachaktionen, besonders für Kinder.
Juni:	3. So, Solingen-Burg: **Turnier der Kinderritter** mit Puppenspielern, Märchenerzählern, Gauklern und Kräuterhexen.
August:	alle Wochenenden, Sa und So, Solingen-Burg: **Living History,** mittelalterliches Spiel auf Schloss Burg. Die Grafenfamilie tafelt im Rittersaal, es wird zu Gericht gesessen, zum Tanz aufgespielt und zu Pferde gekämpft.
September:	2. Wochenende, Solingen: **Zöppkesmarkt,** Trödelmarkt-Klassiker mit Kindertrödelmarkt.
Oktober:	3. Okt, Solingen-Burg: **Erntedankfest** auf Schloss Burg mit mittelalterlichen Gerichten. Letztes Wochenende (Zeitumstellung), Solingen: **Müngstener Brückenfest,** Dampfzugfahrten über die Müngstener Brücke.
Dezember:	1. Advent Fr – So, Solingen-Burg: **Weihnachtsmarkt** mit Kunsthandwerkern, mittelalterlichem Lager und historischem Krippenspiel auf Schloss Burg. 3. Advent, Sa und So, Solingen-Grünewald: romantischer **Weihnachtsmarkt** auf Schloss Grünewald mit gutem Kinderprogramm.

WUPPERTAL & REMSCHEID

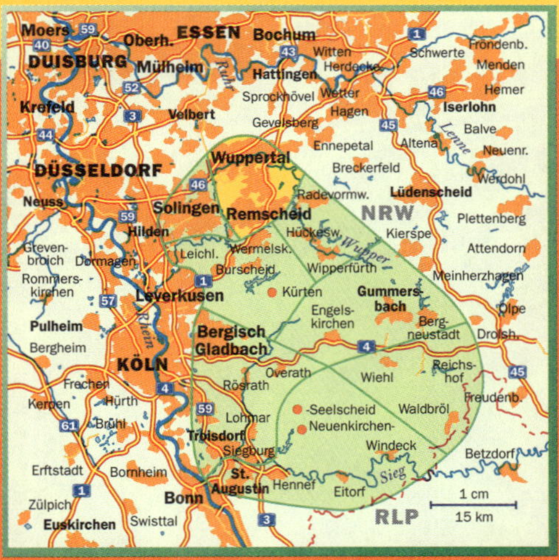

Wuppertal und Remscheid sind zwei der drei großen Städte ganz im Norden des Bergischen Landes. Sie werden häufig in einem Atemzug mit dem benachbarten Solingen genannt und heißen dann Bergisches Städteband oder auch Bergisches Städtedreieck.

Dank der guten Kombination aus städtischer Infrastruktur und grünem Umland könnt ihr in Wuppertal und Remscheid professionell geführte Museen und große Spaßbäder aber auch einsame Wanderwege und verwunschene Wälder finden.

Gerade in Remscheid erfahrt ihr einiges über Geschichte, nicht nur in kindgerecht gestalteten Museen, sondern auch auf einem turbulenten Mittelaltermarkt.

In jedem Fall solltet ihr einmal mit der Wuppertaler Schwebebahn gefahren sein, das ist zwar für manch einen Wuppertaler einfach ein öffentliches Verkehrsmittel wie jedes andere, aber wo findet man denn sonst weit und breit eine Schwebebahn?

WIE ZWEI SCHWESTERN

Freizeitkarte NRW Naturpark Bergisches Land (Nord), 1:50.000, LVA, ISBN 3-89439-489-7, 7,55 €.

Frei- und Hallenbäder

Freibad Mirke

In der Mirke 1, 42109 Wuppertal. ✆ 0202/752815, www.wuppertal.de. Sport-Baeder@stadt.wuppertal.de. **Anfahrt:** Bus 625, 635, 645 Eschenbeck. **Zeiten:** Mo – Fr 7.30 – 19 Uhr, Sa, So 9 – 19 Uhr. **Preise:** 3,50 €, 10er-Karte 30 €, Saisonkarte 62 €; Kinder 6 – 16 Jahre 1,70 €, 10er-Karte 15 €, Saisonkarte 30 €; Familienkarte 8,30 €, Ermäßigungen für Schüler, Studenten, Wuppertal-Pass-Inhaber. **Infos:** Bei schlechtem Wetter telefonisch nachfragen, ob geöffnet ist.

▶ Freibad mit 70 m langem kombiniertem Schwimmbecken für Schwimmer und Nichtschwimmer.

Freibad Mählersbeck

Mählersbeck 71, 42279 Wuppertal. ✆ 0202/5636300, 6480903, www.wuppertal.de. Sport-Baeder@stadt.wup-

TIPPS FÜR WASSERRATTEN

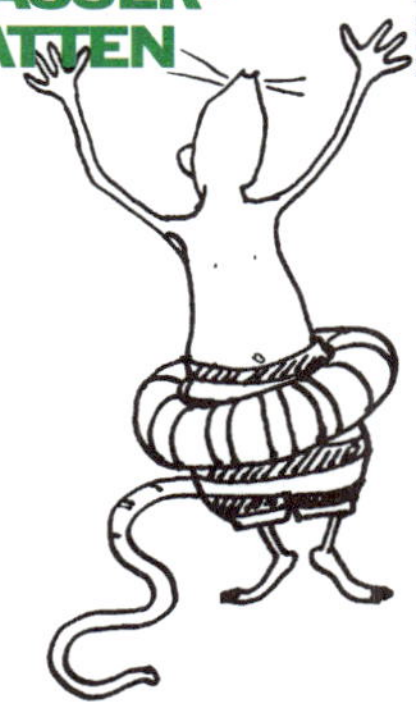

Heißer Anblick: Schmied bei der Arbeit auf dem Mittelaltermarkt in Lennep

pertal.de. **Anfahrt:** Bus 602 Beckacker Brücke, Bus 618 Immenweg, Bus 618, 624 Gennebreckerstraße. **Zeiten:** Mo – Fr 7.30 – 19 Uhr, Sa, So 9 – 19 Uhr. **Preise:** 3,50 €, 10er-Karte 30 €, Saisonkarte 62 €; Kinder 6 – 16 Jahre 1,70 €, 10er-Karte 15 €, Saisonkarte 30 €; Familienkarte 8,30 €, Ermäßigungen für Schüler, Studenten, Wuppertal-Pass-Inhaber. **Infos:** Bei schlechtem Wetter telefonisch nachfragen, ob geöffnet ist.

▶ Freibad mit 50-m-Schwimmerbecken, Nichtschwimmerbecken und einer 53 m langen Wasserrutsche. Es gibt ein Plantschbecken und eine Beachvolleyball-Anlage.

Schwimmoper

Südstraße 29, 42279 Wuppertal. ✆ 0202/5632630, www.wuppertal.de. Sport-Baeder@stadt.wuppertal.de. **Anfahrt:** Schwebebahn Ohligsmühle, Bus 603, 613, 615, 620, 623, 625, 630, 633, 635, 645 Stadthalle. **Zeiten:** Mo, Fr 6.45 – 18, Di 13 – 18, Mi, Do 6.45 – 21.30, Sa, So 8.30 – 13 Uhr. **Preise:** 3,50 €, 10er-Karte 30 €; Kinder 6 – 16 Jahre 1,70 €, 10er-Karte 15 €; Familienkarte 8,30 €, Ermäßigungen für Schüler, Studenten, Wuppertal-Pass-Inhaber.

▶ Sieht aus wie ein Opernhaus, ist aber ein Hallenbad mit zwei Becken für Schwimmer, eins davon hat einen 3-m-Sprungturm und ein 1-m-Sprungbrett. Für nicht so gute Schwimmer gibt es ein Nichtschwimmerbecken und ein Lehrschwimmbecken.

Freibad am Eckbusch

Am Jagdhaus 100, 42285 Wuppertal. ✆ 0202/721319, www.wuppertal.de. Sport-Baeder@stadt.wuppertal.de. **Anfahrt:** Bus CE62, 603, 607, 613, 617 Freibad Eckbusch. **Zeiten:** Mo – Fr 10 – 19 Uhr, Sa, So, Ferien 11 – 19 Uhr. **Preise:** 3,50 €, 10er-Karte 30 €, Saisonkarte 62 €; Kinder 6 – 16 Jahre 1,70 €, 10er-Karte 15 €, Saison 30 €; Familienkarte 8,30 €, Ermäßigungen für Schüler, Studenten, Wuppertal-Pass-Inhaber. **Infos:** Bei schlechtem Wetter geschlossen.

▶ Freibad mit kombiniertem Schwimmbecken für Schwimmer und Nichtschwimmer.

Hauptsache nass: Wenn die Sonne brennt, steht Freibad auf dem Programm

Waterworld

Bergische Sonne, Lichtscheider Straße 90, 42285 Wuppertal. © 0202/553605, Fax 557611. www.bergische-sonne.de. service@bergische-sonne.de. **Anfahrt:** Bus 620, 630 Freizeitbad Lichtscheid. **Auto:** Ab der A1 der Beschilderung folgen. **Zeiten:** Täglich 9 – 23 Uhr. **Preise:** 2 Std 9 €, 4 Std 12 €, Tageskarte 17 €; Kinder 3 – 14 Jahre 2 Std 7 €, 4 Std 9 €, Tageskarte 11 €; Familienkarte (2 Erw, 2 Ki) 4 Std 29 €, Tageskarte 38 €, 11er-Karten zum Preis von 10 Einzelkarten. **Infos:** Wochenend-, Feiertags- und Ferienzuschlag Einzeltarif 1 €, Familientarif 3 €.

▶ Eine Wasserwelt, die fast einen Südseeurlaub ersetzt und in der ihr den ganzen Tag beschäftigt seid: Zwischen Palmen und Felsen liegt das Wellenbecken mit rauschenden Wasserfällen und verträumten Lagunen. Im Abenteuerland erforscht ihr ein Piratenschiff mit Rutschen und Pumpen, bevor ihr euch an Feuer speienden Vulkanen vorbei in die Höhlen der verwunschenen Seelen vorarbeitet. Dort findet ihr nicht nur Licht-, Ton- und Wasserspiele, sondern auch den erbeuteten Piratenschatz.

Nur für die Mutigsten sind die beiden Riesenrutschen gedacht. Im 104 m langen Black Hole gibt es verrückte Lichteffekte, die Blue Line ist zwar mit 98 m ein wenig kürzer, aber durch die vielen Kurven und Sprünge noch ein wenig aufregender.

Auch Kleinkinder können erste Erfahrungen als Mini-Piraten sammeln, wenn sie in der eigens abgetrennten Zone am Piratenschiff plantschen.

Zur Stärkung bei all den Abenteuern solltet ihr eine der drei Bars oder das Restaurant La Plata ansteuern.

Happy Birthday!

Kindergeburtstage können einfach nur den Eintritt mit leckerem Essen umfassen oder aber in ein superspannendes Piratenfest ausarten, bei dem ihr Piratenlieder grölt, Kanonenkugeln schießt und einen Piratenschatz sucht.

Gartenhallenbad Cronenberg

Zum Tal 27, 42349 Wuppertal-Cronenberg. ✆ 0202/ 5635253, www.wuppertal.de. Sport-Baeder@stadt.wuppertal.de. **Anfahrt:** Bus 633 Stadtbad Cronenberg. **Zeiten:** Di – Fr 6.45 – 21, Sa 6.45 – 18, So 8.30 – 18 Uhr. **Preise:** 3,50 €, 10er-Karte 30 €; Kinder 6 – 16 Jahre 1,70 €, 10er-Karte 15 €; Familienkarte 8,30 €, Ermäßigungen für Schüler, Studenten, Wuppertal-Pass-Inhaber. **Infos:** Behindertengerecht ausgestattete Zugänge und Beckenlift.

▶ Hallenbad mit getrennten Becken für Schwimmer, Nichtschwimmer und Plantschkinder. Nach dem Bad könnt ihr euch auf der Liegewiese entspannen und in der Cafeteria für die nächste Runde stärken. Außerdem gibt es hier eine Sauna.

Gartenhallenbad Langerfeld

Am Timpen 51, 42389 Wuppertal-Langerfeld. ✆ 0202/ 5636112, www.wuppertal.de. Sport-Baeder@stadt.wuppertal.de. **Anfahrt:** Bus 604, 608 Am Timpen. **Auto:** ↗ Solingen. **Zeiten:** Mo 6.45 – 15, Di 6.45 – 18, Mi – Fr 6.45 – 22, Sa 6.45 – 20, So 8.30 – 20 Uhr. **Preise:** 3,50 €, 10er-Karte 30 €; Kinder 6 – 16 Jahre 1,70 €, 10er-Karte 15 €; Familienkarte 8,30 €, Ermäßigungen für Schüler, Studenten, Wuppertal-Pass-Inhaber.

▶ Hallenbad mit Schwimmer- und Nichtschwimmerbecken, Plantschbecken und einer Liegewiese draußen. Auch Sauna und Cafeteria sind vorhanden.

H_2O Badeparadies

Stadtwerke Remscheid, Hackenberger Straße 109, 42897 Remscheid. ✆ 02191/164142, 164141, Fax 165205. www.h2o-badeparadies.de. info@h2o-badeparadies.de. **Anfahrt:** Bus 655, 659, 669 Badeparadies H2O. **Auto:** A1, Ausfahrt 95 Remscheid, links in die Lenneper Straße (B229, B51), ab dort ausgeschildert. **Zeiten:** Mo 12 – 23 Uhr, Di – So 9 – 23 Uhr, Fr 9 – 24 Uhr. **Preise:** 2 Std 5,40 €, 4 Std 6,90 €, Tageskarte 8,90 €; Kinder bis 110 cm 1 €, Kinder unter 14 Jahre 2

Neben dem Schwimmbad wartet eine **Halfpipe** auf eure Rollen.

Std 3,80 €, 4 Std 4,80 €, Tageskarte 5,80 €; Familienkarte (2 Erw, 2 Ki) 4 Std 18 €, jedes weitere Kind 4 €, Tageskarte 24 €, jedes weitere Kind 5 €. Sauna 4 Std 16 €, Tageskarte 19 €.

▶ Dies ist ein Erlebnisbad für die ganze Familie. Die Kleinsten spielen im Plantschbecken mit sprudelnden Pilzen und buntem Wasserspielzeug. Wickeltische und Fläschchen-Wärmer sind ganz in der Nähe.

Die Größeren können sich im Erlebnisbecken die Hängebrücke entlanghangeln. Oder seid ihr sogar mutig genug für den Crazy River? Das ist ein 60 m langer Wildwasserfluss mit rasanten Kurven und Sprungschanzen. Hier habt ihr die Wahl, ob ihr euch mit oder ohne Wasser-Bob in die wilden Fluten stürzt. Nur für die Hartgesottenen ist die Steilrutsche geeignet: Sie ist zwar nur 3 Meter lang, dafür aber nahezu senkrecht!

Die Erwachsenen können in dieser Zeit im Solebecken entspannen oder ein paar Bahnen im Sport-

Happy Birthday!

Im Restaurant könnt ihr lecker essen und eine tolle Geburtstagsfeier beginnen. Sie dauert 4 Stunden und kostet 9,50 € für jedes Kind, das zu Gast ist. In dieser Zeit könnt ihr mit euren Freunden schwimmen, spielen und euch an einem festlich geschmückten Tisch stärken. Das Geburtstagskind hat natürlich freien Eintritt.

WER GEHT SCHON GERN ÜBER DIE WUPPER?

▶ Wenn jemand fast »über die Wupper gegangen ist«, will man damit sagen, dass er fast gestorben wäre. Was macht aber diesen unschuldig durch das Bergische Land fließenden Fluss so tödlich? Dazu gibt es viele Erklärungen, hier sind zwei davon:

- Früher soll der Wuppertaler Friedhof auf der anderen Wupperseite gelegen haben. Wer beerdigt wurde, musste über die Wupper gebracht werden.
- Es soll in Elberfeld ein Gefängnis gegeben haben, dessen Todestrakt nur über eine Wupperbrücke erreichbar war. Wer also wegen eines Verbrechens zum Tode verurteilt wurde, musste zu seiner Zelle »über die Wupper gehen« und hatte nicht mehr lange zu leben, bevor er hingerichtet wurde.

Hat euch jemand noch eine ganz andere Begründung gegeben? Dann schreibt sie mir! ◀

becken ziehen. Davon gibt es sogar zwei! Eins im Innen- und das andere im Außenbereich. Dort findet ihr außerdem noch große Liegewiesen und ein zweites Plantschbecken.

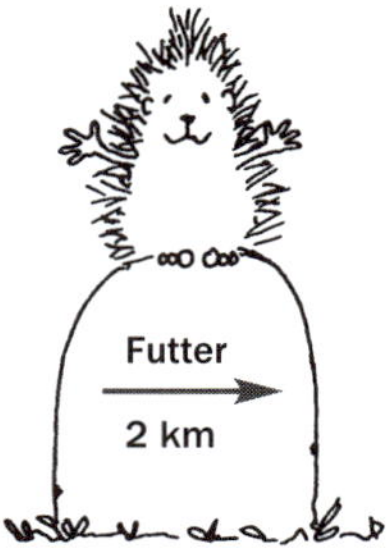

Skaten und Wandern

Wicked Woods Wuppertal

Skaterhalle, Halle 2, Schwesterstraße 60a, 42285 Wuppertal. ✆ 0202/4597893, 4597895, Fax 4597896. www.wickedwoods.de. wickedwoodswuppertal@wtal.de. **Anfahrt:** Bus 612, 622 Ewaldstraße, Bus 623 Thomaskirche. **Zeiten:** Mo – Fr 14.30 – 21 Uhr, Sa, So 11.30 – 21.30 Uhr. **Preise:** 5 €; Kinder bis 15 Jahre 3 €. **Infos:** Verleih von Inlineskates 2,60 € pro Tag, Schutzausrüstung kostenlos.

▶ Das Paradies für Skater, besonders bei Regen: Im Streetbereich gibt es Rampen, Podeste und Rails, außerdem eine riesige Pipe, einige steile Walls, Pyramiden und Corner mit Rail. Der Knaller ist aber ein großer Pool!

Und für Leute, die mit diesen Begriffen noch gar nichts anzufangen wissen, werden selbstverständlich auch Kurse angeboten.

In einer Stunde bis ins Zillertal

Wuppertal-Ronsdorf. **Länge:** 2,3 km je Richtung, kinderwagentaugliche Streckenwanderung mit leichtem Gefälle. **Anfahrt:** Bus 625 Am Stall. **Auto:** Von Ronsdorf der Talsperrenstraße folgen.

▶ Am Wanderparkplatz Ronsdorfer Talsperre beginnt eine kleine Wanderung ins Zillertal. Ja, richtig gelesen, nicht nur in Tirol gibt es ein Zillertal, sondern auch im Bergischen Land. Ein breiter Weg führt hinab zur frisch restaurierten Talsperre mit der historischen Staumauer aus den Jahren 1898/99. Im See lebt der seltene Europäische Edelkrebs, ein Flusskrebs, der klares Wasser zum Leben braucht. Auf beiden Seiten der Staumauer stehen interessante Infotafeln mit Wissenswertem zur Talsperrenrestaurierung, zu Natur und Umwelt. Überquert die Staumauer und geht vor der Schutzhütte links herum ins Saalbachtal. Auf dem Weg bergab stoßt ihr auf einige Schilder des Industrie- und Geschichtspfades Historisches Gelpetal, auf denen erklärt wird, wie früher mit dem Wasser des Saalbaches die Schmiedehämmer angetrieben wurden und welche Gebäude zu einem Schmiedebetrieb gehörten. Euer Ziel ist das **Haus Zillertal** mit Pferdeparkplatz (!), von dort geht es nach einer Pause bergauf zurück.

Diese Miniwanderung lässt sich nach Belieben ausdehnen: Der große *Gelpetal-Rundweg* führt zunächst links nach Remscheid und ist insgesamt 10,5 km lang, der *Wuppertaler Rundweg* rechts ist 8 km lang. Beide Strecken sind auch als Fahrradtour machbar.

Hunger & Durst

Haus Zillertal,
✆ 0202/402829,
www.haus-zillertal.de.
Mo – Mi, Fr ab 14, Sa, Fei ab 12, So ab 10.30 Uhr, Do Ruhetag, Okt – Feb auch Mi Ruhetag.
Ihr belohnt euch fürs Laufen, indem ihr am Haus Zillertal eine Runde Minigolf spielt (Erw 3 €, Kinder bis 14 Jahre 2 €) oder zum Waffelessen einkehrt.

Macht sich verdächtig: Weihnachtsmann beim Fensterln am helllichten Tag

Natur und Umwelt erforschen

Station Natur und Umwelt

Cronenberger Straße 375a, 42349 Wuppertal. ✆ 0202/ 5636291, Fax 5638071. www.stnu.de. mail@stnu.de. **Anfahrt:** Bus CE64, CE65, 603, 615, 625, 635, 645 Hahnerberg. **Auto:** A46, Ausfahrt 33 Katernberg, Richtung Cronenberg. **Preise:** Zweistündiges Programm 3 €, Ferienspaß 4 Tage mit Mittagessen 48,40 €.

▶ Schon für Kindergartenkinder gibt es in der Station Natur und Umwelt eine große Auswahl an Programmen von einer oder zwei Stunden, bei denen ihr die Natur näher kennen und vor allem begreifen lernt. Aus Papierabfällen und Pflanzen schöpft ihr Papier oder ihr bastelt Grasmännchen und Kressewürmer. Im Sommer könnt ihr euch mit Lupe und Kescher auf die Suche nach Tieren im Teich, im Boden und auf der Wiese machen. Wer nicht so sehr Jäger, sondern eher Sammler ist, sucht mit den Pflanzenprofis der Station Wildkräuter, die zu einem schmackhaften Salat verarbeitet und anschließend verputzt werden oder stellt aus wohlriechenden Pflanzen Badeöle, Seifen, Gelee, Blütenlimonade oder Duftsäckchen für den Kleiderschrank her.

In den Ferien gibt es ganztägige Programme und Kinder von 5 bis 12 Jahre können hier auch ihren Kindergeburtstag feiern. Immer kommt ihr der Natur sehr nahe und habt viel Spaß dabei.

Außerdem finden an zwei Samstagen im Monat Veranstaltungen für Familien zu ganz bestimmten Themen statt, die auch gut von Leuten von außerhalb gebucht werden können. Die Veranstaltungen dauern jeweils 9.30 – 13 Uhr und kosten 6 € pro Person. Themen sind z.B. *Die Elemente, Erde, Matsche, Bodentiere, Räubertag oder Die Drachenbergsuppe* (jeweils ab 4 bzw. 5 Jahre). In den Sommerferien gibt es ein Ferienprogramm für Familien über das Leben der Dinos.

Welcher Vogel trägt einen Rucksack?

Der Wandervogel.

Zoo Wuppertal

Hubertusallee 30, 42117 Wuppertal. ✆ 0202/27470 (Zentrale), 2747146 (Zooschule), Fax 563-8005. www.zoo-wuppertal.de. kontakt@zoo-wuppertal.de. **Anfahrt:** Schwebebahn Zoo/Stadion, S8, S9 bis Zoologischer Garten. **Auto:** A46, am Sonnborner Kreuz Ausfahrt 31 Sonnborn, Beschilderung folgen. **Zeiten:** Sommerzeit täglich 8.30 – 18 Uhr, Winter bis 17 Uhr, 24. und 31. Dez bis 12 Uhr. **Preise:** 8 €; Kinder 4 – 16 Jahre 4 €; Familie (1 Erw, 3 Ki) 15 €, (2 Erw, 3 Ki) 22 €, Ermäßigungen für Studenten, Schüler, Auszubildende, Wehr- und Zivildienstleistende, Gruppen, Schulklassen, Dauerkarten. **Infos:** ✆ 0202/563-5666.

Ui, hat der spitze Zähne! Zum Glück ist eine dicke Scheibe dazwischen

▶ Im Wuppertaler Zoo leben über 5000 Tiere von allen Kontinenten. Wahrscheinlich wird es euch ins Affenhaus ziehen, wo getobt und geschmust wird wie bei uns Menschen. Oder vielleicht sind das Katzenhaus oder das Elefantenhaus eure Favoriten. Im Winter stehen besonders viele dick eingemummelte Besucher vor dem Fenster am Eisbärengehege und schauen den Bären beim Schwimmen und Tauchen zu. Brr!

Auch Veranstaltungen könnt ihr buchen, z.B. den märchenhaften Abend im Zoo mit Tiermärchen und Lampionspaziergang für Kinder. Schaut einfach auf der Homepage in den Terminkalender. Auch andere Führungen nach dem Wunsch einer Gruppe oder ein lustiger Kindergeburtstag im Zoo sind möglich.

Schlagt doch euren Lehrern einmal einen Besuch in der Zooschule vor. Die Zoopädagogen kennen die Lehrpläne und haben ein darauf abgestimmtes span-

Auf der Zoo-Homepage gibt es einen Tipp für Leute, die »Kätzisch« lernen wollen: Katzen haben ein äußerst feines Gehör. Ein lautes »Hallo Mieze!« hören sie wie Gebrüll. Katzen begrüßen sich mit einem Augenzwinkern. Versucht es bei eurem Besuch im Katzenhaus!

nendes und interessantes Programm. Für Kindergartengruppen gibt es die Hummelschule.

Schweine, Meerschweine und mehr Tiere

Kinder- und Jugendfarm Wuppertal e.V., Rutenbecker Weg 167, 42329 Wuppertal. ✆ 0202/741901, www.jugendfarm-wuppertal.de. info@jugendfarm-wuppertal.de. **Anfahrt:** Schwebebahn Sonnborner Straße, von dort etwa 15 Min Fußweg. **Zeiten:** Di, Do 14.30 – 17.30 Uhr, Sa 10 – 17 Uhr. **Preise:** Besuch kostenlos, Gruppenprogramme ab 10 Pers (vormittags 4 Std, nachmittags 3 Std): halber Tag 7,50 € pro Kind, halber Tag in den Ferien 9 €, 3 Tage Schulprojekt 300 € pro Klasse.

▶ Auf der Kinder- und Jugendfarm gibt es Tiere, eine Werkstatt, ein großes Gelände, eine Feuerstelle und vieles mehr! Kinder und Jugendliche ab 7 Jahren (!) können kostenlos den Farmalltag erleben und mitgestalten. Ihr übernehmt Verantwortung in der Tierversorgung und habt Mitbestimmungsrecht. In den Ferien gibt's zusätzlich Programm-Angebote.
Für Gruppen wird ein gutes Halbtagesprogramm angeboten: Nachdem ihr erfahren habt, was eine Kinder- und Jugendfarm genau ist, geht ihr in kleinen Gruppen in die Tierbereiche auf dem Hof. Die Ponys, Esel, Pferde, Schweine, Kaninchen, Meerschweinchen, Hunde, Katzen, Ziegen, Schafe, Frettchen, Gänse und Hühner werden euch vorgestellt. Es gibt eine Menge zu Lachen, wenn ihr etwas über deren Eigenarten erklärt bekommt. Pflegen und füttern dürft ihr die Tiere natürlich auch, wer von ihnen still hält, wird auch gestreichelt.

@ Ein Hundebellen klingt in anderen Ländern anders als bei uns, ein Miauen klingt überall gleich. Die Sprachen in der Tierwelt – nachgeahmt von Kindern – könnt ihr euch anhören unter: www.bzzzpeek.com.

Grillplätze in Wuppertal

Parkanlage Hardt, Kontakt Herr Höller, ✆ 0202/5634180, Fax 0202/5638092. Grillhütte 38 qm groß mit stationärem Grill, Miete 25 €, Kaution 100 €.

Spielplatzhaus Reppkotten, Kontakt Frau Penk-Hamelmann, ✆ 0202/5636237, Fax 5636237.

HANDWERK UND GESCHICHTE

Schweben über der Wupper

42281 Wuppertal. ✆ 0202/569-0, Fax 569-4590. www.wsw-online.de. wsw@wsw-online.de. **Anfahrt:** Bhf Oberbarmen oder Wuppertal Hbf. **Zeiten:** Mo – Fr 6.20 – 18.50 Uhr alle 3 – 5 Min, Sa, So, Fei 6.50 – 18.20 Uhr alle 5 – 6 Min. **Preise:** Kurzstrecke 1,10 €, Preisstufe A 2 €; Kinder bis 14 Jahre Kurzstrecke 1,10 €, Preisstufe A 1,20 €; 4er-Karte, Tages-, Zeit-, Zoo-Kombi-Karte: Schwebebahn inkl. Zooeintritt für Erw 8 €, Ki 4,50 €, Gruppen (Familie 2 Erw, 3 Ki) 24 €.

▶ Von der Wuppertaler Schwebebahn haben die meisten Menschen in Deutschland schon gehört. Aber fast alle Besucher von Wuppertal sind überrascht, wenn sie sehen, dass die Schwebebahn fast die komplette Strecke von Oberbarmen nach Vohwinkel genau über der Wupper entlangschwebt. Die meisten Wuppertaler nehmen die Bahn als normales

Ein Blick in die Schwebebahn-Chronik: 21. Juli 1950: Der junge Elefant Tuffi springt während einer Zirkuswerbefahrt aus einem fahrenden Schwebebahnzug in die Wupper. Der Elefant bleibt unverletzt bis auf eine kleine Schramme am Hinterteil.

Dicht dabei sein könnt ihr, wenn ihr in den ersten Wagen steigt und dem Fahrer über die Schulter guckt

Transportmittel, Touristen wie wir genießen aber einfach die Fahrt mit einer ganz besonderen Bahn, z.B. zum Wuppertaler Zoo.

Die Wuppertaler Schwebebahn funktioniert eigentlich wie eine Straßenbahn – nur hat sie ihre Räder auf dem Dach! Die einzelnen Züge sind dabei an Aufhängungen mit Rädern, die auf Schienen laufen, befestigt. Diese Schienen wiederum werden von Stahlträgern gestützt.

Unterwegs mit der Museumsbahn: Das Straßenbahnmuseum Kohlfurth

Bergische Museumsbahnen e.V., Kohlfurther Brücke 57, 42349 Wuppertal. ✆ 0202/ 470251 (Anrufbeantworter), www.bmb-wuppertal.de. bmb@wtal.de. **Anfahrt:** CityExpress CE64 von Solingen und Wuppertal zur Kohlfurther Brücke, AST Bergische Museumsbahnen. **Auto:** A46, Ausfahrt 31 Sonnborner Kreuz, L74 Richtung Solingen. **Zeiten:** Museum Sa 11 – 17 Uhr, Mai – Okt auch So 11 – 17 Uhr, Fahrten April – Okt am 2. und 4. So im Monat. **Preise:** Museum Eintritt frei, Fahrt einfach 2 €, Hin- und Rückfahrt 3 €; Kinder 11 – 16 Jahre 1 bzw. 1,50 €.

▶ Jeden Samstag treffen sich eisenbahnbegeisterte Menschen im Betriebshof der Bergischen Museumsbahnen, um die vielen schönen, alten Straßenbahnen in Schuss zu halten. An diesen Tagen habt ihr auch die Möglichkeit, den Betriebshof und die Museumsbahnen zu besichtigen. Es gibt dort an den Fahrtagen auch eine kleine Garten-Straßenbahn, die ihr mit einem richtigen Straßenbahnfahrschalter selbst steuern dürft.

Im Sommer könnt ihr sogar mitfahren, die jeweilige Bahn pendelt ab 10.40 Uhr im Halbstundentakt zwischen der Kohlfurther Brücke und Wuppertal-Cronenberg.

Steffenshammer

Gelpetal, 42855 Remscheid-Clemenshammer. www.werkzeugmuseum.org. **Anfahrt:** Bus 615 Gerstau, 10 Min Fußweg (ausgeschildert). **Rad:** Am Gelpetalradweg. **Zeiten:** Je ein ausgewählter Samstagnachmittag im Mai – Sep (siehe Homepage), Gruppen ab 15 Pers nach Vereinbarung Di – Sa. **Preise:** Besichtigung kostenlos, Führung mit Schmiedevorführung pro Gruppe 25 €, Schulklassen 15 €. **Infos:** Anmeldungen über das ↗ Deutsche Werkzeugmuseum Remscheid.

▶ 1746 errichtete man einen Wasserhammer, den die Familie Steffens noch bis ins Jahr 1958 betrieb. Er ist einer der wenigen noch funktionstüchtigen Wasserhämmer. Wenn ihr darauf zugeht, fällt euch vielleicht der aufgestaute Teich auf. Von dort fließt das Wasser zu einem großen Wasserrad, das eine acht Tonnen schwere Holzwelle antreibt. In diese Welle wurden Zapfen eingearbeitet. Sie heben den Schwanzhammer, der auch heute noch bei Vorführungen dröhnend auf den Amboss niederfällt. Über ein zweites, kleineres Wasserrad lief eine ausgeklügelte **Transmission,** die Federhammer, Schleifstein und das Gebläse des Schmiedefeuers antrieb.

Museen und Stadtführungen

Aus der Geschichte der Natur: Fuhlrott-Museum

Auer Schulstraße 20, 42103 Wuppertal. ✆ 0202/ 5632618, 5632610 (Lernstation), www.fuhlrott-museum.de. fuhlrott-museum@t-online.de (allgemein), Fuhlrott-Lernstation@t-online.de (Kinderprogramme). **Anfahrt:** Schwebebahn Ohligsmühle, Bus 600, 601, 611, 619, 649 Volkshochschule. **Auto:** A46, Ausfahrt 33 Katernberg, rechts ins Tal, links auf B7, dann ausgeschildert. **Zeiten:** Di – Do 10 – 18 Uhr, Fr 10 – 13 Uhr, Sa, So 11 – 16 Uhr, Mi 16 Uhr öffentliche Führung. **Preise:** 3 €; Kinder 6 – 15 Jahre 1,50 €; Familienkarte (2 Erw, 3 Ki) 6 €. **Infos:** Zeiten für Geburtstagspartys Di – Do 15.30 – 17.30 Uhr, Sa 13.30 – 15.30 Uhr, 60 € pro Gruppe, 2 Erw haben freien Eintritt.

▶ Im Erdgeschoss dieses Naturkunde- und Naturhistorischen Museums macht ihr einen Streifzug durch die heimischen Lebensräume und lernt noch vorhandene und schon ausgewanderte Tiere unserer Hei-

*Das Wort **Transmission** kommt aus dem Lateinischen. Gemeint ist damit eine Einrichtung zum zentralen Antrieb von verschiedenen Antriebswellen, die mit Riemen verbunden sind. Transmissionen sind veraltet, weil heute bevorzugt Einzelantriebe eingesetzt werden, um Energie oder Kraft zu übertragen.*

Happy Birthday!

Wenn die Geburtstagskarawane durch das Museum zieht, lernt ihr *Tiere am laufenden Band* (6 – 7 Jahre) oder *Saurier* (9 – 12 Jahre) kennen. Oder wie wäre es mit einer *Reise in das Land der sprechenden Steine* für 8- bis 10-Jährige? Natürlich gibt es unterwegs für die Reisenden eine Stärkung, nur Getränke bringt ihr selbst mit.

Das Museum trägt den Namen von ***Johann Carl Fuhlrott*** *(1803 – 1877). Er war Naturforscher und erkannte 1856 in den im Neandertal bei Düsseldorf gefundenen Skelettresten einen Vorfahren des modernen Menschen. Das war der erste Fund dieser Art, deshalb heißen diese Urmenschen nun so, wie das Tal, in dem der erste von ihnen gefunden wurde.*

mat kennen. Nebenan geht es um die Evolution, also die Entwicklung der verschiedenen Tierarten. Dabei darf auch der Neandertaler nicht fehlen. Der erste Stock ist den Wirbellosen, den Amphibien und Reptilien vorbehalten.

Die Lernstation im **Fuhlrott**-Museum bietet etliche verschiedene Programme für den Unterricht in Schulklassen an, die Schwerpunkte liegen dabei auf der Erdgeschichte und den Lebensräumen von Tieren. Besonders beliebt sind dabei die Saurierthemen. Für Vorschulkinder gibt es drei Programme, bei denen z.B. ein Regenwurm erzählt oder Tierkinder ihre Eltern suchen.

Völkerkundemuseum

Missionsstraße 9, 42285 Wuppertal. ✆ 0202/89004-841, Fax 89004-840. www.wuppertal.de. museum@vemission.org. **Anfahrt:** Schwebebahn Loher Brücke, Bus 643 Kirchliche Hochschule/Hardt bis Endstation. **Auto:** ➚ Solingen. **Zeiten:** Mo – Do 9 – 16 Uhr, Fr 9 – 13 Uhr, 1. Sa im Monat 14 – 17 Uhr, letzter So im Monat 14 – 17 Uhr. **Preise:** 1,50 €; Kinder bis 14 Jahre frei. **Infos:** Führungen nach Voranmeldung.

▶ Essen ist eine der schönsten und wichtigsten Beschäftigungen des Menschen. Deshalb gibt es im Wuppertaler Völkerkundemuseum eine eigene Abteilung zu den verschiedenen Esskulturen der Völker. Wo wird was gern gegessen? Mit welchen Werkzeugen? Wie kommt es, dass manche Speisen immer exotisch für uns bleiben werden, andere aber so gründlich deutsche Kochtöpfe gestürmt haben, dass heutzutage keiner mehr darüber nachdenkt, dass vor 40 Jahren Spaghetti in Deutschland unbekannter waren als heute Sushi oder Couscous?

Schwerpunkte der Sammlungen sind Afrika und Ostasien. Aus Ländern dieser Regionen sind Haushaltsgegenstände, Schmuck, Musikinstrumente, Kleider, Waffen und Masken ausgestellt und erklärt. Grundschulklassen lernen hier viel über das Leben von Kin-

Schaut immer mal wieder ins Völkerkundemuseum hinein, denn es gibt wechselnde Sonderausstellungen, wie z.B. Masken, die weltweit als Verbindung mit dem Übernatürlichen verehrt und gefürchtet werden, oder Spiele aus aller Welt mit unterhaltsamem Begleitprogramm.

dern in Afrika, chinesische Schrift und Kultur oder Musikinstrumente aus aller Welt. Ältere Schüler können außerdem die Themen Tansania und Missionsgeschichte zum Inhalt ihres Ausflugs machen.
Bei einem **Kindergeburtstag** im Völkerkundemuseum entscheidet das Geburtstagskind, ob ihr nach China reist, über die Inseln Indonesiens hüpft oder Afrika entdeckt. Auf eine spannende Führung oder eine Rallye für Spürnasen folgt gemeinsames Malen, Basteln und Spielen.

Ein Museum von Kindern für Kinder

Kindermuseum, Schaufenster Schule & Kinderkunst e.V., 42389 Wuppertal-Langerfeld. ✆ 0202/605278, Fax 6080070. www.wuppertal.de. kindermuseum-wuppertal@t-online.de. **Anfahrt:** Bus 608 Am Timpen. **Zeiten:** Di – Fr 10 – 13 Uhr, Mi 15 – 18 Uhr, an Wochenenden, in den Schulferien und für Gruppen nach Vereinbarung. **Preise:** 3 €.

▶ 14 Jahre lang erfanden und bauten Schüler einer Langerfelder Schule im Werkunterricht Musikinstrumente und originelle Geräuschobjekte. Hier können sie bestaunt und ausprobiert werden.
Jedes Jahr seit der Gründung des Kindermuseums im Jahre 1986 wird ein Malwettbewerb mit immer neuem Thema ausgeschrieben. Rund 70.000 Postkartenbilder aus 71 Ländern sind inzwischen angekommen. In der jährlich wechselnden Ausstellung hängen jeweils etwa 1000 Bilder.
Ihr seht, es ist ein Kunstmuseum, in dem Kunstwerke von Kindern ausgestellt werden. Und dass Kinder hier als Künstler ernst genommen werden, merkt ihr auch sehr schnell, wenn ihr an einem Programm teilnehmt, bei dem vielleicht Musikinstrumente aus Naturmaterialien oder aus dem Inhalt eines gelben Müllsacks gebaut werden. Oder ihr nehmt einfach euren eigenen Körper als Musikinstrument und Klangkörper. Wem das noch nicht reicht, der kann mit seiner ersten eigenen Komposition beginnen oder beim

Happy Birthday!
Das Geburtstagsfest im Völkerkundemuseum dauert circa 2 Stunden, ist für Kinder ab 5 Jahre möglich und kostet 35 € bei maximal 10 Kindern. Zur Stärkung zwischendurch darf ein Picknickkorb mitgebracht werden. Bei schönem Wetter kann auch draußen gegessen und gespielt werden.

In jedem Jahr gibt es einen Wettbewerb namens **Mail Art,** bei dem ihr zu einem bestimmten Thema ein kleines Kunstwerk einschicken könnt, das dann am Ende vielleicht einen Preis gewinnt und ausgestellt wird. Mitmachen kann jeder zwischen 3 und 17 Jahren, jede Technik ist erlaubt. Einzige Bedingung: Euer Bild darf nur so groß wie eine Postkarte sein und muss bis zum 31. August im Museum ankommen.

Regenorchester versuchen, das Wetter zu verändern. Na, hoffentlich spielt ihr auch Sonnenschein oder eine dicke Schneedecke herbei!

Deutsches Werkzeugmuseum

Historisches Zentrum, Cleffstraße 2 – 6, 42855 Remscheid-Hasten. ✆ 02191/46435-0, Fax 4643510. www.werkzeugmuseum.org. werkzeugmuseum-hiz@str.de. **Anfahrt:** Bus 615, 653, 657, 680 Hasten Museum. **Zeiten:** Di – Sa 9 – 13, 14 – 17 Uhr, So 10 – 13 Uhr. **Preise:** Eintritt frei. **Infos:** Führungen für Gruppen ab 15 Pers kostenlos (bitte rechtzeitig Termin vereinbaren).

▶ Was wollt ihr später einmal werden? Wenn ihr es noch nicht wisst, könnt ihr in diesem Museum ausprobieren, ob ihr die berufliche Eignung zum Dreher oder Fräser habt. Es ist verflixt schwierig, linke und rechte Hand gleichzeitig so zu bewegen, dass ihr mit der Maschine, einen Kreis oder ein Dreieck gezeichnet bekommt.

Auch sonst gibt es in diesem Museum noch viel auszuprobieren: Ihr könnt euch mit großen Stempeln selbst eine Musterbuchseite für Werkzeugkataloge

Wer hat den Dreh raus? Stempeln, lochen und schrauben im Deutschen Werkzeugmuseum

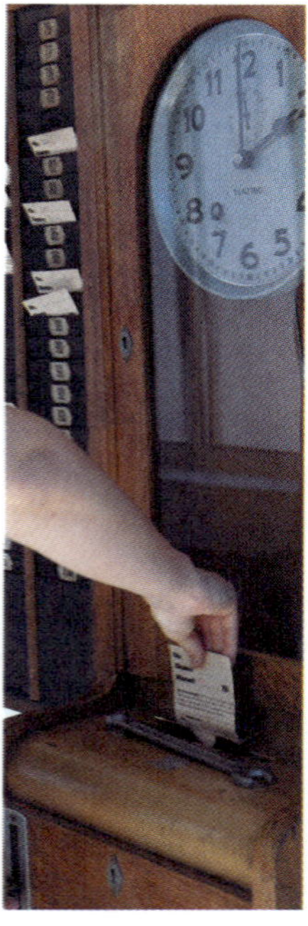

stempeln oder versuchen, eine Feile zu hauen. Selbst gelernte Handwerker staunen, wenn sie Schraubendreher mit verschiedenen Griffen so kräftig wie möglich drehen sollen, wie groß der Unterschied zwischen einem einfachen runden und einem klug geformtem Griff ist.
Damit euch nichts Sehenswertes entgeht, solltet ihr euch am Eingang die Museumsrallye geben lassen. Wer alles ganz genau wissen will, kann sich auch kostenlos ein Audioführungsgerät leihen. Die dort gespeicherten Erläuterungen sind in Deutsch, Englisch und Französisch.

Werkzeug. Mensch. Geschichte. ist ein Führer durch das Deutsche Werkzeugmuseum, ISBN 3-923495-59-5, 12,60 €.

Durchschaut!

Deutsches Röntgenmuseum, Schwelmer Straße 41, 42897 Remscheid-Lennep. ✆ 02191/163384, Fax 163145. www.roentgen-museum.de. info@roentgen-museum.de. **Anfahrt:** Bus 655 Röntgenmuseum. **Zeiten:** Di – Fr 10 – 18 Uhr, Sa, So 11 – 18 Uhr. Achtung: wegen Bauarbeiten voraussichtlich bis Okt 2006 geschlossen. **Preise:** Eintritt frei. **Infos:** Führung 31 €, Schulklassen 26 €, englisch 36 €.

▶ Schon die Vorbereitung auf diesen Museumsbesuch ist spannend: Auf der Homepage könnt ihr bewegte Röntgenbilder von einem Sänger anschauen, ihr seht genau, wie sich Kiefer und Zunge bewegen. Im Museum kann ich eine Führung sehr empfehlen. Dabei erfahrt ihr, dass **Wilhelm Conrad Röntgen,** der Entdecker der X-Strahlen, sogar von der Schule geflogen ist. Doch auch ohne Abitur konnte er studieren, wurde ein bekannter Physiker und 1901 mit dem ersten Physik-Nobelpreis ausgezeichnet. Ganz genau wird erklärt, wie er damals überhaupt die Strahlen entdeckt hat, die inzwischen seinen Namen tragen. Und ihr werdet euch über einen Schuhdurchleuchtungsapparat mit der Aufschrift »Passen die neuen Schuhe?« wundern. Ja, noch bis in die 1950er Jahre, als man noch nicht wusste, wie gefährlich Strahlen sein können, war es in Schuhgeschäften der Clou,

Wilhelm Conrad Röntgen wurde 1845 in Lennep geboren. Seine Entdeckung revolutionierte die Medizin. Bis dahin wurden Knochenbrüche auf gut Glück geschient und Tumore blieben unentdeckt. Röntgen starb 1923 an Darmkrebs.

sich seine Füße in den neuen Schuhen röntgen zu lassen, um zu sehen, ob sie auch passen.
Neben den vielen historischen Ausstellungsstücken gibt es viel über elektromagnetische Strahlung allgemein, Elektrosmog und Strahlenschutz zu erfahren. Dazu ist auch ein Besuch im Kino BlackBox sehr sinnvoll.
Der **Museumsshop** ist gut sortiert und es gibt ein gemütliches Museumscafé, in dem auch Kindergeburtstage gefeiert werden.

Feste und Märkte

Mittelalterliches Lager der Spiel- und Handwerksleut

An der historischen Stadthalle, Wuppertal. ✆ 02261/ 949230, Fax 949229. www.kzk.de. info@kzk.de. **Zeiten:** 3. Wochenende im Mai Fr, Sa 11 – 22 Uhr, So 11 – 19 Uhr. **Preise:** 4 €; Kinder unter Schwertmaß (1,38 m) haben freien Eintritt. **Infos:** Kramer, Zunft und Kurtzweyl, Feste Nyestat, Burstenstraße 6, 51702 Bergneustadt.

Allerley Süß-Speyß und viel zu gucken gibt auf den Mittelaltermärkten

▶ Der König der Spielleut lädt zur Hochzeit. Einer seiner Schutzbefohlenen will sein Lieb endlich unter die Haube bringen. Dies gebührend zu feiern, aber auch, um ihren Nutzen daraus zu ziehen, haben sich Krämer, Hökerer, fahrende Handwerker und Tavernenwirte in Wuppertal eingefunden.

Zuschauer und Darsteller: Auf dem Mittelaltermarkt von Lennep kann jeder beides sein

Dass Lennep ein Stadtteil von Remscheid geworden ist und nicht anders herum, war den Lennepern gar nicht Recht. Noch bis heute hält sich das Gerücht, dass bei der entscheidenden Sitzung zwei Lenneper ins Klo eingesperrt wurden, damit die Remscheider mehr Stimmen hatten.

Mittelaltermarkt in Lennep

Hardtpark, 42897 Remscheid-Lennep. ✆ 02261/949230, Fax 949229. www.kzk.de. info@kzk.de. **Zeiten:** 3. Wochenende im Juni, Sa 11 – 22 Uhr, So 11 – 19 Uhr. **Preise:** 3 €; Kinder unter Schwertmaß (1,38 m) haben freien Eintritt. **Infos:** Kramer, Zunft und Kurtzweyl, Feste Nyestat, Burstenstraße 6, 51702 Bergneustadt.

▶ Im Mittelalter kamen die fahrenden Händler nur einmal im Jahr in eine Stadt und veranstalteten einen großen Markt. Dann strömten die Menschen aus dem Umland genauso zusammen, wie bei diesem

Das Instrument mit dem dicken Beutel und den Flöten ist eine Sackpfeife, der Vorläufer des schottischen Dudelsacks.

Markt. Hier könnt ihr Holzspielzeug, Seifen, Wolle, Lederwaren und Keramik kaufen. Wer seine Vorräte gar nicht aufzufüllen braucht, lässt sich durch die Gaukler und Spielleute unterhalten, übt sich im Kerzenziehen und Bogenschießen oder schaut dem Schmied bei seiner Arbeit zu.

St. Martin war ein römischer Legionär, der der Legende nach seinen Mantel mit einem frierenden Bettler teilte. Am 10. November reihen sich bei Einbruch der Dunkelheit in allen Städten und Dörfern des Bergischen Landes Kinder zu Hunderten in Fackelzüge ein. Mancherorts gibt es große Martinsfeuer. Die Straßen der Stadt erstrahlen im Lichte der meist selbst gebastelten Laternen.

FESTKALENDER

Mai:	**3. Wochenende, Fr – So,** Wuppertal: **Mittelalterliches Lager** der Spiel- und Handwerksleut.
Juni:	**3. Wochenende, Sa, So,** Remscheid-Lennep: **Mittelaltermarkt.**
	3. Wochenende, Sa, So, Remscheid-Lennep: **Mittelaltermarkt.**
November:	**3. Sa,** Remscheid: **Martinsmarkt**
November/Dezember:	**21. Nov – 23. Dez,** Wuppertal: **Barmer Weihnachtsmarkt.**
	22. Nov – 23. Dez, Wuppertal: **Elberfelder Lichtermarkt.**
Dezember:	**1. – 4. Advent,** täglich, Remscheid: **Remscheider Weihnacht** mit Markt, Puppenspieler, Märchenerzählerin und Live-Musik.
	2. – 4. Advent, täglich, Remscheid: **Lenneper Weihnachtsdorf.**
	2. und 3. Advent, Wuppertal: **Weihnachtsmarkt** auf Schloss Lüntenbeck mit gewebter Eintrittskarte, Stockbrot backen und Bastelangeboten.

WUPPER & DHÜNN

Sicher: Es ist ziemlich hügelig hier. Aber mit »bergig« hat das Bergische Land nicht viel zu tun. Denn das Bergische Land verdankt seinen Namen den Grafen von Berg, die einst in der Region zwischen Wupper und Dhünn lebten. Dieses Adelsgeschlecht ist seit dem Jahr 1100 bekannt und residierte bis 1133 in der alten Burg Berge über der Dhünn. Heute ist das der Ort Odenthal-Altenberg, wo ihr bei einem schönen Tagesausflug den Altenberger Dom, einen Märchenwald und ein riesengroßes Wildgehege besuchen könnt.

Die Flüsse Wupper und Dhünn geben diesem Kapitel nicht nur den Namen, sondern machen auch deutlich, dass hier feucht-fröhliches Vergnügen auf euch wartet: Bootstouren auf der Wupper, Wanderungen bei der großen Dhünntalsperre und eine große Auswahl an Schwimmbädern.

HIER KAM DAS BERGISCHE LAND ZU SEINEM NAMEN

Freizeitkarte NRW Naturpark Bergisches Land (Nord), 1:50.000, LVA, ISBN 3-89439-489-7, 7,55 €.

TIPPS FÜR WASSERRATTEN

Frei- und Hallenbäder

Blütenbad Leichlingen

Am Büscherhof 45, 42799 Leichlingen. ✆ 02175/3900, Fax 883806. www.bluetenbad-online.de. info@bluetenbad-online.de. **Anfahrt:** Busbahnhof/Am Stadtwald. **Auto:** A3, Ausfahrt 22 Opladen, Richtung Leichlingen, hinter der Wupper links der Ausschilderung folgen. **Zeiten:** Mo, Mi, Fr 6.30 – 21 Uhr, Di, Do 6.30 – 8 Uhr, Sa, So 8 – 18 Uhr. Freibad Mo – Fr 11 – 19 Uhr, Sa, So 10 – 19 Uhr. **Preise:** 3 €, 12er-Karte 28 €; Kinder bis 6 Jahre 0,50 €, ab 6 Jahre 1,50 €, 12er-Karte 15 €; Familien (max. 5 Pers) 6 €.

▶ Im **Hallenbad** mit 25-m-Schwimmer- und einem kleineren Nichtschwimmerbecken gibt es eine spezielle Kinder-Badelandschaft (Wassertemperatur 32 Grad). Im Sommer steht euch zusätzlich ein **Freibad** zur Verfügung. Dort gibt es zwei Sprunganlagen und ein Plantschbecken mit lustigen Spielgeräten, außerdem Beachvolleyball, Wassertretanlage nach Kneipp und eine große Liegewiese mit altem Baumbestand.

Schwimmkurse für Kinder ab 5 Jahre Mo und Fr um 14.30, 15.30 und 16.30 Uhr für 75 €, Seepferdchen-Besitzer trainieren Mi um 14.30 Uhr. Anmeldung und weitere Kurse über VHS Leichlingen, ✆ 02175/898-076, www.vhs-bergisches-land.de.

Hallo Ziege!

Quellenbad Wermelskirchen

Quellenweg, 42929 Wermelskirchen. ✆ 02196/6778, Fax 6778. **Anfahrt:** Bus 652, 662 Realschule. **Auto:** A1 Ausfahrt 96 Wermelskirchen. **Zeiten:** Di, Mi, Fr 8 – 21 Uhr, Sa, So 8 – 16 Uhr. **Preise:** 3 €, 10er-Karte 24 €; Kinder 4 – 18 Jahre 2 €, 10er-Karte 14 €; Ermäßigung für Schüler, Studenten, Wehrdienst- und Zivildienstleistende.

▶ Ein Nichtschwimmerbecken und ein Sportbecken mit 5 Bahnen und 3-m-Sprungturm und ein Lehrschwimmbecken mit Nackenduschen, Bodensprudlern und Massagedüsen. Außerdem Solarien und Sauna. Ihr könnt euch Tauchringe, Wasserbälle und Schwimmbretter beim Personal ausleihen. Hunger und Durst werden in der Cafeteria gestillt.

Freibad Dabringhausen

Coenenmühle, 42929 Wermelskirchen-Dabringhausen. ✆ 02193/3355, www.freibad-dabringhausen.de. **Anfahrt:** Bus 263 Dabringhausen Strandbad. **Auto:** A1, Ausfahrt 97 Burscheid, B51 Richtung Wermelskirchen, in Hilgen links in die Dabringhauser Straße. **Zeiten:** Mo – Fr 13 – 19 Uhr (Juli – Aug 10 – 19), Sa, So 8 – 19 Uhr. **Preise:** 3,50 €; Kinder und Jugendliche bis 18 Jahre 2,50 €.

Lustig, Kleinkinder plantschen im Freibad Dabringhausen in einem riesigen Suppenteller.

▶ In diesem Freibad gibt es ein Kombibecken für Schwimmer und Nichtschwimmer mit 3-m-Sprungturm, Plantschbecken und einer Liegewiese am Steilhang. Keine Sorge, ihr kullert nicht herunter, die Liegeflächen sind terrassenförmig angelegt. Den ganzen Sommer über gibt es lustige Programmideen wie eine Wasserolympiade.

Und wer sich außer fürs Schwimmen noch für andere Sportarten interessiert, kann Tischtennis, Beachvolleyball und Basketball spielen. Für passive Sportler gibt es ein ganz besonderes Angebot: Bei Sportereignissen gibt es im Freibad die Möglichkeit, alles am Fernseher mitzuerleben, ohne nach Hause gehen zu müssen.

Freibad Dhünn

Pilghauser Straße, 42929 Wermelskirchen-Dhünn. **Auto:** A1, Ausfahrt 96 Wermelskirchen, rechts auf L157 durch Wermelskirchen Richtung Dhünn/Kürten. **Zeiten:** Mo – Fr 7 – 8 und 13 – 19 Uhr, Sa und So 7 – 19 Uhr. **Preise:** 4 €, 10er-Karte 32 €; Kinder bis 16 Jahre 2,50 €, 10er-Karte 20 €; Ermäßigung für Frühschwimmer (7 – 8 Uhr) und Spätschwimmer (16 – 19 Uhr).

▶ Ein beheiztes Freibad im Wald am Südwestrand von Dhünn mit kombiniertem Schwimmer- und Nichtschwimmerbecken und großer Liegewiese. Im Sommer gibt es manchmal lustige Schwimmbadaktionen für Kinder.

Hier haben eure Eltern nicht die Ausrede »Heute kommt Fußball oder Formel 1«, denn für aktuelle Sportereignisse wird ein Fernseher angeschaltet.

Burscheider Bad

Stadtwerke Burscheid GmbH, Im Hagen, 51399 Burscheid. ✆ 02174/787870, Fax 787850. www.burscheider-bad.de. info@stadtwerke-burscheid.de. **Anfahrt:** Bus 252 Burscheider Bad, Bus 230, 239 Jahnstraße. **Auto:** A1 Ausfahrt 97 Burscheid, Höhestraße (B232), an der Sparkasse links und 1. Straße rechts. **Zeiten:** Mo 14 – 21.30 Uhr, Di – Fr 7 – 21.30 Uhr, Sa, So, Fei 8 – 19 Uhr. **Preise:** 4 €, 8er-Karte 30 €; Kinder 6 – 17 Jahre 2,50 €, 8er-Karte 16 €.

▶ Hier hat jemand an eure Gesundheit gedacht: Das Wasser wird mit **Ozon** statt Chlor aufbereitet und schont daher eure Augen. Für Minis das Schönste in diesem Schwimmbad ist der 33 Grad warme Wasserspielgarten. Für Größere gibt es ein Schwimmer- und Nichtschwimmerbecken, ein Natursole-Aktiv-Becken mit Massagedüsen, ein Kneippbecken und ein Erlebnisbecken mit Luftsprudelsitzen, Bodensprudlern, Schwallwasser-Anlage und Prickelpool. Das Außenbecken kann auch im Winter genutzt werden. Ausruhen könnt ihr auf der großen Liegewiese. Es gibt eine Cafeteria mit täglich wechselnden Menüs und eine Bikinibar (Jungs dürfen natürlich auch in Badehose statt Bikini rein).

Dort wo sich viele Menschen aufhalten, fällt auch immer Schmutz an. So auch im Wasser des Schwimmbads. Grober Dreck und Haare können ausgefiltert oder abgesaugt werden. Bakterien sind aber unsichtbar und müssen mit Chemie bekämpft werden. Das geschieht mit Chlor – das ist das, was so stinkt und in den Augen brennt – und in umweltfreundlichen Bädern mit ***Ozon****. Ozon ist ein aus Sauerstoff bestehendes Oxidationsmittel.*

Splash!

Broch 8, 51515 Kürten. ✆ 02268/90319, Fax 90318. www.splash-kuerten.de. splash-bad-kuerten@t-online.de. **Anfahrt:** Bus 426, 427 Splash Bad. **Auto:** von Köln kommend A4, Ausfahrt 20 Moitzfeld, L174 und L289 Richtung Bensberg/Kürten. In Kürten gut ausgeschildert. **Zeiten:** Mo 13 – 22 Uhr (Ferien ab 10 Uhr), Di – Sa 10 – 22 Uhr, So, Fei 10 – 20 Uhr. **Preise:** Mo – Fr 6,50 €, Sa, So, Fei 7,50 €; Kinder unter 1 m frei, bis 15 Jahre Mo – Fr 3,50 €, Sa, So, Fei 4 €; Familien (2 Erw, 2 Ki) Mo – Fr 16 €, Sa, So, Fei 18 €.

▶ Nur für starke Nerven: Im Mysterious Black Hole ist es ganz schön aufregend. Ihr rutscht durch eine 72 m lange dunkle Röhre mit Lichteffekten und Zeitmessanlage. Im Erlebnisbecken könnt ihr euch beim Rauschen eines Wasserfalls und in den Blubberbuchten entspannen. Hier gibt es außerdem einen Wildwasserkanal. Für Kleinere gibt es ein Plantschbecken mit Rutsche und eine Wasser speiende Schlange. Im Sommer könnt ihr auch raus und auf die große Liegewiese mit den kostenlosen Liegen, Spielplatz, Bolzplatz und Beachvolleyballplatz gehen. Ein großes Sportbecken ist ebenso vorhanden wie Whirlpoolwannen, ein Außenbecken, eine Sauna, ein Tepidarium und ein Solebecken. Und während ihr es euch im Badeland so richtig gut gehen lasst, finden eure Eltern Erholung und Entspannung in der Bergischen Waldsauna.

Hunger & Durst

Von frisch zubereiteten Wok-Gerichten und Salatvariationen bis hin zu Hamburger und Currywurst dürfte in der Schwimmbadgastronomie für jeden von euch etwas dabei sein. Im Sommer gibt es auch draußen leckere Sachen, dort ist ein Kiosk.

Badeseen & Wassersport

Ein Tag im Erholungsgebiet Talsperre Diepental

Familie Halbach, Diepental 88, 42799 Leichlingen. ✆ 02171/30214, Fax 32076. www.diepental.de. **Anfahrt:** ↗ Leichlingen. **Auto:** A1 Ausfahrt 97 Burscheid, dann B232, Diepental nach rechts ausgeschildert.

▶ In Diepental stand jahrhundertelang die Burg der Ritter von Diepental. Ihr Wappen zeigt eine Pilgermuschel, die darauf hinweist, dass ein Mitglied dieses Geschlechts an einem Kreuzzug teilgenommen hat. Erwähnt wird Diepental schon vor 1300. Die letzte Erbin von Diepental, Christine, heiratete 1580 den bergischen Fähnrich Heinrich von Katterbach. Beide waren die Stammeltern einer Sippschaft, die bis ins 19. Jahrhundert ihr Umfeld in Angst und Schrecken versetzte: Zank, Totschlag und Händel mit Nachbarn füllten die Akten der Gerichte.
In diesem Erholungsgebiet könnt ihr wandern, rudern, schwimmen, campen, minigolfen und lecker essen und das alles aus einer Hand. Die Familie Halbach betreibt Bootsverleih, Minigolfanlage, Freibad und Restaurant in einem.

Hunger & Durst

Restaurant am See, Fam. Halbach, Diepental, ✆ 02171/30214, Fax 32076, Mo und Di Ruhetag (außer an Fei), drinnen Gemütlichkeit, draußen Seeterrasse mit Biergarten und Blick über die Talsperre. Eigene Konditorei.

Rafting auf der Wupper

Gregor Boukes, Am Neulandkreuz 2, 42799 Leichlingen. ✆ 02175/2922, Fax 72753. **Anfahrt:** ↗ Leichingen. **Auto:** A3, von Süden Ausfahrt 22 Opladen, von Norden Ausfahrt 21 Kreuz Langenfeld/Solingen, dann erste Ausfahrt. **Zeiten:** Mai – Ende Okt. **Infos:** Telefonische Terminabstimmung ist erforderlich, dabei erfährt man auch den Treffpunkt, der je nach gebuchter Tour variiert.

▶ Auf der Wupper ist Rafting schon für Kinder ab 6 Jahre möglich. Also: Hinein ins Abenteuer mit Wildwasser geeigneten, offenen Schlauchbooten! Der Veranstalter empfiehlt zwei Streckenabschnitte von etwa 75 und 135 Minuten. Alle, die eine solche Flusstour mitmachen möchten,

Da möchte Sam mit seinem Floß dabei sein: Rafting auf der Wupper

sollten schwimmen können, nüchtern sein und Schwimmwesten tragen. Diese sind im Preis enthalten. Die Boote sind für 3 Erwachsene oder 2 Erwachsene und zwei Kinder geeignet und kosten ab 36 € pro Boot, pro Bootstransfer inbegriffen.

Für die Fachleute unter euch: »Wildwasser« heißt auf der Wupper: Zahmwasser – Kategorie I, d.h. Eigenströmung, aber in der Regel, außer bei Hochwasser, auch für Anfänger unproblematisch.

Mitbringen solltet ihr bequeme Kleidung, die ruhig nass und schmutzig werden kann, feste Schuhe, Regenbekleidung und Sonnenschutz (Kopfbedeckung, Creme, Sonnenbrille).

Kanutouren all inclusive

Comes GbR, Birkenstraße 2, 42799 Leichlingen. ✆ 02175/167692, Fax 167693. Handy 0174/9801180. www.wupperkanu.de. wupperkanu@web.de. **Anfahrt:** Bhf Leichlingen, dann 30 Min Fußweg durch die Innenstadt. **Auto:** ➚ Leichlingen, Sportzentrum Balker Aue ab Kreisverkehr Rensrather/Opladener Straße ausgeschildert. **Preise:** 2-Std-Tour Erw 20 €; Kinder bis 12 Jahre 11 €, 12 – 18 Jahre 14 €. **Infos:** Treffpunkt und Details zur Anfahrt erfährt man bei der Anmeldung.

▶ Hier seid ihr bei einer begleiteten Kanutour rundum versorgt: Im Preis enthalten sind Boote, Paddel, wasserdichte Behälter, Schwimmwesten, Bootstransfer, theoretische und praktische Einweisung, Lunchpaket und Betreuung während der Tour durch mindestens zwei fachkundige Führer. Auf der Auswahlliste stehen acht verschiedene Touren, für Gruppen werden auch Abenteuerfahrten nach Wunsch zusammengestellt. Schülerpakete einschließlich Lunchpaket gibt es ab 13 €.

Paddeln auch für Anfänger

Paddelboot Erlebnistouren, Gerhart-Hauptmann-Straße 11, 42799 Leichlingen. ✆ 02175/2252, Fax 2252. kanutour@t-online.de oder wuppertour@t-online.de. **Anfahrt:** Vom Bhf Leichlingen 30 Min Fußweg durch die Innenstadt. **Auto:** ➚ Leichlingen, Sportzentrum Balker Aue ab Kreisverkehr Rensrather/Opladener Straße ausgeschildert. **Zeiten:** Mai – Okt. **Preise:** 20 – 26 €, je nach Personenzahl; Kinder 15 €, Schulklassen ab 20 Pers 13 €. **Infos:** Treffpunkt ist das Sportzentrum am Wanderparkplatz Balker Aue.

▶ Auf ihrem 105 Kilometer langen Lauf durchfließt die Wupper das Bergische Land. Als interessanter Wanderfluss mit teilweise flotter Strömung und leichten Schwällen ist sie auch für Anfänger geeignet, ohne langweilig zu sein. Leichlingen ist Treffpunkt für eine geführte Kanutour, vor der ihr natürlich erklärt bekommt, wie ihr mit dem Paddel umgehen müsst. Kindergeburtstage sind ab 8 Personen möglich.

Wandern und Spazieren

RAUS IN DIE NATUR

Skaten in Odenthal

▶ Euer Fahrtraining macht ihr am besten auf der neuen Skaterschanze am Dhünntalstadion. Wer Streckenfahrten bevorzugt, fährt von Bergisch Gladbach-Schildgen nach Odenthal-Altenberg und zurück.

Wandern um die Eschbachtalsperre

Länge: 3 km, leichte Rundwanderung auf Waldwegen, im Winter manchmal glatt. **Anfahrt:** Bus 672, 673 Raststätte. **Auto:** A1 Raststätte Remscheid, Start ist oben am Hotel in Fahrtrichtung Dortmund (Brücke für Anreisende aus der Gegenrichtung ist vorhanden).

▶ Selbst Menschen, die bloß einen Kurztrip ins Bergische Land machen, halten hier für eine schöne Rundwanderung. Verkehrsgünstiger geht es beim Ausgangspunkt direkt an der Autobahn mit guter Busanbindung kaum. Und doch ist es auf der Wanderstrecke angenehm ruhig, wenn nicht gerade die Vögel laut singen. Die Strecke beginnt auf dem Fußgängerweg genau an der Bushaltestelle und führt als Uferweg immer in Sichtweite des Stausees durch den Wald.

Dornröschen, lass dein Haar herunter … Der Hindenburgturm sieht verwunschen aus, ob er es auch ist?

Vom Freibad zum Hindenburgturm

Wermelskirchen-Dabringhausen. **Länge:** 4 km Rundwanderung, je ein Drittel Asphalt, breite Waldwege und schmale Pfade, Markierung A1.

Anfahrt: Bus 263 Dabringhausen Strandbad. **Auto:** A1 Ausfahrt 97 Burscheid, B51 Richtung Wermelskirchen, in Hilgen Richtung Dabringhausen, dort Schilder zum Freibad und zur Coenenmühle (Wanderparkplatz).

▶ Von der Bushaltestelle oder einem der beiden Wanderparkplätze aus geht es links vom **Pfannkuchenhaus** in den Wald hinein. Kurz darauf überquert ihr über einen Steg und eine Holzbrücke den *Linnefebach* und gelangt zum Eingangsbereich des Freibads Dabringhausen. An der Liegewiese vorbei geht es steil hinauf zur nahe gelegenen Ortschaft Ketzberg. Die Ortschaft wird komplett durchlaufen und ihr erreicht die **Ketzberger Höhe** an der Kreisstraße 16. Hier befindet sich der **Hindenburgturm**, ein Aussichtsturm mit Blick über die Dhünntalsperre bis nach Köln. Den Schlüssel für den Turm erhaltet ihr im Thai-Restaurant nebenan oder bei einer Familie, deren Anschrift auf der Turmtür steht. Die Turmbesteigung kostet 30 Cent, für Gruppen je 20 Cent.

Nach der Besichtigung die Kreisstraße sofort wieder verlassen und hinter ein paar Wohnhäusern durch ein Wäldchen hinab zur Kreisstraße 18 gehen, deren Kurven ihr bergauf folgt. Fußfaule können hier abkürzen, indem sie rechts bergab laufen. In Höhe von

Dortenhof biegt der Weg dann nach rechts von der Kreisstraße ab und führt in Schleifen durch den Wald hinab in das **Linnefetal.** Bei einem kleinen Klärwerk überquert ihr diesen Bach und folgt ihm über schmale Waldpfade zurück zum Ausgangspunkt. Den Abschluss dieser Wanderung sollte ein Besuch im **Pfannkuchenhaus Coenenmühle**, direkt an Start und Ziel, bilden.

Hunger & Durst
Pfannkuchenhaus Coenenmühle, ✆ 02193/ 3083, Mo – Fr 16 – 23 Uhr, Sa 14 – 23, So und Fei 11 – 23 Uhr. www.coenenmuehle.de. Hier gibt es Pfannkuchen mit süßem Belag, mit Obst, Gemüse, Fleisch, Fisch und anderen Leckereien gefüllt. Auch der Kaiserschmarrn ist lecker.

Rund um den Endberg

Wermelskirchen-Eifgen. **Länge:** 2,4 km einschließlich Zugangsweg vom Wanderparkplatz, leichte Rundwanderung mit einigen Steigungen auf Waldwegen. **Anfahrt:** Bus 261, 262 Eifgen, dann 400 m Fußweg. **Auto:** Wanderparkplatz Freizeitanlage Eifgen an der L409.

▶ Der Rundwanderweg A1 führt vom Wanderparkplatz parallel zur L409. Wechselt die Straßenseite (Vorsicht Raser!) und folgt der kleinen Straße nur ganz kurz, der Wanderweg zweigt schon bald in den Wald ab. Ihr lauft rechts an einem Bach entlang. Lasst euch nicht von dem parallel verlaufenden Weg irritieren, der tiefer gelegene, besser befestigte Weg ist der richtige. Überall wächst wilder, stacheliger Ilex bis zu 4 m hoch.
Wenn der Wermelskirchener Stadtteil Elbringhausen zu sehen ist, dreht der Weg nach rechts in die Gegenrichtung ab. Hinter dem Fischteich gelangt ihr zurück zu der Anliegerstraße. An dem Haus mit dem bergischen Löwen überquert ihr wieder vorsichtig die Straße und könnt schon wieder den Wanderparkplatz sehen.

Hunger & Durst
Café Restaurant **Haus Eifgen** mit Biergarten. Eifgen 1, 42929 Wermelskirchen, ✆ 02196/ 6140.

Natur und Umwelt erforschen

Kultur- und Waldlehrpfad

Odenthal-Altenberg. **Länge:** 3 km. Rundstrecke auf breitem Weg. **Anfahrt:** Bus 212, 430, 432, 434 von Leverkusen, Köln-Mülheim und Bergisch Gladbach. **Auto:**

Im Wald: Natur-Aktiv-Set, Anita van Saan. Wer mit diesem Waldforscherset in den Wald startet, wird sich wundern, wie viele interessante Pflanzen, Tiere und Tierspuren er bislang übersehen hat. ISBN 3-7607-4815-5, 12,90 €.

Minigolf kann man in Leichlingen im Diepental, ✆ 02171/30214, in der Wipperaue, ✆ 0212/336386, und in der Balker Aue, ✆ 02171/55669, spielen.

Wanderparkplatz hinter dem Altenberger Dom. **Zeiten:** frei zugänglich.

▶ Für diesen Lehrpfad solltet ihr 2 bis 2 1/2 Stunden Zeit einplanen. Nicht, weil der Weg so beschwerlich wäre. Nein, es gibt einfach auf dieser kurzen Strecke so viel zu sehen! Alle paar Meter findet ihr ein Schild mit Informationen zu den verschiedensten Themen rund um Natur, Geschichte und Kultur. Zu sehen sind alte Steinbrüche, eine Mühle und moderne Forellenteiche. Ihr bekommt erklärt, welchen Baum ihr da vor euch habt und dass der Pfengsbach 3,8 km lang ist und in die Dhünn mündet.

Tierparks und Märchenwelten

Kutsch- und Planwagenfahrten

Hans-Peter Müller, Fähr 1, 42799 Leichlingen. ✆ 02175/818432.

▶ Herr Müller bietet Fahrten mit Kutsche oder Planwagen an. Wer freundlich fragt, darf die Pferde auch streicheln.

Wildpark Dünnwald

Forstrevier Dünnwald, Dünnwalder Mauspfad, 51069 Köln-Dünnwald. ✆ 0221/601307, Fax 3991555. forstrevier.duennwald@netcologne.de. **Anfahrt:** Bus 154 Wildpark. **Auto:** A3 Ausfahrt 24 Leverkusen, B8 Richtung Leverkusen-Waldsiedlung, B51 rechts Richtung Köln, in Köln-Dünnwald links in die Odenthaler Straße, dann rechts. **Preise:** frei zugänglich. **Infos:** Führungen 2. Mi im Monat um 15 Uhr, Treffpunkt Ecke Kalkweg und Dünnwalder Mauspfad auf der Wildparkseite. Führungen für Gruppen nach Vereinbarung.

▶ Im Wildpark Dünnwald könnt ihr in großen, naturnahen Gehegen Wildschweine, Damwild und Muffelwild beobachten. Zum Muffelwild gehören z.B. die Mufflons, das sind Wildschafe aus Sardinien und Korsika. Eine besondere Attraktion sind die Wisente, eine Wildrindart, die in freier Natur in Deutschland ausgestorben ist. Bei einer Führung erklärt euch der Förster die Lebensweise der Tiere und ihr erfahrt, wie der Betrieb eines Wildgeheges abläuft.

Erlebniswelt Bauernhof

MD Bauernhof, Margot Döpper, Zur Linde 38 – 41, 51515 Kürten-Engeldorf. ✆ 02207/4146, Handy 0177/714755. www.mdbauernhof.de. mdbauernhof@aol.com. **Auto:** A4 Ausfahrt 21 Untereschbach, dann L284 Richtung Immekeppel, links nach Engeldorf, 1. links. **Zeiten:** Bitte voranmelden.

▶ Auf diesem Bauernhof könnt ihr was erleben! Bei einer Wanderung entlang der Sülz entdeckt ihr Dachsbauten, Jägerstände, Futterkrippen für Rehe,

Auch wenn sie beim Anblick eurer Schokolade oder beim Rascheln eurer Gummibärentüte noch so niedlich grunzen: Bitte füttert die Wildschweine nur mit für sie bekömmlichen Sachen. Das sind sogar Dinge, die ihr auch mögt: zum Beispiel Spaghetti, aber ungekocht!

FÄHRTEN LESEN

▶ Der **Dachs** wohnt in einer Höhle, die er im Wald in die Erde gräbt. Er polstert sie an den tiefsten Stellen mit Moos aus, damit er auf weichem Untergrund liegen kann. Im Winter hält er eine Winterruhe. Auch im Sommer werdet ihr ihn kaum zu Gesicht bekommen, denn er ist nachts aktiv und schläft am Tag. Der Dachs ist ein Allesfresser, er hat einen extrem kräftigen Kiefer. Auch der **Fuchs** gräbt Bauten, die viele Fluchtröhren haben, damit er den Hunden der Jäger entkommen kann. Ihr könnt einen Dachsbau daran erkennen, dass es rundherum ganz sauber ist – der Fuchs dagegen ist sehr unordentlich, er lässt seine Essensreste vor dem Bau liegen. ◀

Dachs-Spur

Dachs

An der westlichen und südlichen Grenze der Wahner Heide verläuft eine alte Landstraße. Das ist der so genannte Mauspfad. Er führte vom Taunus bis ins Niederrheinische.

Fischteiche, Wildäcker und Waldameisenbiotope. An Kreativtagen wird mit allem gebastelt, was Frau Döpper in die Finger fällt, sie bastelt mit euch Heutiere, Perlenketten und Holzflöße. Darüber hinaus bietet sie Serviettentechnik, Fimo, Seidenmalerei und Töpfern an. Lustig geht es bei Erlebnistagen zu, da könnt ihr die Kühe von der Weide holen, im Heustall toben oder auf dem Traktor mitfahren. Alle Angebote sind auch als Kindergeburtstag möglich.

Wildpark Altenberg

Odenthal-Altenberg. **Anfahrt:** Bus 212, 430, 432, 434 von Leverkusen, Köln-Mülheim und Bergisch Gladbach, dann etwa 2 km Fußweg Richtung Odenthal, nicht kinderwagentauglich. **Auto:** Auf der Straße von Altenberg Richtung Odenthal, nach gut 1 km Parkplatz links, Fußweg 10 Min. **Zeiten:** April – Sep 7 – 19 Uhr, Okt – März 8 – 17 Uhr. **Preise:** Eintritt frei.

Achtung! Bitte unbedingt die Schilder beachten und auf den Wegen bleiben. Respekt gegenüber dem Wild ist erforderlich, insbesondere im Frühjahr, wenn die Bachen über ihre Frischlinge wachen.

▶ Dieser Wildpark umfasst den Wald südlich von Menrath und Bülsberg rund um den Hoheberg und den Eichenberg. Er lässt sich nur zu Fuß und ohne Kinderwagen erkunden. Statt einzelner Gehege, in denen die Tiere nicht viel Bewegungsfreiheit haben, seid ihr hier zu Gast bei den Tieren. Ein fast 10 km langes Wegenetz ist ausgeschildert, von dem aus ihr die Tiere sehen könnt. Wer Mufflons, Wildschweine, Dam- und Rehwild beobachten möchte, hat am ehesten vormittags und zur Abenddämmerung Glück.

Deutscher Märchenwald

Wilhelmine Kreber, 51519 Odenthal-Altenberg. ✆ 02174/40454, Fax 4788. www.deutscher-maerchenwald.de. maerchenwald-altenberg@web.de. **Anfahrt:** Bus 212, 430, 432, 434 von Leverkusen, Köln-Mülheim und Bergisch Gladbach. **Auto:** A1 Ausfahrt 97 Burscheid, b51 Richtung Leverkusen, Odenthal/Altenberg, 2. große Kreuzung links der Ausschilderung folgen; 3 km nördlich von Bergisch Gladbach, über Voiswinkel. **Zeiten:** täglich 9 – 16 Uhr, April – Okt bis 18 Uhr.

Froschkönig & Co: Im Märchenpark leben sie einträchtig beieinander

Preise: 4 €; Kinder 3 – 14 Jahre 2 €; Gruppenpreise auf Anfrage. **Infos:** Hunde an der Leine sind erlaubt.

▶ Dies ist kein Freizeitpark, sondern ein nostalgischer Märchenwald mit Darstellungen von 22 Märchen der Gebrüder Grimm. Hier haben schon eure Großeltern große Augen gekriegt, denn den Park gibt es bereits seit 1931. Das Ganze ist herrlich märchenhaft gestaltet, zum Beispiel wohnt Rumpelstilzchen in einem Schwarzwaldhaus, der gestiefelte Kater in einer Mühle und die Gänsemagd an einem Schwanenteich. Um die sieben Zwerge hoppeln niedliche Kaninchen herum. Und ihr werdet deutlich mehr

Hunger & Durst

Im **Restaurant Märchenwald**, ✆ 02174/40454, Sa – Do 11.30 – 14 Uhr, Jan geschlossen, Feb nur Sa und So, könnt ihr zu jeder vollen Stunde tanzende Fontänen betrachten. Diese Wasserspiele sind jetzt schon rund 50 Jahre alt und werden euch gefallen.

HANDWERK UND GESCHICHTE

Verkaufszeiten für Champignons, Steinpilzchampignons, Austernpilze, Shitake, Äpfel, Pflaumen und Kiwis (!) aus eigenem Anbau Mo – Sa 8 – 18 Uhr, So 10 – 12 Uhr.

als 7 Geißlein sehen, denn nebenan ist ein Gehege mit vielen neugierigen, verfressenen Ziegen und beim Tischlein Deck dich gibt es eine nimmersatte Ziege, die mit Papier gefüttert werden will.

Grillplätze an Wupper und Dhünn

Burscheid: Grillhütte am Jugendzentrum Megaphon, Sträßchen 12, Kontakt ✆ 02174/61489.

Leichlingen: Im Brückerfeld, Kontakt Städtischer Bauhof, ✆ 02175/800210 und 800211, mit großem Kinderspielplatz.

Leichlingen: Naturfreundehaus Am Block, Grillen für Hausgäste.

Odenthal-Hüttchen: kleine Grillhütte, Kontakt Gemeinde Odenthal, Frau Hohnrath, ✆ 02202/78765.

Wermelskirchen: Freizeitpark Eifgental, Kontakt Frau Röntgen, ✆ 02196/710513. Grillhütte für geschätzte 20 Pers.

Wermelskirchen: Eschbachtal-Altenhammer, Kontakt Herr Dunkel, ✆ 02191/163763. Grillhütte, bei über 30 Personen ist eine mobile Toilette nötig.

Wermelskirchen: Stumpf, Kontakt Walter Stahlhacke, ✆ 02193/4402. Kleine Grillhütte.

Betriebsbesichtigung

Champignonzuchtanlage

Peter Marseille, Bergerhof 71, 42799 Leichlingen. ✆ 02175/4282, Fax 4282. **Anfahrt:** Bus 255 »Über Oberschmidt« bis Bergerhof. **Auto:** ↗ Leichlingen, dort an der Polizeiwache in die Kirchstraße (L359) Richtung Bennert. **Zeiten:** Nur auf Anfrage. **Preise:** 2 €. **Infos:** Führungen für Gruppen ab 10 Pers möglich.

▶ Hier könnt ihr sehen und erleben, wie kalt und klamm es Champignons beim Wachsen am liebsten haben. Der nette Inhaber beantwortet alle eure Fragen.

Museen und Stadtführungen

Der Altenberger Dom

Katholische Pfarrgemeinde St. Mariä Himmelfahrt Öffentlichkeits-Ausschuss des Pfarrgemeinderats Altenberg, Ludwig-Wolker-Straße 4, 51519 Odenthal-Altenberg. ✆ 02174/4533, Fax 49357. www.altenberger-dom.de. **Anfahrt:** Bus 212, 430, 432, 434 von Bhf Leverkusen-Mitte, Köln-Mülheim und Bergisch Gladbach. **Zeiten:** täglich ab 7 Uhr. **Preise:** Eintritt frei. **Infos:** Gruppenführungen bis 15 Pers pauschal 30 €, jede weitere Person 2 €. Reine Kindergruppen und Schulklassen werden kostenlos geführt, ✆ 02174/41011.

▶ Diese weit über das Bergische Land hinaus bekannte Kirche wird häufig auch als der *Bergische Dom* bezeichnet. Bis 1803 gehörte er zu einer Abtei der Zisterzienser, jetzt ist er Pfarrkirche von Altenberg. Bei Musikliebhabern ist der Dom für die Konzerte mit einzigartiger Musik aus 6000 Orgelpfeifen und einem erstklassigen Chorgesang bekannt. Das einst katholische Gotteshaus ist schon lange offen für Andersgläubige: 1857 verfügte der preußische König eine Mitbenutzung des Domes durch evangelische Christen. Durften sie damals die Kirche immer nur von 8 – 10 und 13 – 15 Uhr nutzen, dient sie heute beiden Konfessionen als Messraum.

Um die Einzigartigkeit des Domes so richtig verstehen zu können, solltet ihr an einer der kostenlosen Führungen (Sa 11 oder So, Fei 13 und 15.30 Uhr, Treffpunkt vor dem Domportal) teilnehmen. Noch spannender wird es auf einer Kinderführung, bei der ihr alles über den Dom und seine Geschichte erfahrt. Oder z.B. Interessantes über das Leben der Mönche oder über Tiere im Dom.

Im Altenberger Domladen findet ihr eine große Auswahl an Kinder- und Bilderbüchern.

Eine Kunstausstellung in der Natur

Skulpturenpark Sinneswald, Spinnerei Braun + Brudes, Wietsche 1, 42799 Leichlingen. ✆ 02175/2854, www.spinnerei-braun-brudes.de. Braun-Brudes@t-online.de. **Auto:** ↗ Leichlingen, Richtung Leichlingen-Innenstadt, Kreisverkehr rechts Richtung Bergisch-Neukirchen, in Leichlingen-Balken links Richtung Wietsche. **Zeiten:** Mai – Herbst täglich so lange es hell ist. **Preise:** frei zugänglich, am Eingang liegt ein großer Spendenstein.

▶ Das Murbachtal wirkt wie eine verwunschene Welt aus einem Märchen. Wen wundert es also, dass an einer efeubewachsenen Brücke, die nirgendwo hinführt, die Wächterin des Tales zu Holz erstarrt steht und Neuankömmlingen entgegenschaut. Auf dem Gelände einer alten Spinnerei macht ihr hier einen Spaziergang zu Skulpturen aus Holz, Stein und Metall, die auf verschlungenen Pfaden am alten Mühlteich, am Murbach und in einem ehemaligen Steinbruch aufgestellt wurden. In jedem Jahr werden Kunstwerke zu einem anderen Thema gezeigt, 2005 gab es zum Thema Lachen einen Lachbrunnen, Clowns und natürlich Kichererbsen – aber riesengroße!

Feste Schuhe sind nötig.

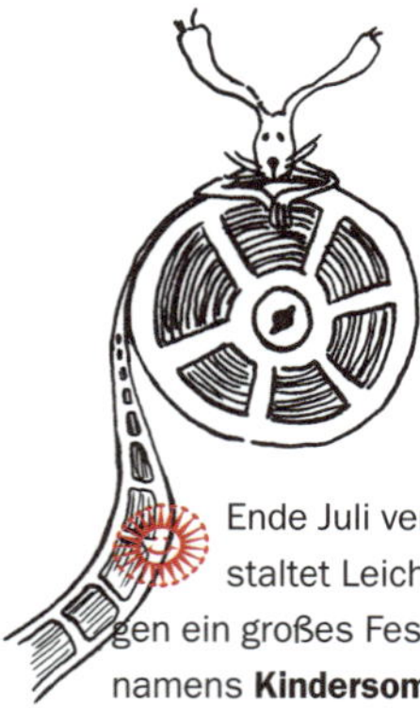

Ende Juli veranstaltet Leichlingen ein großes Fest namens **Kindersommer**. Viele verschiedene Aktionen, Wettbewerbe und Spiele werden da geboten. Immer dabei sind Künstler, die euch helfen, eine große Skulptur zu kreieren und zu bemalen, die dann im Stadtzentrum ihren Platz zum Bewundern findet. Infos: Ute Gerhards, ✆ 02175/992102, www.stadt-leichlingen.de.

Aktionen und Feste

Jugendzentrum Leichlingen & you.c

Oskar-Erbslöh-Straße 24c, 42799 Leichlingen. ✆ 02175/1001. **Auto:** Balker Aue, südlich der Kreiselkreuzung L294/L359. **Zeiten:** Mo, Mi, Do, Fr 15 – 21 Uhr, Di und Mi nur für Kinder 6 – 11 Jahre 15 – 18 Uhr. **Infos:** you.c, Matthias Ebecke, ✆ 02175/990-315.

▶ Das Juz ist zusammen mit dem Kinder- und Jugendparlament der Stadt Leichlingen und anderen Organisationen Veranstalter des you.c. Das ist ein Kinder- und Jugendkino, mit selbst gestaltetem Programm, bei dem ihr euch mit Cola und Popcorn entspannt in die Sofas fallen lassen könnt. Denn die Preise sind zahm, Eintritt 2 €, Erwachsene das Doppelte. you.c findet Okt – März einmal pro Monat an einem Fr oder Sa im Gemeindehaus der ev. Kirche in der Marktstraße statt. Um 17 Uhr gibt es einen Film

▶ Seit Sommer 2000 gibt es in Leichlingen ein eigenes Kinder- und Jugendparlament (JuPa). Ziel der Jungpolitiker und -politikerinnen im Alter von 9 bis 20 Jahren ist es, sich für ein kinder- und jugendfreundliches Leichlingen stark zu machen. Das JuPa, das sich als Sprachrohr und Interessenvertretung der Jüngeren und Jüngsten in der Blütenstadt versteht, wird jährlich nach den Sommerferien neu gewählt. Insgesamt gibt es 42 stimmberechtigte Mitglieder, doch je mehr Interessierte beim JuPa mitmachen, desto stärker ist das Gremium. Und ein ernst zu nehmendes Parlament ist schon deshalb vonnöten, da die Beschlüsse des JuPa direkt in die städtischen Fachämter und von dort in die entsprechenden Ausschüsse der Stadt gehen.

WILLKOMMEN BEIM KINDER- UND JUGENDPARLAMENT IN LEICHLINGEN

Zwei bis drei Sitzungen pro Schuljahr im großen Ratssaal des Rathauses geben schon einmal einen Vorgeschmack auf die große Bühne, aber auch die 6 – 8 Arbeitskreissitzungen pro Halbjahr lassen spüren, wie Politik geht. In den Arbeitskreisen werden Anregungen und Verbesserungsvorschläge diskutiert. Themen sind beispielsweise Kultur (z.B. Kino you.c), Freizeit und Sport (z.B. Instandsetzung von Bolz- und Spielplätzen), Schule (z.B. sichere Wege, saubere Schulhöfe), Verkehr und Stadtentwicklung (z.B. rollstuhlgerechte Wege). Diese Sitzungen sind öffentlich, das heißt alle interessierten Kinder und Jugendliche können sich beteiligen und ihre Ideen einbringen! ◀

Kontakte über: Gudrun Bormacher, im Rathaus Zimmer 409, ✆ 02175/992-249 und -256. www.leichlingen.de, jupa@leichlingen.de.

für Kinder ab 6 Jahre, um 20 Uhr laufen die Knaller für Kids ab 12 Jahre.

St. Martin in Wermelskirchen

Wirtschaftsförderungsamt, 42929 Wermelskirchen. ✆ 02196/710-0, Fax 710-555. **Termin:** 11. Nov um 16.30 Uhr Aufstellung auf der Waldstraße, Ecke Eich.

▶ Beginn ist um 17 Uhr mit gemeinsamem Singen, Vorlesen der St.-Martin-Legende und der Mantelteil-

Direkt neben dem Jugendzentrum ist ein **Skater-Park** mit Quarter-Pipe, Fun-Box, Grind-Box und Jump-Ramp.

lung. Dann zieht der Umzug zum Rathausvorplatz, wo ein Martinsfeuer lodert. Zwar gehen in allen Orten an Wupper & Dhünn um den 10. November herum Martinszüge, besonders groß ist aber der in Wermelskirchen, weil dort ein gemeinsamer Martinszug der Schulen und Kindergärten organisiert wird.

FESTKALENDER

Karneval:	Weiberfastnacht, Odenthal-Voiswinkel: **Karnevalszug**
	Kürten-Bechen: **Weiberfastnachtszug**
	Sa, Kürten: **Karnevalszug**
	Sa, Odenthal-Oberodenthal/Neschen: **Karnevalszug**
	Rosenmontag, Odenthal-Blecher: **Rosenmontagszug**
	Rosenmontag, Kürten-Bechen: **Kinderzug**
November:	11. Nov: Wermelskirchen: **Martinszug**
Dezember:	1. – 4. Advent, Sa und So, Wermelskirchen: **Weihnachtsmarkt**
	Sa und So, Wermelskirchen-Dabringhausen und -Dhünn: **Weihnachtsmarkt**
	Sa und So, Leichlingen: **Weihnachtsmarkt**
	Sa, Overath-Vilkerath: **Weihnachtsmarkt**
	So, Rösrath-Bleifeld: **Weihnachtsmarkt**
	Sa und So, Kürten: **Weihnachtsmarkt**

WAHNER HEIDE & AGGER

SOLINGEN

WUPPERTAL & REMSCHEID

WUPPER & DHÜNN

WAHNER HEIDE & AGGER

OBERBERGISCHE STAUSEEN

GUMMERSBACH & UMGEBUNG

HOMBURGER LÄNDCHEN

NUTSCHEID & SIEGTAL

INFO- & FERIENADRESSEN

KARTEN & REGISTER

PFLANZEN STATT PANZER

Wo bis vor kurzem noch Panzer fuhren, könnt ihr heute eine Heidelandschaft und seltene Pflanzenarten finden. Seit 2005 darf die Bevölkerung die Wahner Heide jederzeit zum Wandern und Naturbeobachten betreten. Bis zu jenem Jahr durfte sie das nämlich nur an Wochenenden, da in der übrigen Zeit das belgische Militär in weiten Teilen der Wahner Heide Übungen abhielt.

Bereits 1817 wurde die Heide unter dem Namen »Schießplatz Wahn« von den Preußen zu Manöver- und Übungszwecken genutzt. Nach dem Zweiten Weltkrieg übernahm 1945 die Royal Air Force das Kasernengelände und baute den Flughafen aus, der 1957 zur zivilen Nutzung freigegeben wurde, heute unter dem Namen Köln-Bonn-Airport. Er beansprucht etwa ein Drittel des ansonsten unter Naturschutz stehenden Heidelands zwischen Köln-Porz, Rösrath, Lohmar und Troisdorf. Im Norden grenzt die Heide an das Naturschutzgebiet Königsforst.

Auch entlang der **Agger** gibt es viel Natur für euch zu erleben. Wer dabei fachkundige Begleitung braucht, ist bei der Naturschule Aggerbogen genau an der richtigen Adresse.

Einen ganzen Tag könnt ihr in **Troisdorf** rund um die Burg Wissem verbringen: Im Bilderbuchmuseum warten viele lustige Bilderbücher und spannende Schmöker auf euch, im Burgpark gibt es einen Tierpark und viele unterschiedliche Stationen, an denen ihr all eure Sinne auf die Probe stellen könnt.

GeoMap Rad- und Freizeitkarte Südlicher Niederrhein Düsseldorf Köln, 1:75.000, 6,60 €.

Freizeitkarte NRW Naturpark Bergisches Land (Süd) 1:50.000, Landesvermessungsamt, ISBN 3-89439-494-3, 7,55 €.

TIPPS FÜR WASSERRATTEN

Frei- und Hallenbäder

Kombibad Paffrath

Borngasse 2, 51427 Bergisch Gladbach. ✆ 02202/ 53344, 29060, Fax 290629. www.kombibad-paffrath.de. info@kombibad-paffrath.de. **Anfahrt:** S11 Bergisch Gladbach. **Auto:** A3 Ausfahrt S26 Dellbrück, Bergisch Gladbacher Straße, im Ort ausgeschildert.

Matschepampe glatt gestrichen: In der Papiermühle Alte Dombach entsteht Papier

Zeiten: Mo, Mi, Fr 6.15 – 21.30 Uhr, Do 6.15 – 21 Uhr, Sa 6.15 – 20 Uhr, So 8 – 18 Uhr. Das Freibad öffnet abhängig von der Witterung und ist dann täglich 10 – 20 Uhr geöffnet. Das Außenbecken ist von der Halle aus von März – Okt/Nov zu nutzen. **Preise:** 2 Std 3,90 €, Tageskarte 4,90 €, als Familienkarte 0,40 € günstiger; Kinder 4 – 17 Jahre 2 Std 2,60 €, Tageskarte 3,50 €, als Familienkarte 2 Std 2 €, Tageskarte 3 €; günstige 11er- und 50er-Karten. **Infos:** Behindertengerechte Umkleide- und Sanitärbereiche.

▶ Im Hallenbad findet ihr einen großen Kleinkinderbereich mit vielen Spielgeräten. Der Außenbereich umfasst 50-m-Becken, 87-m-Riesenrutsche, Kleinkinderrutsche, Wasserpilz, Babybecken, riesige Liegewiese, Spielwiese, Spielplatz und Beachvolleyball-Feld. Außerdem Sauna und Solarium. Bistro und Saftbar für Schwimmbadbesucher und Saunagänger.

Orientierungstipp

In großen und überfüllten Freibädern können sich Kinder bis 5 Jahre sehr leicht verlaufen. Zwar gibt es Kinder mit einem angeborenen guten Orientierungssinn, aber bei den meisten muss dieser erst trainiert werden. Deshalb sollten Erwachsene und ältere Geschwister den Kleinen Orientierungshilfen anbieten und diese viele Male abfragen. Orientierungshilfen können sein: eine besonders farbige Decke, der Sonnenschirm oder ein mitgebrachtes Fähnchen, die unmittelbare Nähe zu einer Uhr, zu einem einzeln stehenden Baum oder Busch, zum Spielplatz und so weiter.

Freibad Milchborntal

Milchborntalweg, 51427 Bergisch Gladbach-Bensberg. ✆ 02204/53955, www.freibad-milchborntal.de. info@milchborntal.de. **Anfahrt:** Etwa 15 Min Fußweg ab Bensberger Busbhf. **Auto:** A4 Ausfahrt 20 Moitzfeld. **Zeiten:** Mitte Mai – Sep täglich 10 – 20 Uhr. **Preise:** 4,10 €; Kinder 4 – 17 Jahre 3,60 €; günstige 11er- und 50er-Karte.

▶ Modernes Freibad in ruhiger Waldrandlage von Bensberg mit 50-m-Schwimmerbecken, 3-m-Sprunganlage, Whirlpool-Liegen, Bodensprudler und Kinderplantschbecken mit Wasserspielgeräten. Auf dem Kinderspielplatz stehen viele tolle Geräte, z.B. ein Kletterzirkus.

Mediterana

Saaler Mühle 1, 51429 Bergisch Gladbach-Bensberg. ✆ 02204/2020, Fax 202222. www.mediterana.de. info@mediterana.de. **Anfahrt:** U1 bis Frankenforst oder Neuenweg, dann Richtung Eisstadion gehen. **Auto:** A4 Ausfahrt 20 Moitzfeld. **Zeiten:** Mo – Fr 6.30 – 22 Uhr,

Wasserspiele: Im Kinderspielbereich des Mediterana gibt es eine Wasserrinne zum Spielen

Sa, So, Fei 8 – 22 Uhr. **Preise:** 5,20 €, 12er-Karte 45 €, 50er-Karte 170 €; Kinder 4 – 17 Jahre 4,20 €, 12er-Karte 33 €, 50er-Karte 120 €.

▶ Das Mediterana ist eher ein Gesamtkunstwerk aus Pool, Restaurant, Park, Fitnessbereich, Sauna und Wellness, das manch einer Familie die Wartezeit auf den nächsten Mittelmeerurlaub verkürzen hilft. Dennoch sind die Eintrittspreise für das Schwimmbad unerwartet und angenehm niedrig. Von Mai bis Sep ist das 50-m-Wellenbad im Außenbereich der Platz, an dem die meisten Kinder anzutreffen sind. Drinnen befinden sich das Schwimmerbecken mit Sprungturm, der Whirlpool und ein Entspannungspool mit Massagedüsen und Wasserfall. Auch die

Hunger & Durst

Das **Café del Mar**, ✆ 02204/202114, ist im Sommer Treffpunkt für die Wasserratten, hier gibt es leichte Gerichte, Eis und kühle Getränke. **La Bodega**, das Restaurant im mediteranen Landhausstil, ist täglich 11 – 24 Uhr geöffnet, ✆ 02204/202140.

Kleinen kommen nicht zu kurz, sie tummeln sich in der Wasserspiel-Oase neben dem Innenbecken.

Das Wasser selbst ist etwas ganz Besonderes – es kommt mitten aus dem Bergischen Land. Ein Wünschelrutengänger fand auf dem Grundstück eine sprudelnde Quelle in 102 m Tiefe. Jedes Becken im Mediterana wird seitdem mit Mineralwasser bester Qualität (gemäß Analyse des Instituts Fresenius) versorgt.

Auch für Schussel ist im Mediterana gesorgt: Bademantel, Handtuch, Badehose und Badeanzug können gemietet werden.

In Rösrath gibt es auch ein **Hallenbad**, Scharrenbroicher Straße 28, ✆ 02205/85838. Mitte Sep – Mitte Mai geöffnet. Erw 2 €, Kinder 4 – 18 1 €.

Freibad Rösrath

Hover Weg, 51503 Rösrath-Hoffnungsthal. ✆ 02205/ 85827. **Anfahrt:** Bus 422 Hoffnungsthal Schule. **Auto:** A3 Ausfahrt 30 Rösrath, dann L288 nach Rösrath und L284 nach Hoffnungsthal. **Zeiten:** Mo – Fr 10 – 20 Uhr, Sa, So, Fei 9 – 20 Uhr. **Preise:** 2 €; Kinder unter 4 Jahre frei. **Infos:** Bei schlechtem Wetter wird das Freibad ab 12 Uhr geschlossen.

▶ Preiswertes Freibad mit 50-m-Sportbecken und 3-m-Sprungturm, Nichtschwimmerbecken und Kleinkinderbecken. Große Liegewiese mit Blick übers Bergische Land, Volleyballfeld und Kiosk.

Freizeitbad Oktopus

Zeithstraße 110, 53721 Siegburg. ✆ 02241/9699712, 9699721 (Infoline), www.oktopus-siegburg.de. info@oktopus-siegburg.de. **Anfahrt:** RB bis Bfh Siegburg, dann Bus 502, 510, 511, 557, 577 Oktopus. **Zeiten:** Di – Fr 7.30 – 21 Uhr, Sa, So, Fei 8 – 18 Uhr. **Preise:** 4 €, 10er-Karte 33 €; Kinder 6 – 17 Jahre 2 €, 10er-Karte 16,50 €; Feierabend Di – Fr ab 17 Uhr 3 € bzw. 1,50 €, Ermäßigungen für diverse Sondergruppen sowie Inhaber des Siegburg-Passes, ↗ Info- & Ferienadressen.

Hunger & Durst

In der **oktobar** gibt es preiswerte Tagesgerichte, leckere Spezialitäten und schnelle Snacks, bei schönem Wetter auch draußen auf der Sonnenterrasse.

▶ Allein im Freibadteil gibt es ein 50-m-Sportbecken mit separatem Sprungbereich bis 5 m, ein Aktionsbecken mit 85-m-Rutschbahn, Strömungskanal, Rutschberg, Fontänen und Luftsprudlern. Außerdem den Kleinkinderbereich mit Rutsche und Wasserspeier. Von der riesigen Liegewiese aus seht ihr den Michaelsberg. Hier könnt ihr auch Fußball und Volleyball spielen. Im Hallenbad gibt es ein 25-m-Becken mit Sprungturm, eine weitere Riesenrutsche sowie Solarium und Sauna. Im Angebot sind zahlreiche Kurse wie Schwimmen und Wassergymnastik.

Aggua Troisdorf

Aggerdamm 22, 53840 Troisdorf. ✆ 02241/98450, Fax 9845599. www.aggua.de. info@aggua.de. **Anfahrt:** S12 Troisdorf. **Auto:** A3 Ausfahrt 31 Lohmar, dann B484, B56, B8. **Zeiten:** täglich 9 – 22 Uhr. **Preise:** 2 Std 5,50 €, 3 Std 7 €, Tageskarte 8,50 €, Freibad 3 €; Kinder unter 90 cm frei, bis 16 Jahre 2 Std 4,50 €, 3 Std 5,50 €, Tageskarte 6,50 €, Freibad 2 €; Familien (2 Erw, 2 Ki) 2 Std 16 €, 3 Std 20 €, Tageskarte 24 €, Ermäßigung Mo – Fr nach 20 Uhr. **Infos:** Tageskarten beinhalten während der Freibadsaison den Eintritt zum Freibad.

▶ Hat sich da beim Namen jemand verschrieben und meinte Aqua, also Wasser? Nein, das ist eine Wortspielerei, weil das Schwimmbad direkt an der Agger liegt. Das Aggua Troisdorf ist ein Kombibad mit Erlebnis-, Sport- und Kinderbecken, Sauna, Bistro und Freibad. Im Kinderbecken findet ihr eine Mini-Wasserrutsche, eine lustige Wasserschlange, Wasserrad, Ausguck mit Ruderanlage und Fahnenmast. Im Erlebnisbad einen Kletterdelfin, Wildwasserkanal, Felsengrotte und eine schnelle Breitreifenrutsche. Ganz neu und spannend ist die 80 m lange Black Hole-Riesenrutsche mit tollen Licht- und Sound-Effekten.

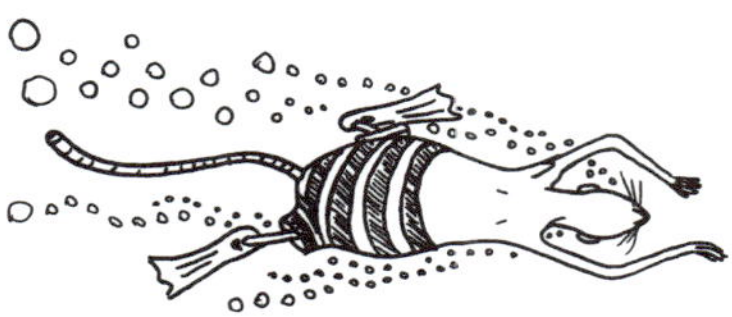

Happy Birthday!

Beim okto birthday gibt es eine Stunde lang Spaßprogramm für Kinder zwischen 6 und 12 Jahre. Dies ist Di – Fr 15 – 16 oder 16 – 17 Uhr möglich und kostet einschließlich Eintritt 4 € je Kind. Das Geburtstagskind zahlt natürlich nicht! Für weitere 4,60 € könnt ihr zwischen verschiedenen Geburtstagsmenüs im Restaurant wählen.

In der Sommersaison ist das **Freibad** mit Schwimmer-, Nichtschwimmer- und Springerbecken mit 1-, 3-, 5- und 7,5-m-Turm, Kinderbecken, Riesenrutsche, Wasserpilz, Liegewiesen, Spielplatz, Tischtennis und Kiosk täglich 9 – 19.30 Uhr geöffnet.

Wandern und Spazieren

Spaziergang zur Erdenburg der Sugambrer

Bergisch Gladbach. **Länge:** 1,3 km, winzige Streckenwanderung mit Steigung und Gefälle. **Auto:** Von Bensberg die Wipperfürther Straße Richtung Moitzfeld, noch vor dem Ort links zum Wanderparkplatz.

▶ Vom Wanderparkplatz lauft ihr in einem großen S bergab zu einem kleinen **Weiher.** Wer mutig ist, geht auf dem mitunter sehr schlammigen Pfad am Ufer über den kleinen Steg zur Hütte, die ins Wasser gebaut wurde.

Ansonsten folgt ihr dem breiten Weg und seht schon bald links eine Informationstafel. Sie erklärt, dass ihr nun bei der **Erdenburg der Sugambrer** angekommen seid. Die Gegend um das heutige Bergisch Gladbach war im Altertum kaum besiedelt. Deshalb ist die etwa 2000 Jahre alte Erdenburg etwas ganz Besonderes. Man vermutet, dass der westgermanische Volksstamm der Sugambrer etwa 300 v.Chr. diese Burganlage errichtet hat. Viel ist nicht mehr davon zu sehen, denn die Sugambrer bauten ihre Burgen aus Holz. Erkennen könnt ihr aber noch die drei kreisförmig angelegten Gräben, sie waren etwa 2 m tief und hatten holzbewehrte Wälle. Gegenüber den Infotafeln befand sich das Eingangstor.

Wandern am Geisterbusch

Rösrath-Brand. www.wahner-heide.com. **Länge:** 4,5 km leichte Rundwanderung, Markierung Gelber Vogel auf schwarzem Grund. **Anfahrt:** Vom Bhf Rösrath-Stümpen 20 Min Fußweg. **Auto:** In Rösrath-Stümpen an der Bahnunterführung in die Beyenthalstraße, dann links Pestalozzistraße.

▶ Startpunkt ist die 90-Grad-Kurve der Brander Straße, genauer gesagt der **Wanderparkplatz Busenberg.** Wer sich bei der Ankunft nach einem entsprechend geformten Berg umschaut, wird jedoch nicht fündig. Gemeint ist der sanft ansteigende Hügel hinter dem Parkplatz.

Praktisch veranlagt: Dieser Baum hält seine Wegmarkierung selbst fest

Los geht es auf der kaum befahrenen Brander Straße nach links. Nach etwa 5 Minuten erreicht ihr einige Gebäude mit kleinem Klettergarten. Dies ist heute eine Kinder- und Jugendeinrichtung namens **Stephansheide,** im Zweiten Weltkrieg war hier ein Arbeitskommandolager der deutschen Wehrmacht. Hinter den Gebäuden und dem *Kalmusbach* folgt ihr links dem Schild »Ehrenlager Kalmusweiher« in einen Waldweg hinein. Rechts seht ihr dann auch die Fischweiher. Ihr überquert den Bach noch einmal und kommt bald darauf an die Ehrenanlage des Kriegsgefangenenlagers Hoffnungsthal, die zu Ehren der 112 Gefangenen errichtet wurde, die hier an Krankheiten, Hunger und unter der Folter der Nazis starben. Die meisten von ihnen kamen aus Osteuropa, von vielen ist nicht einmal der Name bekannt.

Um dieses Naturschutzgebiet zu schonen, bleibt bitte auf den Wegen, pflückt keine Pflanzen, nehmt euren Hund an die Leine und euren Müll mit nach Hause.

Ihr folgt weiter dem Pestalozziweg und dem Wolfsweg. Rechts und links von euch seht ihr typische Heidelandschaft mit Birken und Ginster. Wer aufmerksam horcht, kann viele verschiedene Vögel hören, einige davon sind sehr selten. Mit ein wenig Glück könnt ihr hinter den Zäunen Glanrinder oder eine Ziegenherde sehen. Die Zäune sollen diese Tiere vor schlecht erzogenen Hunden und Menschen schützen. Die Gegend heißt **Geisterbusch.** Früher standen hier Wacholderbüsche, die bei Dämmerung, Nebel oder Regen wie Waldschrate, Gnome oder andere schaurige Gestalten wirkten.

Vorsicht beim Überqueren der Kölner Straße. Dahinter wird der Weg zu einem schmalen Pfad, der im Winter und nach starkem Regen sehr matschig werden kann. Er führt auf den Zaun des Flughafens zu,

Im *Wander- und Kulturführer Wahner Heide* von Holger Maria Sticht, ISBN 3-935873-07-7, findet ihr 9 Rundwanderwege mit Wanderkarten. Die Laufstrecken sind zwischen 4,5 und 10,7 km lang, gut markiert und im Buch mit einer Vielzahl von Hintergrundinfos zur Geschichte, zu Pflanzen und zu Tieren ergänzt. 9,80 €.

biegt dann zweimal links ab und führt euch wieder über die Kölner Straße zurück zum Geisterbusch. Hier heißt der Weg Brandweg, das Wäldchen rechts davon ist die Wolfsheide, auch wenn es seit 200 Jahren hier keine Wölfe mehr gibt und auch von Heide nicht mehr viel zu sehen ist. Immer geradeaus geht ihr nun zurück zum Parkplatz. Wenn ihr das Ziel schon seht, dreht euch noch einmal kurz um: Ihr werdet verblüfft sein, wie weit ihr hier vom Busenberg in die Heide sehen könnt, obwohl es nur ein Höhenunterschied von knapp 40 m ist.

Kinderwanderungen in Siegburg

Tourist-Information Stadt Siegburg, Europaplatz 3, 53721 Siegburg. ✆ 02241/19433, 9698533, Fax 9698531. www.siegburg.de. tourismus@siegburg.de. **Zeiten:** Bürozeiten Mo – Fr 8.30 – 18 Uhr, Sa 10 – 15 Uhr, Wanderungen nach Vereinbarung. **Preise:** 2,50 €; Kinder bis 14 Jahre 1 €.

▶ Die Tourist-Information bietet verschiedene thematische Wanderungen wie Klosterwanderungen oder Trinkwasserwanderungen sowie spezielle Kinderstadtführungen an. Bei der Buchung könnt ihr absprechen, welches Thema für euch vorbereitet wird.

Natur und Umwelt erforschen

Haus des Waldes & Obstmuseum

Gut Leidenhausen, 51147 Köln-Porz-Eil. ✆ 02203/39987, 02234/9854-278 (Vereinbarung von Führungen), Fax 02234/9854-355. **Anfahrt:** Bus 151, 152 Eil/Heumarer Straße, dann 20 Min Fußweg. **Auto:** A3 Ausfahrt 29 Köln-Königsforst, dann Richtung Köln-Porz. **Zeiten:** So, Fei 10 – 17 Uhr, im Sommer bis 18 Uhr, Führungen nach Vereinbarung. **Preise:** 1,20 €; Kinder 0,50 €; ADAC-Mitglieder 30 % Rabatt. **Infos:** Hunde nicht gestattet, Führungen kosten für maximal 30 Pers Mo – Fr 30 €, Sa, So, Fei 33 €.

▶ Wie wird aus einem heruntergefallenen Blatt Humus? Wie funktioniert Jahresringdatierung? Wie leben Pilze? Im Haus des Waldes erhaltet ihr Antwort auf diese Fragen. Denn hier dreht sich alles um die Lebensgemeinschaft Wald, die Entwicklung des Waldes und Wasser. In einer audiovisuellen Schau namens *Ökovision* wird euch gezeigt, wie vielfältig die Wälder der Welt sind und welche Bedeutung sie für die Umwelt und den Menschen haben. In unmittelbarer Nachbarschaft liegen 12 km Wanderweg, Sandspielplatz, ↗ Greifvogelstation und Tiergehege für Rot- und Schwarzwild. Dieses ist frei zugänglich.
Außerdem gibt es ein **Museum** der besonderen Art: Auf einer Wildwiese wächst eine Sammlung einst im Rheinland heimischer Obstsorten. Hier könnt ihr über 100 Obstbäume aus 60 Sorten und 250 Obststräucher aus 12 Sorten bestaunen. So lernt ihr Obstsorten kennen, die euch bisher unbekannt waren. Die Wiese ist ganztägig frei zugänglich, naschen ist erlaubt.
Übrigens: Das Gutsgebäude geht auf mittelalterliche Ursprünge zurück. Es war früher im Besitz von Rittern und Adeligen. Gut Leidenhausen gehörte zuletzt dem 4711-Chef Ferdinand Mühlens, der es 1963 an die Stadt Köln verkaufte.

Morgens könnt ihr hier die Rennpferde des benachbarten Gestütes Röttgen auf dem Weg zu ihrer Trainingsbahn bewundern.

Äpfel, wie sie nur noch im Buche stehen …

Geologischer Wanderweg

Bürgerhaus Bergischer Löwe, Konrad-Adenauer-Platz, 51465 Bergisch Gladbach. ✆ 02202/34051, Fax 41627. **Länge:** 2 Std, leichter Rundweg ab Bürgerhaus. **Anfahrt:** 400 m östlich der Endhaltestelle der S11.

▶ Die Paffrather Kalkmulde und das Tal der Strunde gelten unter erdhistorisch interessierten Menschen als hoch interessant und einzigartig. Denn das Gebiet, in dem früher Kalkstein und Dolomit gebrochen wurde, ist reich an Fossilien aus dem Devon. Das sind Versteinerungen von Pflanzen, Muscheln und Korallen, die vor 400 Mio Jahren gelebt haben. Der Weg führt zu alten Steinbrüchen, die schon vor 100

Jahren aufgegeben wurden, Kalköfen, Erzgruben und Naturdenkmälern.

Naturschule Aggerbogen

Landschaftsgarten Aggerbogen, 53797 Lohmar-Wahlscheid. ✆ 02206/2143, Fax 866322. www.naturschule-aggerbogen.de. naturschule-aggerbogen@t-online.de. **Anfahrt:** Bus 557, 558 Aueler Hof. **Auto:** A3 Ausfahrt 31 Lohmar, dort auf der B484 Richtung Wahlscheid, direkt vor der Agger dem Schild nach links folgen. **Zeiten:** Mo, Mi, Do 9 – 11 Uhr. **Preise:** 2 €. **Infos:** Nur nach Anmeldung.

▶ So macht Schule Spaß! Hier gibt es zu jeder Jahreszeit etliche Themen aus dem Sachkundeunterricht, bei denen ihr Spaß haben werdet und viel über die Natur lernt. Wollt ihr Erste Hilfe für Insekten lernen? Regenwürmer husten hören? Oder lieber einen Wassertropfen auf seiner Reise vom Meer in den Himmel und zurück begleiten? Spannend ist auch ein Ausflug als Detektiv im Winterwald. Fast 400 Kurse finden hier jährlich statt und es kommen Menschen von überall her, um am Unterricht im Freien, an Fackelwanderungen und Rallyes, an Bootstouren und am Team-Training im Hochseilgarten teilzunehmen. Ganz neu sind die Angebote für Klassenfahrten mit erlebnispädagogischem Schwerpunkt sowie die Action-4-All: Outdoorangebote für die ganze Familie. Sa und Mi finden Kurse statt, bei denen ihr viel über die Vögel im Winter, Beeren und Pilze erfahren und Trolle, Wichtel, Drachen oder Krippenfiguren basteln könnt.

Erfahrungsfeld der Sinne

Waldpark Troisdorf an der Burg Wissem, Burgallee, 53840 Troisdorf. **Länge:** 1 km, je nach Wetter, Lust und Ausdauer 30 – 120 Min. **Anfahrt:** RB Bhf Troisdorf, dann Bus 501, 506 – 508 Richtung Siegburg bis Ursulaplatz. **Auto:** Von Troisdorf Zentrum Richtung Burg Wissem. **Zeiten:** frei zugänglich.

Einige Funde lassen sich tagsüber in der Fossiliensammlung im Bürgerhaus Bergischer Löwe, ✆ 02202/142486, ansehen.

Happy Birthday!

Für bis zu 12 Kinder zwischen 5 und 11 Jahre organisiert das Team Kindergeburtstage (Kosten für 2 Stunden: 80 €). Thema könnte Oxmox ox Mollox (Indianer) sein: Ihr sucht zusammen Spuren, lernt den Wald kennen, bastelt, spielt, esst gemeinsam und hört dabei jede Menge Geschichten.

▶ Direkt neben dem ↗ Bilderbuchmuseum könnt ihr einen spannenden Erkundungsgang unternehmen, bei dem ihr alle Sinne einsetzen dürft: Sehen, Hören, Riechen, Tasten und Gleichgewicht werden gefordert, wenn ihr Sprechrohre, Balancierscheiben, Wippen und einen Summstein ausprobiert. Wer traut sich? Es kostet schon ein wenig Überwindung, den Kopf in den Summstein zu stecken oder mit der Hand in einen Kasten zu fassen, ohne zu wissen, was dort drin liegt. Einige Stationen liegen unmittelbar an einem kleinen Wildpark mit Hirschen und Rehen.

@ Was die 90 Naturparke in Deutschland zu bieten haben, erfahrt ihr immer ganz aktuell auf der Homepage www.naturparke.de. Verband Deutscher Naturparke, ✆ 0228/9212860, Fax 9212869, info@naturparke.de.

Info-Zentrum Wahner Heide & Die Heide Kids

Ausstellungsgelände, Flughafenstraße 33, 53842 Troisdorf-Altenrath. ✆ 0221/7392871, Fax 7392871. www.heide-kids.com. wahnerheide@hotmail.com. Büro und Postadresse: Alte Feuerwache, Melchiorstraße 3, 50670 Köln. **Anfahrt:** Bus 506 Altenrath Mitte. **Auto:** Über Altenrath, Flughafenstraße. **Zeiten:** April – Okt So und Fei 10 – 17 Uhr. **Preise:** Eintritt frei. **Infos:** Veranstaltungen für Kindergärten und Schulen möglich.

▶ Ganzjährig bietet das Info-Zentrum ein großes Angebot von Ausflügen, Radtouren und anderen Veranstaltungen an: naturkundliche Wanderungen, nächtlicher Heidespaziergang, Hunde-Heidespaziergang mit Erläuterungen zur Führung eines Hundes in einem Naturschutzgebiet und Barfuß-Wanderungen. Für Heide Kids gibt es Bienen-Exkursionen, Kräutertouren, Nachtwanderungen und viele spannende Exkursionen. Manche kosten eine Teilnahmegebühr zwischen 5 und 10 €.

In den Sommerferien können Kinder zwischen 6 und 12 Jahren sich für eine Heide-Woche anmelden (40 €). Bei allen Veranstaltungen werdet ihr mit den verschiedenen Lebensräumen in der Wahner Heide bekannt gemacht und erfahrt, wie man dieses Stück Natur am besten schützen kann. Auch Kindergeburtstage werden gerne organisiert.

Hier und in einigen guten Buchhandlungen rund um die Wahner Heide erhältlich ist die *Wahner Heide Karte* 1:12.500, die offizielle Wanderkarte für die Wahner Heide.

Die Wahner Heide ist das artenreichste Naturschutzgebiet in Nordrhein-Westfalen.

Die verschiedenen schützenswerten Lebensraumtypen der Wahner Heide, wie etwa Hochmoore oder Auwälder, weisen eine große Artenvielfalt auf. An die 700 Tier- und Pflanzenarten der Wahner Heide finden sich auf der Roten Liste der vom Aussterben bedrohten Arten.

Die Wahner Heide

▶ Eine **Heide** besteht nicht nur aus vom Menschen unberührten Lebensräumen, sondern sie ist auch eine vom Menschen traditionell genutzte Kulturlandschaft. Das Überleben vieler seltener Tier- und Pflanzenarten wird erst durch die land- und forstwirtschaftliche Nutzung garantiert. Der Mensch war und ist auch heute noch ein wichtiger, nützlicher Faktor im Ökosystem Wahner Heide. Selbst das Militär, das bis 2005 hier einen Truppenübungsplatz in Anspruch genommen hat, hat zum Erhalt der Heide beigetragen. Denn die Panzer und Jeeps haben verhindert, dass sich Büsche und Bäume (und nicht zu Letzt auch Baugebiete) ausbreiten konnten. Andererseits haben die Panzer natürlich auch wertvolle Biotope zerstört. Heute will man die traditionelle Heidewirtschaft wieder beleben. Dafür kommen in der Wahner Heide rund 300 Ziegen und 50 Glanrinder zum Einsatz, die Büsche und Gras schön kurz halten sollen. ◀

Lebensgefahr im Naturschutzgebiet

Da das Heidegebiet wegen der bisherigen militärischen Nutzung noch vielfach mit Munition belastet ist, wird auf Schildern auf die drohende Lebensgefahr hingewiesen. Sie mahnen, die markierten Wege nicht zu verlassen.

Wie fühlt's sich an? Könnt ihr den Baum mit verbundenen Augen erkennen?

Tierparks und Gärten

Unterwegs mit Planwagen und Kutsche

Birgitte und Johannes Löffelsender Kulhoven 2, 51491 Overath. ✆ 02206/2519, 84476.

▶ Wer die Agger oder die Wahner Heide von Pferden gezogen kennen lernen möchte, kann bei Familie Löffelsender, ✆ 02206/2519, eine Fahrt mit Kutsche oder Planwagen buchen. Sie hat gute Vorschläge für Ziel und Strecke der Fahrt und lässt euch auch die Pferde streicheln.

Greifvogelstation

Schutzgemeinschaft Deutscher Wald Köln e.V., Gut Leidenhausen, 51147 Köln-Porz-Eil. ✆ 02203/39987, Fax 39987. **Anfahrt:** ↗ Haus des Waldes. **Zeiten:** So, Fei 10 – 17 Uhr, im Sommer bis 18 Uhr, Führungen nach Vereinbarung. **Preise:** 1,20 €; Kinder 0,50 €.

▶ Hauptaufgabe der Greifvogelstation ist es, kranke und verletzte Greifvögel gesund zu pflegen und nach ihrer Genesung wieder in die freie Natur zu entlassen. Auch elternlose Jungvögel werden aufgezogen und anschließend ausgewildert. Die Greifvogelstation besteht aus zwei Teilen: einem Krankenhaus für Neuankömmlinge und einer Dauer-Pflegestation. Die Sachausgaben werden zum Teil über Spenden der Besucher und durch Paten finanziert. Ein Besuch in der Greifvogelstation ist im Rahmen einer Museumsführung oder gegen 15 € möglich. Öffentliche Führungen jeden 3. Samstag im Monat um 15 Uhr.

Hier könnt ihr einem Wildvogel Gutes tun, indem ihr ein Jahr lang Paten werdet. Die Patenschaftsbeiträge werden zur Finanzierung der Futtermittel- und Pflegekosten verwendet und kommen damit unmittelbar den Tieren zugute. Ihr erhaltet eine Patenschaftsurkunde und eine Informationsbroschüre der Schutzstation. Außerdem wird für die Tierpaten jährlich ein Tag der offenen Tür veranstaltet.

Tummel Dschungel

Verena Gieraths, Rathenaustraße 9, 51427 Bergisch Gladbach. ✆ 02204/61608, www.tummel-dschungel.de. v.gieraths@tummel-dschungel.de. **Anfahrt:** Bus 452 Ernst-Reuter-Straße. **Auto:** A4 Ausfahrt 19 Bensberg/ Frankenforst, B55 Richtung Bergisch Gladbach/Leverkusen, 1. Straße hinter Aldi rechts. **Zeiten:** Mo – Do 13 – 19 Uhr, Fr 13 – 20 Uhr, Sa 10 – 20 Uhr, So, Fei, Ferien 10 – 19 Uhr. **Preise:** 3,50 €, 10er-Karte 30 €; Kinder bis 1 Jahr 3 €, ab 2 Jahre 6,50 €, 10er-Karte 60 €; Behinderte 3 €. Im Preis enthalten sind 3 Chips im Wert von 1,50 €, mit denen ihr z.B. 3 x Elektroauto fahren könnt. Freier Eintritt für Erw an Familientagen.

▶ In diesem lichtdurchfluteten Dschungel im Bergischen Land begegnet ihr dem Krokodil Egon, das sicherlich auch euch zum Fressen gern hat. Solltet ihr diese Begegnung überleben, könnt ihr auf dem tierischen Mini-Scooter an einem Dschungel Race teilnehmen und euch anschließend affengleich durch ein Crazy House hangeln, Trampolin springen, die Riesenrutsche hinabflutschen oder den Bungee-Turm ausprobieren. Außerdem: Hüpfburgen, Ballbäder, Tischtennis, Airhockey, Kicker und abgetrennter Kleinkinderbereich.

Das **Bistro** bietet leckere Speisen zu familienfreundlichen Preisen an. Selbstverpflegung ist erlaubt!

Happy Birthday!

Bringt ein Geburtstagskind innerhalb eines Monats nach seinem Geburtstag 5 Gäste mit, hat es freien Eintritt und bekommt eine kleine Überraschung. Selbstverständlich bietet das Dschungel-Restaurant für eure Feier auch spezielle Party-Menüs und leckere Geburtstagstorten. Und von der Homepage könnt ihr sogar eine Einladung an eure Freunde herunterladen.

Erlebnis-Bauernhof Krewelshof

Sülztalstraße, 53797 Lohmar-Burg Sülz. © 02205/ 89770-0, 89770-6 Schaukäserei, Fax 89770-2. www.krewelshof.de. info@krewelshof.de. **Anfahrt:** Bus 556 Bacherhof. **Auto:** A3 Ausfahrt 30a Rösrath, rechts auf Sülztalstraße (L288), bei Rösrath-Rambrücken. **Zeiten:** Täglich 9 – 18.30 Uhr, Maislabyrinth Juli – Okt täglich 10 – 18 Uhr, Schaukäserei Mo, Do, Fr 9 – 15.30 Uhr. **Preise:** Spielpark, Labyrinth 3,50 €, Gruppen ab 20 Pers 2,50 €; Kinder unter 1 m frei. **Infos:** Familien-WC, Behinderten-WC.

▶ Auf diesem Bauernhof ist immer etwas los: Im Frühling staksen die jungen Zicklein durch das Heu und es werden Blumen- und Spargelfeste gefeiert. Im Mai folgt das Erdbeerfest. In der Sommerzeit gibt es ein Maisfeldlabyrinth und Grillfeste mit Ochs am Spieß. Später im Jahr folgen Zauberer- und Prinzesschenparty, Fackelwanderung, Halloween-Geisterparty und Adventsfeiern. Im Laufe des Jahres gibt es Workshops wie Porzellanmalen, Kräuterhexenkunde,

Alle Produkte des Krewelshofs sind lecker und frisch. In jedem Fall solltet ihr das Zwetschgenkraut probieren, das im riesigen Kupferkessel auf Buchenholzfeuer gekocht wird. Genial lecker sind auch der junge Bärlauchkäse, die Benjamini-Kinderäpfel und der hauseigene Apfelsaft (Schau-Apfelsaftpressen mit dem Saftmobil im Herbst).

Indianer-Kopfschmuck, Zauberstab oder Weihnachtskugeln basteln. Zwischen St. Martin und St. Nikolaus gibt es einen Workshop für den Magen: Dabei werden Weckbrötchen verziert und gegessen.
Ganzjährig stehen euch eine Spielscheune mit Hüpfburgen und ein Außengelände mit Kettcars, Trampolin, Kletterwand, Kaninchen- und Ziegenstall zur Verfügung. In der **Schaukäserei** könnt ihr erfahren, wie aus der frischen, melkwarmen Milch leckerer Käse entsteht. Gruppen, die nicht nur zuschauen wollen, können sich donnerstags und freitags auch zu einem Käse-Workshop anmelden.

Hunger & Durst

Bauernhof-Café, täglich 9 – 18.30 Uhr, ✆ 02205/897706. Täglich großes Schlemmer-Frühstücksbuffet und Mittagstisch. Sa und in den Ferien spezielles Kinder-Mittagsbuffet, So Grill und heiße Waffeln. Im Frühjahr, Sommer, Herbst und an sonnigen Wintertagen mit Biergarten. Kinderspielplatz vorhanden.

Troiki's Kinderparadies

Speestraße 23, 53840 Troisdorf. ✆ 02241/8817557, Fax 975402. www.troiki.de. info@troiki.de. **Anfahrt:** ➚ Anfahrt Troisdorf, Bus 507 bis Speestraße. **Auto:** A560 Ausfahrt 2 Sankt Augustin, rechts auf B56, links Richtung Troisdorf, Industriegebiet Speestraße. **Zeiten:** Mo – Do 13.30 – 19 Uhr, Fr 13 – 20 Uhr, Sa, So, Fei, Ferien 10 – 20 Uhr. **Preise:** 1,50 €; Kinder 5,60 €, Gruppen ab 10 Kindern 5,10 €, ab 20 Kinder Sonderpreise.

▶ Eine Kletterlandschaft auf zwei Ebenen mit Tunneln, Tausenden von Bällen, Lianen, Spinnennetzen, Rutschen und Geisterröhren, Großtrampolinen, Tretautos und Riesenbausteinen – ein Paradies für Kinder bis etwa 12 Jahre.

Happy Birthday!

Geburtstagskinder haben freien Eintritt.

Abenteuerliches Troisdorf

Abenteuerspielplatz Friedrich-Wilhelms-Hütte e.V., Lahnstraße 16, 53840 Troisdorf. ✆ 02241/804444, Fax 805577. www.abenteuerspielplatz-troisdorf.de. abenteuerspielplatz@t-online.de. **Anfahrt:** Bhf Troisdorf, Bus 506 Nahestraße. **Auto:** A59 Ausfahrt 38 Troisdorf, Beschilderung Friedrich-Wilhelms-Hütte folgen. **Zeiten:** Mo – Fr 13 – 17 Uhr. **Preise:** Eintritt frei, Spenden erwünscht.

▶ In der Erwachsenensprache ist dies eine offene, pädagogisch betreute Freizeiteinrichtung für Kinder

▶ Aus der Anekdotensammlung des Abenteuerspielplatzes: Ismail (10 Jahre) und Fausi (7 Jahre) bauen zusammen ein Entenhaus. Als es fertig ist, kriecht Fausi hinein, um es von innen aufzuräumen. Sandra (Honorarkraft) sagt zum Spaß: »Komm, wir sperren den Fausi jetzt ein«. Darauf Fausi von drinnen: »Aber ich kann doch gar keine Eier legen«. ◀

VON ENTEN UND EIERN

von 4 bis 14 Jahre: Für Kinder ist es einfach nur der schönste Platz in Troisdorf. Hierhin kommen täglich 50 – 100 Jungen und Mädchen aller Nationalitäten, um bei frischer Luft zu spielen, handwerkliches Können zu entwickeln oder einen tierischen Freund zu finden. Auf dem etwa 4500 Quadratmeter großen Gelände leben nämlich viele kleine und große Tiere, die man beobachten, streicheln und versorgen kann: ein Pferd, ein Pony, ein Esel, Ziegen, Katzen, Kaninchen, Meerschweinchen, Enten, Gänse und Hühner.

Auf Tuchfühlung: Hier fressen euch sogar die wilden Hühner aus der Hand

Hier dürft ihr vieles, was sonst verboten ist: Werkzeug, Spiele, Bälle oder die Fahrgeräte ausleihen, eigene Buden bauen, klettern, tanzen, reiten, matschen, eure Fahrräder reparieren, Traktor fahren und Feuer machen. Im Spielhaus mit Toberaum, Werkstatt, Küche, Computerzimmer, Tischtennis- und Kickertischen kommt auch bei schlechtem Wetter keine Langweile auf. Eine riesige Auswahl an Gesellschaftsspielen steht im Spielezimmer bereit. Außerdem wird täglich ein warmes Mittagessen angeboten, das ihr mit einer Spende honorieren solltet.

Grillplätze in Bergisch Gladbach

Tageserholungsanlage Saaler Mühle, Kontakt Stadtverwaltung, ✆ 02202/141378. Grillhütte mit

Stromanschluss und Toiletten, Miete 80 € pro Nachmittag (Nutzungsmöglichkeit bis 9 Uhr am Folgetag).

Tageserholungsanlage Diepeschrather Mühle, Kontakt Stadtverwaltung, ✆ 02202/141378. Grillhütte für bis zu 60 Pers mit Stromanschluss und Toiletten, Miete 80 € pro Nachmittag (Nutzungsmöglichkeit bis 9 Uhr am Folgetag).

Wintersport und -spaß

Eissporthalle Bergisch Gladbach

Saaler Straße 100, 51429 Bergisch Gladbach. ✆ 02204/64748, Fax 961144. www.eissporthalle-bergisch-gladbach.de . eisinfo@gmx.de. **Anfahrt:** Bus 455 Altenwohnheim. **Auto:** ↗ Bergisch Gladbach. **Zeiten:** Mo 14 – 17 Uhr, Di 10 – 12 und 15 – 17 Uhr, Mi, Do 10 – 12, 14 – 17.30 Uhr, Fr 20 – 22 Uhr (Disco), Sa 10 – 12 und 16 – 19 Uhr, So 10 – 12, 13 – 15 und 16 – 20 Uhr. **Preise:** 4,50 €, 12er-Karte 40 €; Kinder unter 1 m frei, bis 15 Jahre 3,50 €, 12er-Karte 30 €. **Infos:** Schlittschuhverleih 3,50 €.

▶ Hier ist alles erlaubt, was auf einer Eisfläche Spaß macht und keinen gefährdet. Auch bei den Kursen und Treffs habt ihr die Wahl: Eiskunstlauf, Eishockey oder Eisstockschießen könnt ihr hier erlernen. Für Schulklassen kann die Eissporthalle sogar zu ermäßigten Preisen im Rahmen des Schulsports besucht werden.

Vom **Restaurant** (✆ 02204/69302, täglich außer Di ab 11 Uhr) aus könnt ihr den Rest eurer Gruppe durch eine Glasscheibe im Auge behalten.

Icedome

Eissporthalle Troisdorf, Uckendorfer Straße 135, 53844 Troisdorf. ✆ 02241/400266, 42772 Infotel, Fax 401344. www.eissporthalle-troisdorf.de. **Anfahrt:** Bus 507, 508 Freizeitpark Haus Rott. **Auto:** A59 Ausfahrt 37

Happy Birthday!
Cooler Geburtstag auf dem Eis: Ihr habt die Wahl zwischen drei verschiedenen Programmangeboten. Das Geburtstagskind hat freien Eintritt und erhält ein kleines Präsent. Kuchen und Getränke dürfen mitgebracht werden.

Happy Birthday!
Geburtstagskinder bis 17 Jahre haben freien Eintritt unter Vorlage ihres Ausweises.

Spich. **Zeiten:** Sep – April Mo – Fr 9 – 12 und 14 – 16.30 Uhr, Mi auch 19.30 – 21.30, Sa 14 – 17 und 19 – 22.30 Uhr (Disco-on-Ice), So 9.30 – 12 und 14 – 17 Uhr. **Preise:** 4,50 €, 5er-Karte 20 €, Disco-on-Ice 5,50 €; Kinder 6 – 10 Jahre 2,50 €, 5er-Karte 10 €, Disco-on-Ice 4,50 €, 11 – 17 Jahre 3,50 €, 5er-Karte 15 €, Disco-on-Ice 4,50 €; Gruppen ab 12 Pers erhalten je 50 Cent Ermäßigung. **Infos:** Schlittschuhverleih 3,50 €.

▶ Hier könnt ihr Pirouetten drehen und Sprünge üben, vielleicht auch nach einer Wettfahrt mit Freunden überlegen, ob ihr bei *Troisdorf Dynamite* Eishockey spielen lernen wollt. Sa ab 9.45 Uhr wird Eistanz geübt. Nach telefonischer Voranmeldung und der nötigen Überzeugungsarbeit bei eurem Sportlehrer könnt ihr hier sogar Schulsport machen. Sa 17.15 – 18.45 Uhr ist Laufschule für Kinder bis 10 Jahre. Wollt ihr euer Saturday Night Fever ein wenig abkühlen? Sa 19 – 22.30 Uhr ist Disco-on-Ice. Kinder unter 10 Jahre müssen dabei einen Erwachsenen mitbringen.

HANDWERK UND GESCHICHTE

Bahnen und Betriebe

Straßenbahnmuseum Thielenbruch

Historische Straßenbahn Köln e.V., Gemarkenstraße 139, 51069 Köln-Dellbrück. ✆ 0221/2834771, Fax 2834772. www.hsk-koeln.de. webmaster@hsk-koeln.de. **Anfahrt:** Straßenbahn 18 Thielenbruch (alles andere wäre stillos!). **Auto:** Bergisch-Gladbacher-Straße bis Thielenbrucher Allee, Parken im Park & Ride-Parkhaus. **Zeiten:** März – Dez 2. So im Monat 11 – 17 Uhr. **Preise:** 1,50 €; Kinder 6 – 12 Jahre 1 €. **Infos:** Sonderführungen können mit Beate Dehmel, beate.dehmel@kvb-koeln.de, vereinbart werden.

Am Tag des offenen Denkmals (2. So im Sep) findet jedes Jahr ein buntes Programm statt.

▶ Kennt ihr Finchen? Finchen ist ein Vorortzug der Köln-Frechen-Benzelrather-Eisenbahn von 1911 genannt. Um das Finchen besuchen zu können, müssen selbst diejenigen von euch, die mit dem Auto oder Fahrrad gekommen sind, zumindest kurz in die Straßenbahn einsteigen. Denn die Museumshalle hat als Eingang das Heckteil einer Straßenbahn. Außer dem Finchen gibt es dort noch weitere alte Straßenbahnen, sogar einen Pferdebahnwagen aus dem Jahr 1894. An den Öffnungstagen finden jeweils zur vollen Stunde kostenlose Führungen statt, bei denen euch die schönsten Bahnen in der Halle vorgestellt werden. Mit dabei sind auch Bauzugloks, offene Güterwagen und andere Arbeitsfahrzeuge. Alte Fahrscheine, Schaltkästen und Signalanlagen dürfen nicht fehlen.

@ Auf der Homepage www.hsk-koeln.de unter Fahrzeuge könnt ihr euch Fotos von den meisten Bahnen ansehen. So wisst ihr dann schon, was ihr zu sehen bekommt.

Große Vögel über Köln

Besucherterrasse Köln Bonn Airport, Terminal 1, Stern B und C, Waldstraße 247, 51145 Köln-Porz-Wahn. ✆ 02203/4043889, Fax 402743. www.koeln-bonn-airport.de. information@koeln-bonn-airport.de. **Anfahrt:** Von Köln S13 Köln/Bonn Flughafen oder Stadtbahn 7 Porz Markt, dann Bus 161 T2/D. Von Bonn Bus 670 Köln Bonn Airport. **Auto:** A59 Ausfahrt 34 Flughafen. **Zeiten:** täglich 6.30 – 22 Uhr. **Preise:** Eintritt frei.

▶ Der Konrad-Adenauer-Flughafen in Köln-Porz-Wahn, der sich seit 2003 weltmännisch Köln Bonn Airport nennt, ist auch einen Besuch wert, wenn ihr nicht in den Urlaub starten wollt. Von den Aussichtsterrassen habt ihr einen tollen Ausblick auf die große Start- und Landebahn. Schaut euch vorher die Anzeigetafeln an, dann wisst ihr sogar bei einem Blick auf die Uhr, wohin das Flugzeug fliegt oder woher es kommt. Von den Terrassen aus könnt ihr außerdem die Vorfelder und Frachtbereiche sehen, sogar den militärischen Bereich.

Achtung! Bei sehr schlechtem Wetter, Gewitter und Glatteis bleiben die Besucherterrassen aus Sicherheitsgründen geschlossen.

So funktioniert ein Flughafen

Köln Bonn Airport, Waldstraße 247, 51145 Köln-Porz-Wahn. ✆ 02203/4043889, Fax 405792. www.koeln-bonn-airport.de. besucherdienst@koeln-bonn-airport.de. **Anfahrt:** Von Köln S13 Köln/Bonn Flughafen

Personalausweis, Reisepass oder Kinderausweis sind unbedingt mitzubringen. Und kontrolliert vor der Abfahrt noch schnell eure Hosentaschen. Spitze und scharfe Gegenstände wie Taschenmesser und Scheren sind streng verboten!

oder Stadtbahn 7 Porz Markt, dann Bus 161 T2/D. Von Bonn Bus 670 Köln Bonn Airport. **Auto:** A59 Ausfahrt 34 Flughafen. **Zeiten:** Mo – Fr 10, 11.45, 13 und 15.15 Uhr nach vorheriger Anmeldung. **Preise:** 5 €; Kinder und Jugendliche frei; Studenten, Senioren 3 €. **Infos:** Nur mit gültigem Personalausweis oder Reisepass.

▶ Für interessierte Gruppen mit mindestens 10 Teilnehmern bietet der Besucherdienst des Köln Bonn Airports die Möglichkeit, sich eingehenden Einblick in das Flughafengeschehen zu verschaffen. Während der etwa 90 Minuten langen Führung seht ihr viele Bereiche des Flughafens und fahrt sogar mit dem Bus über das Vorfeld, wenn es das Flugverkehrsaufkommen zulässt. Aus Sicherheitsgründen könnt ihr natürlich die Flugzeuge nicht von innen ansehen und dürft die Fluglotsen im Tower nicht von ihrer schwierigen Arbeit abhalten. Ansonsten versuchen die netten Menschen vom Besucherdienst aber, euch fast alles zu ermöglichen.

Museen und Stadtführungen

Bergisches Museum für Bergbau, Handwerk und Gewerbe

Burggraben 9 – 21, 51439 Bergisch Gladbach-Bensberg. © 02204/55559, Fax 55559. www.bergisches-museum.de. museum@stadt-gl.de. **Anfahrt:** Straßenbahn 1 Bensberg. **Auto:** B55. **Zeiten:** Täglich außer Mo 10 – 17 Uhr. **Preise:** 2 €; Schüler und Studenten 1 €. **Infos:** Führungen Di – Fr 25 €, Sa, So 40 €, Kaiserliche Schulstunde 25 €.

▶ Dies ist keines der üblichen Heimatmuseen. Natürlich gibt es hier auch Infos zum Leben in früheren Jahren, aber der Schwerpunkt liegt eindeutig im Handwerklichen. Da gibt es zunächst ein kleines Schaubergwerk. Es zeigt in einer nachgebauten Untertagesituation mit Geräuschkulisse die Arbeit des Bergmanns, ihr seht dabei eine Dampfmaschine zur

Wasserhaltung aus dem Jahr 1885. In einem Film über Lederverarbeitung erfahrt ihr, dass schon die Gewinnung von Gerbstoffen aus Eichenrinde eine Kunst für sich ist und wie aus der Haut eines toten Tieres durch Salzen, Äschern, Scheren und Versetzen ein perfektes Stück Leder wird. Fast täglich finden im Wechsel Vorführungen von Schuhmacher, Sattler, Weber, Bandweber, Stellmacher, Schmied, Kettenschmied, Hammerschmied und Spinnerin statt. Besonders gern werdet ihr sicherlich auch in dem kleinen Backhaus sein, wenn dort gerade gebacken wird.

Im Bergbau spricht man von ***Wasserhaltung,*** *wenn man das einsickernde Grundwasser abpumpt, damit die Stollen trocken und befahrbar bleiben. Im Bergbau »fährt« man übrigens auch dann ein, wenn man in den Schacht oder Stollen hineingeht, -klettert oder -kriecht.*

Papier schöpfen im Museum

Rheinisches Industriemuseum Papiermühle Alte Dombach, 51465 Bergisch Gladbach. ✆ 02202/9366823, Fax 9366821. www.rim.lvr.de. info@kulturinfo-rheinland.de. **Anfahrt:** S11 bis Bergisch Gladbach, dann Bus 426 Alte Dombach oder 25 Min zu Fuß. **Auto:** A3 Ausfahrt 26 Köln-Dellbrück, A4 Ausfahrt 20 Moitzfeld, Richtung Bergisch Gladbach-Zentrum, dann ausgeschildert. Parken 500 m bergauf, Behindertenparkplätze neben dem Museum. **Zeiten:** Di – So 10 – 17 Uhr. **Preise:** 3 €, Gruppen ab 10 Pers 2,50 €; Kinder 6 – 17 Jahre 2,50 €, Gruppen 1,50 €; Familien 6 €. **Infos:** Anmeldung zu Führungen unter ✆ 01805/743465.

Geocacher haben gleich die Wahl zwischen drei schönen Multi-Caches.

▶ In der idyllisch gelegenen Papiermühle könnt ihr noch das alte Mühlrad, ein Lumpenstampfwerk und eine Laborpapiermaschine in Betrieb sehen und so erfahren, wie früher aus alten Lumpen und heute aus Zellstoff Papier gemacht wird. Die Ausstellung zu 200 Jahren Papiergeschichte ist gut verständlich und manchmal auch lustig aufbereitet. So

Riesengroß: Papiermaschine in der Papiermühle

*Vorsichtig hebst du den **hölzernen Rahmen aus dem Papierbrei** und lässt das Wasser ablaufen. Dann drehst du ihn wie einen Pfannkuchen mit einem Schwung um, und der Bogen, der sich auf dem Metallsieb des Schöpfrahmens abgesetzt hat, landet auf dem Filztuch. Dort wird er erst gepresst und dann zum Trocknen auf die Leine gehängt. Fertig ist dein selbst geschöpfter Bogen Papier!*

gibt es ein sprechendes Klosett, das euch erklärt, was es von Toilettenpapier hält. Und auch draußen gibt es viel zu sehen: alte Maschinen, eine Streuobstwiese, einen Globus mit dem Pro-Kopf-Papierverbrauch der verschiedensten Länder und einen Pflanzenpfad, auf dem alle Pflanzen erklärt werden, die man zur Papierherstellung verwenden kann.

In den Kinderführungen am 1. So im Monat um 14 Uhr erfahrt ihr, wie die Papiermacherkinder Gertrud und Johann Berg in der Papiermühle gelebt und gearbeitet (!) haben. Und ihr dürft sogar selbst einen Bogen **Papier an der Bütte schöpfen.** Daher kommt auch noch der Ausdruck Büttenpapier. Die Museumsrallye ist für Kinder ab der 4. Klasse konzipiert. Für Schulklassen gibt es eine riesige Auswahl an Themenführungen. Außerdem gibt es in den Sommerferien ein Ferienprogramm mit Führungen, Workshops und Kursen.

Im **Café Alte Dombach,** ✆ 02202/9366828, auf dem Museumsgelände gibt es zu den Museumszeiten und auch danach Bergische Waffeln.

Bergisches Schulmuseum

Kempener Straße 187, 51465 Bergisch Gladbach-Katterbach. ✆ 02202/84247, 55519 (Führungen und historischer Unterricht), Fax 257895. www.das-schulmuseum.de. dasschulmuseum@gmx.de. **Anfahrt:** S11 Bergisch Gladbach, dann Bus 222, 227 Katterbach. **Auto:** A3 Ausfahrt 24 Leverkusen, Richtung Bergisch Gladbach, in Bergisch Gladbach-Schildgen rechts (Ampelkreuzung) in Altenberger-Dom-Straße, nach 300 m links in Kempener Straße. **Zeiten:** Mo – Fr 10 – 13 Uhr, So 11 – 17 Uhr und nach Vereinbarung. Während der Ferien geschlossen (ist doch klar, dann ist doch jede Schule zu). **Preise:** 2 €; Kinder 1 €; Führungen und historischer Unterricht Mo – Fr 25 €, So 40 €.

▶ In diese Schule zieht es Kinder aus ganz Nordrhein-Westfalen. Denn hier gibt es einen historischen Klassenraum, in dem ihr an einer Unterrichtsstunde

Igitt: Nicht das Spucken, sondern das Treffen ist die wahre Kunst

teilhaben könnt, die nach den preußischen Unterrichtsanweisungen abgehalten wird. Dort erlebt ihr, wie Kinder vor 100 Jahren lernten und genau so hautnah wie damals! Denn zur **Kaiserzeit** herrschte strenge Disziplin und Ordnung in der Schule. Die Schüler durften sich weder nach links, noch nach rechts drehen. In den überfüllten Klassen, in denen immer mehrere Jahrgangsstufen zugleich unterrichtet wurden, verschaffte sich der Lehrer nicht selten mit dem Stock Respekt. Und wisst ihr, warum neben dem Lehrerpult ein Spucknapf steht? Es gab Zeiten, in denen viele Kinder Tuberkulose hatten und ständig husten mussten. Den abgehusteten Schleim durften sie dann natürlich nicht einfach in die Klasse spucken. Wenn ihr als Gruppe ins Museum kommt, wird eins der Mädchen auch so angezogen, wie es früher üblich war.

Im Museumsteil findet ihr alte Schiefertafeln, Griffel, Ranzen, Landkarten, Schreibhefte, Bücher, Fibeln, Zeugnisse, Fotos und Ergebnisse des Handarbeitsunterrichts in höchst unterschiedlicher Qualität. Ihr erfahrt, dass zur schulischen Mädchenerziehung auch das Baden einer lebensgroßen Babypuppe gehörte und dass Jungs stricken lernen mussten, weil sie später in ihrer Militärzeit all ihre Socken selbst stricken mussten.

Im Jahr 1871 wurde ***Wilhelm I., König von Preußen,*** *zum Kaiser des frisch gegründeten Deutschen Reiches ernannt. Die Kaiserzeit endete 1918 mit der Abdankung Kaiser Wilhelms II., als Folge des verlorenen Ersten Weltkriegs (1914 – 1918).*

Stadtmuseum Siegburg

Markt 46, 53721 Siegburg. © 02241/9698510, 381975 (Kindergeburtstag), Fax 9698525. www.siegburg.de. stadtmuseum@siegburg.de. **Anfahrt:** Vom Bhf Siegburg 5 Min Fußweg. **Auto:** A560 Ausfahrt 3 Richtung Siegburg-Zentrum. **Zeiten:** Di – Sa 10 – 17 Uhr, Do bis 20, So 10 – 18 Uhr. **Preise:** 2 €; Kinder 6 – 14 Jahre sowie Schüler und Studenten 1 €, Gruppen 0,50 €, Siegburger Schulklassen im Rahmen des Unterrichts frei; Ermäßigung für Schüler, Studenten, Auszubildende, Wehr- und Zivildienstleistende. **Infos:** Jeden ersten So im Monat ist der Eintritt für alle Besucher frei.

▶ Kennt ihr **Engelbert Humperdinck?** Ja, den berühmten Komponisten, der Hänsel und Gretel, Dornröschen und Der Wolf und die sieben Geislein und noch zwei weitere Opern auf die Bühne gebracht hat. Dies ist sein Geburtshaus! Eine der Abteilungen im Stadtmuseum ist daher auch seinem Leben und seiner Arbeit gewidmet.

Weil dieses Haus außerdem auch lange Jahre Lateinschule und Rathaus war, zeigen die anderen Abteilungen die Geschichte Siegburgs und seines Umlandes von der Urzeit bis heute. Dabei seid ihr nicht nur auf Infotafeln angewiesen, es gibt auch an fünf Stellen eine Diaschau. Ein wenig schaurig ist der mittelalterliche Gewölbekeller unter dem Museum. Zwischen Info-Tafeln zu Foltermethoden und Hexenprozessen, nicht weit von einem Pranger, steht plötzlich ein mittelalterlicher Mönch an einem Schreibpult. Nehmt euch unbedingt das Infoblatt zu den Hexenprozessen in Siegburg aus dem Wandbehälter, es enthält viele Einzelheiten zu den Hexenprozessen und Folterungen um das Jahr 1637. Von wegen »gute alte Zeit«, das war grausig und brutal!

Ganz anders geht es in der **Kinderkunstschule** zu: Die nette Frau Reschke gestaltet mittwochs und in den Ferien Kurse, Kindergeburtstage und Workshops, bei denen ihr viel über bildende Kunst lernt und eigene Bilder, Comics und Töpferwaren gestaltet.

Happy Birthday! Kindergeburtstag im Stadtmuseum bedeutet basteln, malen und feiern in der Museumswerkstatt mit anschließender Stärkung im Museumscafé. Das zweistündige Programm für bis zu 10 Kinder kostet 64 €.

Steht ganz allein: Der gute, alte Humperdinck

Sicher kennt ihr das Lied »Ein Männlein steht im Walde«? Es stammt aus der weltberühmten Oper »Hänsel und Gretel« von ***Engelbert Humperdinck*** *(1854 – 1921).*

Das **Café des Arts** im Stadtmuseum bietet südländische Küche und leckeren Kuchen.

Das Bilderbuchmuseum auf der Bücherburg

Burg Wissem, Burgallee 1, 53840 Troisdorf. ✆ 02241/ 8841-11, 8841-17, Fax 8841-20. www.bilderbuchmuseum.de. museum@troisdorf.de. **Anfahrt:** Bhf Troisdorf, dann Bus 501, 506 – 508 Ursulaplatz. **Auto:** Von Troisdorf Zentrum nach dem Kreisverkehr Richtung Burg Wissem. **Zeiten:** Di – So 11 – 17 Uhr. **Preise:** 2,50 €; Kinder 4 – 14 Jahre 1 €; Familientageskarte für Eltern mit 3 und mehr Ki 7 €. Eintritt mit Führung: Erw 4 €, Ki 4 – 14 Jahre 2 €, 15 – 18 Jahre 3 €, Begleitpersonen 2,50 €. Samstag ist Familientag, dann haben Ki in Begleitung Erw freien Eintritt. **Infos:** Im Museum gibt es einen Wickeltisch und sogar extra Toiletten für Kinder.

▶ Bei eurem Rundgang durch Europas angeblich einzigem Spezialmuseum für künstlerische Bilderbuchillustration und historische und moderne Bilderbücher erklärt ein kleines Mädchen namens Lucy auf großen Plakaten, wie Buchdruck, Collagen, Aquarelle und Zeichnungen entstehen. In der großzügigen Bibliothek laden rund 3000 Bilderbücher zum Anschauen und Schmökern ein. Anlässlich einer großen Sonderausstellung zu seinem Werk 1999 überließ der bekannte Geschichtenerfinder **Janosch** dem Museum mehr als 2000 seiner Originalbilder als Dauerleihgaben. Erstmalig ging ein Bestand dieser Größe und Qualität in Museumshände über und die Burg Wissem wird damit zum weltweiten Janosch-Zentrum. Das angrenzende Spielzimmer bietet kleineren Kindern Raum zum Spielen und Bauen. Ganz oben im Turmzimmer wurde eine gemütliche Lesestube eingerichtet, dort könnt ihr euch richtig einkuscheln, während ihr euch aus einem der vielen Märchenbücher vorlesen lasst. Neben regelmäßigen Führungen finden Workshops und Ferienaktionen im Museum

Hunger & Durst

Im **Café Remise**, ✆ 02241/805837, geöffnet Di – So 10 – 19 Uhr, werden Speisen und Getränke zu moderaten Preisen, kindgerechte Portionen sowie Kuchen und Torten angeboten.

Horst Eckert wurde 1931 in Polen geboren und lebt heute auf Teneriffa. Unter seinem Künstlernamen ***Janosch*** *kennt ihn und seine Tigerente jedes Kind.*

@ Unter www.janosch.de findet ihr unter anderem tolle Ausmalbilder und Stundenpläne zum Herunterladen.

statt. Hier könnt ihr auch euren Geburtstag feiern. Am 3. Advent ist Sa und So ein uriger **Weihnachtsmarkt** im Burghof. An diesen Tagen könnt ihr an Bastelaktionen teilnehmen, mit einer alten Postkutsche fahren oder kostenlos das Museum besuchen.

Fischereimuseum

Nachtigallenweg 99, 53840 Troisdorf-Bergheim. ✆ 0228/451776, www.fischereibruderschaft.de. **Anfahrt:** A565 Ausfahrt 2 Bonn-Beuel-Nord, links L269 Richtung Bergheim, dann Richtung Hafen ausgeschildert. **Zeiten:** 1. So im Monat 14.30 – 18 Uhr. **Preise:** 0,50 €; Kinder 8 – 16 Jahre 0,25 €. **Infos:** Terminvereinbarung für Gruppen unter ✆ 9456102.

Ansprechpartner für den Verkauf von **Fischereierlaubnisscheinen** für die Sieg ist Johannes Brungs, ✆ 0228/451930. Ein Tagesfischereischein kostet 5 €.

▶ Das Fischereimuseum in Troisdorf-Bergheim zeigt die Geschichte der Fischereibruderschaft, die seit mehr als 1000 Jahren besteht. Sehr interessant auch die Ausstellung der in der Siegniederung und im Rhein vorkommenden Fische sowie von Netzen und anderen zum Fischen benötigten Utensilien. Draußen, auf einem Altsiegarm ist ein traditionelles Fischerboot zu sehen.

Eine Bruderschaft ist ein Zusammenschluss von Männern, die den selben Beruf haben. Die Fischer von Bergheim (inzwischen Stadtteil von Troisdorf) schlossen sich schon 987 zur Bruderschaft zusammen. Sie stellten Regeln auf, wer wann wie fischen durfte und sprachen ihre Preise gegenüber dem Handel ab. Die Mitgliedschaft vererbt sich vom Vater auf die (ehelichen) Söhne. Heute ist die Fischereibruderschaft wahrscheinlich die älteste noch bestehende Organisation dieser Art in Deutschland. Sie betreiben das Museum, pflegen die Gewässer und angrenzenden Naturräume und vergeben Erlaubnisscheine zum Angeln. Denn noch heute sind sie die alleinigen Besitzer der Fischereirechte an der Sieg.

Aktionen und Feste

Trippelnde Mäuschen und andere musikalische Tiere

Engelbert-Humperdinck-Musikschule, Humperdinckstraße 27, 53721 Siegburg. ✆ 02241/9697381 (Ella Günther), Fax 9697390. www.siegburg.de. musikschule@siegburg.de. **Anfahrt:** ↗ Siegburg. **Zeiten:** Robbie: 1 x wöchentlich vormittags, Kraki: Do 16 – 16.45 Uhr, Einstieg jederzeit, Elementarausbildung: 1 x wöchentlich 45 Min. **Preise:** Robbie: 28,12 € pro Monat, Kraki: 28,12 € pro Monat, Elementarausbildung: 15 € pro Monat.

▶ Es ist eine bekannte Tatsache, dass das Musizieren die soziale, geistige, mentale und motorische Entwicklung von Heranwachsenden jeden Alters günstig beeinflussen kann. **Robbie**, das Programm für Kleinkinder ab dem 4. Lebensmonat der Engelbert-Humperdinck-Musikschule, bietet deshalb schon den Allerjüngsten die Möglichkeit, mit Hilfe der Musik ihre Fähigkeiten zu entdecken und zu entwickeln.

Der **Kraki-Kurs** (Kraki steht für Krabbelkinder) wird von einer speziell dafür ausgebildeten Musikpädagogin nach der Yamaha-Methode durchgeführt und richtet sich an Kinder im Alter von 2 bis 3 Jahre. Ziel der Eltern-Kind-Gruppe ist, Musik als natürlichen Bestandteil in den Alltag zu integrieren. Dazu gehören vor allem Singen und Sich-Mitbewegen, denn Kleinkinder begreifen Musik durch ihren ganzen Körper und all ihre Sinne.

Die **Elementarausbildung** richtet sich an Kinder ab 4 Jahre. In der wöchentlichen 45 minütigen Unterrichtsstunde werden Instrumente ausprobiert, rhythmische Fähigkeiten entdeckt, das Wiedererkennen von Melodien und das Unterscheiden von Klängen geübt. Dieser Elementarunterricht ist auch eine wünschenswerte Grundlage für den späteren Ballettunterricht, weil der Musikalisierungsprozeß der Früherziehung

Angebote Ballett und Tanz

Ballett-Vorausbildung: für Kinder ab 5 Jahre, wöchentliche Unterrichtsdauer 45 Min, 15 € pro Monat
Tänzerische Gymnastik, Jazz und sonstiges Ballett: wöchentliche Unterrichtsdauer 60 oder 90 Min, 20 bzw. 26 € pro Monat
Folkloretanz: 14-tägiger Unterricht, 90 Min, 10 € pro Monat. Wenn ein Instrumentalfach an der Musikschule belegt wird, ist der Unterricht im Folkloretanz kostenlos.

FESTKALENDER

Februar:	**Weiberfastnacht:** Overath-Steinenbrück auf dem Sülztalplatz und Rösrath-Forsbach: **Straßenkarneval**
	Weiberfastnacht: Bergisch Gladbach-Bensberg: **Rathauserstürmung** und **Straßensitzung**
	Karnevalssamstag: Bergisch Gladbach-Bensberg, Bergisch Gladbach-Refrath und Overath-Marialinden: **Karnevalszüge**
	Karnevalssonntag: Overath-Heiligenhaus, Overath-Immekeppel, Overath-Zentrum, Rösrath-Forsbach und Rösrath-Hoffnungsthal: **Karnevalszüge**
	Rosenmontag: Bergisch Gladbach-Herkenrath, Overath-Steinenbrück, Overath-Untereschbach und Rösrath: **Rosenmontagszüge**
Mai:	**1. Wochenende,** Rösrath-Hoffnungsthal: **Kirmes** mit Badewannenrennen
Juni:	Siegburg: **Engelbert-Humperdinck-Musikfest**
Juli:	**1. Wochenende,** Rösrath-Forsbach: **Waldbeerkirmes** mit Schürreskarren-Rennen
	1. So, Siegburg bis Netphen: **Autofreies Siegtal**
	1. So, Siegburg: **Keramikmarkt**
August:	**4. Wochenende,** Overath-Federath: **Dorffest** mit Bobbycar-Rennen
September:	**2. So,** Rösrath-Hoffnungsthal: **Straßenfest** mit Trödelmarkt
	3. So, Overath-Steinenbrück: **Herbstfest**
November:	**So nahe dem 10. Nov,** Bergisch Gladbach-Bensberg: **Martinsmarkt**
	10. Nov und Nachbartage, in allen Stadtteilen und Dörfern: **Martinszüge**
	3. Wochenende, Siegburg: **Forum für Kunst und Handwerk**
Dezember:	**1. – 4. Advent,** Siegburg: **Mittelalterlicher Markt**
	Weihnachtsmärkte ↗ nächste Seite

und Grundausbildung allen musikalischen Sparten gerecht wird.

Stadtbibliothek Siegburg

Griesgasse 11, 53721 Siegburg. ✆ 02241/9697511, Fax 9697520. www.siegburg.de. stadtbibliothek@siegburg.de. **Anfahrt:** Aus Köln S12, RE9, ICE; aus Bonn U66. **Auto:** In der Nähe des Marktplatzes. **Zeiten:** Di, Mi 10 – 17 Uhr, Do 10 – 18 Uhr, Fr 10 – 14 Uhr, Sa 9 – 13 Uhr. **Preise:** Ausleihe kostenlos, Bibliotheksausweis einmalig 5 €; für Kinder 2,50 €.

▶ In der Stadtbibliothek sind über 65.000 Medien zum Ausleihen vorhanden. Angeboten werden Bücher, Hörbücher, CDs, Kassetten, DVDs, Videos, Software für PC und Playstation, Spiele, 4 Media-PCs mit Internetzugang für Erwachsene, 3 PCs mit Spielen, Mal- und Schreibprogrammen und kostenlosem Internetzugang für Kinder bis 12 Jahre, Kindererlebnisbibliothek mit Rutschbahn, Piratenschiff und mehr, 9 Tages- und Wochenzeitungen sowie 100 Zeitschriften. Zusätzlicher Service: Kindertheater, Kindergeburtstage und Autorenlesungen für Schulklassen. Getränke und kleine Speisen gibt es im **Café Corner,** das zwar in der Bibliothek liegt (gleiche Öffnungszeiten), aber für alle zugänglich ist. ✆ 02241/9697518.

Die einen wollen bummeln, die anderen schmökern? Kein Problem! Die Bibliothek bietet Do 15 – 18, Sa 9 – 13 Uhr kostenlose Kinderbetreuung an.

In dieser Gegend treten die Junggesellen traditionell zu einem Wettrennen mit ***Schürreskarren****, einer Art hölzerner Schubkarre, an. Das ist eine lustige Angelegenheit, denn auf der Karre steht ein (meist mit Wasser gefüllter) Eimer, der nicht herunterfallen darf.*

Mittelalterlicher Markt zur Weihnachtszeit

Tourist Information Siegburg, 53721 Siegburg. ✆ 02241/9698533, 19433, Fax 9698531. www.siegburg.de. tourismus@siegburg.de. **Termin:** 1. – 4. Adventswochenende täglich 11 – 20 Uhr.

▶ Gut drei Wochen lang verwandelt sich Siegburg in einen mittelalterlichen Markt. Handwerker, Spielleute und Händler sind in Gewänder des späten Mittelalters gekleidet und bauen Marktstände auf, wie sie auch schon im Mittelalter aufgestellt wurden. Zur Handwerkszunft zählen unter anderem Löffelschnitzer, Riemenschneider, Seiler, Filzer und Zinngießer, die diese alten Handwerke vorführen. Als Freunde des Mittelalters könnt ihr hier rustikal essen und trinken, euch von den derben Späßen der Gaukler belustigen oder von den Klängen fahrender Spielleute bezaubern lassen. In diesem Spektakel gibt es für Kinder immer etwas zu lachen. Besondere Theateraufführungen auf dem Markt, Märchen für die Kleinen, thematische Führungen und vieles mehr machen den Mittelalterlichen Markt zur Weihnachtszeit zu einem ganz besonderen Erlebnis. Und stellt euch vor: Am Stand von The Moccamaker gibt es sogar einen mittelalterlichen Vorläufer des Happy Meals: »Das kleine Kamel« ist ein Kindertee mit köstlichem Kuchen.

WEIHNACHTSMÄRKTE

1. Advent: **1. – 4. Advent, So,** Overath: **Weihnachtsmarkt,** direkt am Bahnhof

1. – 4. Advent, Bergisch Gladbach: **Weihnachtsmarkt**, täglich

So, Lohmar: **Weihnachtsmarkt**

So, Troisdorf: **Nikolausmarkt**

Sa, Rösrath: **Weihnachtsmarkt**

So, Rösrath-Forsbach: **Weihnachtsmarkt**

Sa, Overath-Vilkerath: **Weihnachtsmarkt**

So, Rösrath-Bleifeld: **Weihnachtsmarkt**

3. Advent: **So,** Rösrath-Hoffnungsthal: **Weihnachtsmarkt**

Sa, So, Overath-Marialinden: **Weihnachtsmarkt** rund um den Dom

Sa, So, Troisdorf: **Weihnachten auf Burg Wissem**

4. Advent: **Sa und So,** Overath-Kreutzhäuschen: **Weihnachtsmarkt** und **Bergischer Weihnachtswald**

OBERBERGISCHE STAUSEEN

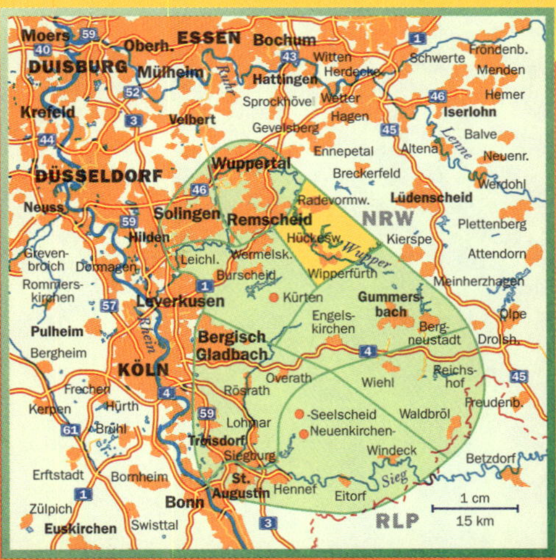

Eher unbekannt und von Touristen selten besucht ist die Region rund um die Städte Wipperfürth, Hückeswagen und Radevormwald. Das ist schade, denn so viel unberührte Natur, so viele gute Wanderwege und vor allem so viele Stauseen sind schon etwas Besonderes. Nicht umsonst zieht es Tausende von Dauercampern Wochenende für Wochenende an die Ufer der Wuppertalsperre.

Die Wupper, 188 km lang und mit einem Gefälle von 380 m von der Quelle bis zur Mündung, wurde schon früh für Mühlen und Eisenhammerwerke genutzt. Als mit der Industrialisierung im 19. Jahrhundert das Wasser für Mensch und Fabriken zu knapp wurde, wurden Stauseen angelegt, die heute renaturiert Erholung bieten. Auch für Kinder ohne Allradantrieb sind die fast ebenen Wanderwege entlang der Stauseen leicht zu laufen. Wassersportler finden hier vielfältige Möglichkeiten. Bei einer Planwagenfahrt oder auf dem Abenteuerbauernhof fühlen sich die Tierfreunde besonders wohl.

Wipperfürth, am Oberlauf der Wuppper, nennt sich sogar »Stadt der Talsperren«. Sie ist die älteste und frühere Hauptstadt des Bergischen Lands.

Frei- und Hallenbäder

aquafun Freizeitbad

Kottenstraße 13 – 15, 42477 Radevormwald. ✆ 02195/ 91620, Fax 916215. www.aquafun-rade.de. aquafun-rade@t-online.de. **Anfahrt:** Bus 626, 671 Rathaus. **Auto:** ↗ Radevormwald, dort ausgeschildert. **Zeiten:** Mo 14 – 21.30 Uhr, Di – Fr 6.30 – 21.30 Uhr, Sa, So, Fei 8 – 20 Uhr. **Preise:** 5,50 €; Kinder bis 1 m frei, bis 15 Jahre 3,50 €, Wochenendzuschlag 0,50 €; Mit Sauna 10 bzw. 6 €.

▶ Dieses Schwimmbad ist sehr gemütlich mit viel Holz und echten Pflanzen eingerichtet. Es gibt Kleinkinderbereiche außen und innen (Plantschbecken 34

WASSER UND WALD

Freizeitkarte NRW Naturpark Bergisches Land (Nord), 1:50.000, Landesvermessungsamt 2006, ISBN 3-89439-489-7, 7,55 €.

TIPPS FÜR WASSERRATTEN

Kleine Dusche gefällig?

Grad), auf dem Kinderspielplatz finden das ganze Jahr über lustige Aktionen statt. In den Erlebnisbecken könnt ihr ganzjährig innen und außen in 30 Grad warmem Wasser baden. Eine Rutsche und Sprudler sind vorhanden. Sportliche Schwimmer tummeln sich im 25-m-Sportbecken (29 Grad, Anfänger im Lehrbecken 32 Grad).

Freizeitbad Hückeswagen

Willi-Daume-Bad, Zum Sportzentrum 9, 42499 Hückeswagen. ✆ 02192/931387, Fax 931389. www.hueckeswagen.de. freizeitbad-hueckeswagen@t-online.de. **Auto:** A1, Ausfahrt 95 Remscheid, links aus B229, rechts auf B51, in Bergisch Born links auf die B237. Kurz hinter dem Ortsschild Hückeswagen rechts. **Zeiten:** Mo 14 – 20 Uhr, Di, Mi, Fr 13 – 22 Uhr, Sa 10 – 22 Uhr, So, Fei 9.30 – 18 Uhr. **Preise:** 2 Std 3,60 €, 10er-Karte 33 €, Tageskarte 4,90 €,; Kinder 3 – 14 Jahre 2 Std 2,40 €, 10er-Karte 22 €, Tageskarte 3,60 €; Familienkarte 4 Std (2 Erw, 2 Ki) 13 €.

▸ Bei jedem Wetter lässt es sich im Hallenbad aushalten. Hier könnt ihr in einem 25-m-Becken eure Bahnen ziehen oder euer Sprungtalent aus 1 m und 3 m Höhe zeigen. Im Nichtschwimmerbecken sind Wasserspielzeuge erlaubt, eine knallrote, 50 m lange Rutsche führt hinein. Minis spielen gern in dem Plantschbecken mit Anfängerrutsche.

Beim Schwimmen braucht ihr nur die Augen zu schließen und schon seid ihr am Meer. Das Wasser wird nämlich mit natürlicher Sole desinfiziert, das schmeckt dann leicht salzig, aber brennt nicht in den Augen. Zum Schwimmbad gehören außerdem eine Sauna, ein Beachvolleyball-Feld, eine große Außenliegewiese und ein Außenplantschbecken.

Happy Birthday!

Mit einem Animateur könnt ihr an Geburtstage zu einer abenteuerlichen Schatzsuche im Freizeitbad starten. 1 Std 16 €, 1,5 Std 24 €, 2 Std 30 €, jeweils zuzüglich Eintritt.

Hunger & Durst

China-Restaurant am Freizeitbad, ✆ 02192/934186. Di – Fr 11.30 – 15, 17.30 – 23 Uhr, Sa, So Fei 12 – 23 Uhr.

Walter-Leo-Schmitz-Bad

Ostlandstraße 32, 51688 Wipperfürth. ✆ 02267/887970, Fax 887974. www.stadt-wipperfuerth.de. info@stadt-wipperfuerth.de. **Anfahrt:** Vom Busbahnhof

Surgères-Platz 500 m entfernt. **Auto:** In ↗ Wipperfürth ausgeschildert. **Zeiten:** Di, Fr 6 – 20 Uhr, Mi 6 – 19 Uhr, Do 6 – 21 Uhr (Warmtag), Sa, So 8 – 13 Uhr. **Preise:** 3 €; Kinder und Jugendliche bis 18 Jahre 2 €.

▶ Hallenbad mit Schwimmerbecken, 3-m-Sprunganlage und Lehrschwimmbecken, Kleinkinderbereich und Sauna. Im Sommer könnt ihr auf der großen Liegewiese hinter dem Hallenbad die Sonne genießen oder euch am Plantschbecken mit dem Wasserpilz erfrischen. Auch die Beachvolleyball-Felder sind sehr beliebt.

Hunger & Durst

Der Imbiss ist Do, Fr 15 – 19 Uhr und So 10 – 12 Uhr geöffnet.

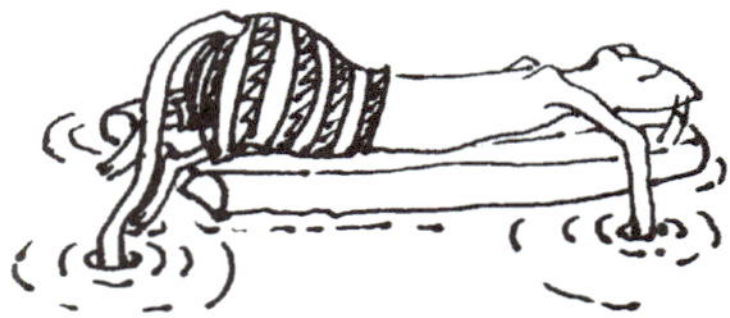

Badeseen & Wassersport

Bever-Talsperre

Hückeswagen. www.wupperverband.de. info@wupperverband.de. **Auto:** In Hückeswagen Rader Straße zunächst Richtung Radevormwald, dann nach Mickenhagen, Großberghausen und Kleinberghausen.

▶ Die Bever-Talsperre hat gleich zwei Staumauern, ihr könnt aber nur eine sehen, weil die andere unter Wasser liegt. Unfug, sagt ihr? Nein! 1898 wurde die erste Sperrmauer bei Wefelsen eingeweiht, erschien den Verantwortlichen aber schon bald zu klein und

Die Interessengemeinschaft Zeltplätze Bever-Talsperre e.V. bietet für alle Talsperren Informationen zur Freizeitgestaltung im und am Wasser. Postfach 100236, 42491 Hückeswagen, ✆ 02192/ 2018, 2019, Fax 3279. www.ig-bever.de, mon@ig-bever.de

Klein anfangen: Die große Segeljacht kommt später dran

so wurde etwas südlich 1938 eine neue, höhere Staumauer gebaut, bei der dann die alte Sperrmauer überflutet wurde.

Heute ist die Bever-Talsperre eine Brauchwassertalsperre und zugleich ein Paradies für Camper und Wassersportler. Ihr könnt Segelboote ausleihen, tauchen und surfen lernen, angeln und vieles mehr. Infos beim Campingplatz.

Sportlich an, in und auf der Wupper-Talsperre

Wassersport- & Freizeitanlage Kräwinklerbrücke, Ute Landauer, Kräwinklerbrücke 1, 42897 Remscheid. ✆ 02191/610273, www.kraewi.de. info@kraewi.de. **Auto:** A1 Ausfahrt 95 Remscheid, B229 Richtung Lüdenscheid bis Remscheid-Lennep, dann rechts auf die B51 Richtung Köln, links L412 Richtung Radevormwald. **Infos:** Hauptsitz: Dörpholz 6, 42897 Remscheid, ✆ 02191/478-171, Fax -172. www.kraewi.com. www.wupper-talsperre.de.

Achtung! Die Wupper-Talsperre ist wie fast alle Talsperren des Wupperverbands, www.wupperverband.de, eine Brauchwassertalsperre. Das bedeutet, dass mit ihr hauptsächlich der Wasserstand reguliert wird. Deshalb wird hier nicht die Wasserqualität überprüft und die Nutzung geschieht in eurer eigenen Verantwortung.

▶ Rund um die Wupper-Talsperre gibt es viele schöne Wanderwege, außerdem Campingplätze und einen Erholungspark. Das Befahren ist nur mit muskelbetriebenen Booten und Segelbooten (Segelschein nötig) gestattet. Preis pro Woche für die Erlaubnis: Kanus und Kanadier 3 €, Surfbretter und kleine Segelboote 8 €, größere Segelboote 12 €. Die Plakette kann man bei der Freizeitanlage Kräwinklerbrücke kaufen. Dort gibt es auch Parkplätze und Informationstafeln der ansässigen Wassersportvereine, das kann ganz spannend werden, denn es ist sogar eine Tauchschule dabei.

Im Bootsverleih am Kiosk kosten Tretboote 5 € für 30 Min, 9 € für 1 Std und bei 3 oder mehr Std 8 € pro Std. Kanadier liegen bei 7,50 € pro Std bzw. 50 € pro Tag.

▶ Die Wupper-Talsperre ist eine Brauchwassertalsperre und hat vor allem zwei wichtige Aufgaben: Stromerzeugung sowie Schutz vor Hochwasser und Niedrigwasseraufhöhung der Wupper. Was das ist? In den Wintermonaten ist die Talsperre ziemlich leer, damit das viele Regenwasser und der Schnee aufgenommen werden können. Immerhin gehört das Gebiet mit 1350 Milimeter Niederschlag jährlich zu den regenreichsten Landstrichen Deutschlands. Im Sommer ist sie recht voll, damit man der Wupper einen Extraschluck Wasser spendieren kann, wenn sie in einer Hitzewelle sonst zu mickrig wäre. Auch spielt beim Wasserausgleich der Naturschutz eine große Rolle, denn der Stausee ist Nist- und Brutstätte für viele Vogelarten.

DIE WUPPER-TALSPERRE UND IHRE VORSPERREN

Die Wupper-Talsperre hat fünf **Vorsperren,** die Wupper-, Wiebach-, Dörpe-, Feldbach- und Lenneper-Bach-Vorsperre und es führen zwei große Brücken über die Talsperre. Angenehmer Nebeneffekt: Im Sommer könnt ihr im Talsperren-Wasser baden, tauchen, surfen und segeln. Wenn es nicht gerade mal wieder regnet. Überall an der Wupper-Talsperre und ihren Vorsperren gibt es Wanderwege in jeder von euch gewünschten Länge.

Entlang der Wupper gibt es zudem weitere **Brauchwassertalsperren** (Brucher, Lingese, Schevelinger, Bever, Dahlhausen, Beyenburg und Ronsdorfer Talsperre). Auch hier überall könnt ihr Wassersport treiben. Die große Dhünn-Talsperre dagegen ist eine **Trinkwassertalsperre** und muss sauber gehalten werden. ◀

Schevelinger Talsperre

Wipperfürth. www.wupperverband.de. **Auto:** Aus Wipperfürth auf der L284 Richtung Halver, in Hönnige die Straße Hönnige bis zum Damm fahren. **Infos:** Wupperverband Hauptverwaltung, Untere Lichtenplatzer Straße 100, 42289 Wuppertal, info@wupperverband.de, ✆ 0202/583-0.

▶ Auch die Schevelinger Talsperre ist eine Brauchwassertalsperre und damit für Erholungssuchende zugänglich. Zusammen mit der Bever-Talsperre und

der Neye-Talsperre bildet die Schevelinger Talsperre den Beverblock. In ihr kann sich das Wasser beruhigen, damit sich die Schmutzstoffe absetzen können. Durch einen Stollen fließt das Wasser dann in die Neye-Talsperre, das ist eine Trinkwassertalsperre. Wenn euch interessiert, wie das alles funktioniert, könnt ihr eine kostenlose Führung vereinbaren (für Gruppen und Kinder ab 6 Jahre möglich). Es werden für Kindertagesstätten und Schulen zudem Projekte und Aktionen zu Umweltthemen rund ums Wasser angeboten. Klickt mal ins Internet!

Radeln und Skaten

Radtour rund um die Wupper-Talsperre

Radevormwald. **Länge:** 21 km mit Start/Ziel am Rathaus, weitgehend ebene, asphaltierte Strecke, R1. **Auto:** ↗ Sportlich an, in und auf der Wuppertalsperre.

▶ Los geht es am **Rathaus** von Radevormwald. Anfangs müsst ihr auf den Straßenverkehr achten. Der Weg schlängelt sich zwar durch weniger befahrene Straßen, aber auch dort gibt es schnelle Fahrer. Sobald ihr die Westfalenstraße (B229) überquert habt, wird es ruhiger. Links der Bahnstraße folgen, auch wenn sie später Wasserturmstraße heißt und leicht ansteigt. Am Ende der **Kleingartenanlage** geht es rechts auf der Hückewagener Straße weiter. Bitte den Radweg benutzen!

Hinter der **Gaststätte Overland** verlasst ihr den Radweg und folgt kleineren Sträßchen zur **Wupper-Talsperre.** Nun fahrt ihr fast immer mit Blick auf den Stausee zur kleinen Sperrmauer, überquert diese und fahrt weiterhin links vom Ufer bis zu einer Schranke. Dahinter geht es bergauf, vielleicht müsst ihr schieben. In **Dürhagen** folgt ihr links dem kleinen Waldweg. Vorsicht, hinter der Schranke geht es nicht nur bergab, sondern dann auch noch in eine scharfe Rechtskurve. Bald habt ihr den Hafen an der *Krä-*

Radwandern und Mountainbiken in und um Radevormwald mit 6 Radtouren und 2 Mountainbike-Runden, kostenlos erhältlich bei der Stadtverwaltung.

winkler Brücke erreicht. Ihr überquert diese Brücke und biegt dahinter rechts zum **Erholungspark Kräwinkel** ab. Hier gibt es einen tollen Spielplatz, für den ihr etwas Zeit einplanen solltet. Auf einem alten Eisenbahndamm führt der Radweg wieder zurück nach Radevormwald.

Habt ihr Lust, mit **Planwagen und Kutsche** zu den Oberbergischen Stauseen zu fahren? **Hückeswagen:** Heinz Pier, ✆ 02192/2616 **Hückeswagen:** Friedel Wickesberg, ✆ 02192/83389 **Radevormwald:** Siegfried Höller, ✆ 02195/932043.

Wandern und Spazieren

Wanderung um die Wupper-Vorsperre

Hückeswagen. **Länge:** 4,3 km lange Rundwanderung mit wenig Höhenunterschied. **Auto:** Wanderparkplatz Mühlenweg 300 m von der B483 und von dort ausgeschildert.

▶ Um die Wupper-Vorsperre verläuft ein beliebter Rundweg, der Bestandteil des Fernwanderwegs A10 ist und gerade von Wanderern und Radfahrern gern genutzt wird. Er hat keine nennenswerten Steigungen und ist gut zu finden. Ihr folgt einfach immer dem Uferweg.

Rund um die Neye-Talsperre

Wipperfürth. **Länge:** 11 km Halbtagesrundwanderung ohne Steigungen. **Auto:** In Wipperfürth etwa 2 km nach Norden Richtung Großblumberg, Wanderparkplatz.

▶ Diese Wanderung ist ein wenig länger als die anderen in diesem Freizeitführer. Wer aber an die oberbergischen Stauseen fährt, sollte auch um die schöne Neye-Talsperre gewandert sein. Der Stausee, der 1907 als Trinkwasser-Reservoir angelegt wurde, lässt sich in etwa drei Stunden auf einem gut zu laufenden Weg ohne großartige Steigungs- oder Gefällestücke umwandern. Die Wege führen immer am Wasser entlang und durch den Wald.

Packt außer einem ordentlichen Picknick auch ein Fernglas ein. Vielleicht seht ihr Vögel auf dem Wasser. Hier rasten im Herbst bzw. Frühjahr auch viele Zugvögel.

Geocacher finden unweit der Staumauer einen Schatz.

Spaziergang um die Silbertalsperre

Wipperfürth. **Länge:** 1,7 km langer Rundweg ohne Steigungen. **Auto:** Von der B237 in Wipperfürth Richtung

Von der Silbertalsperre führt ein unterirdischer Stollen zur Neye und von dort zur Eschbachtalsperre. Das Wasser der Neye dient der Trinkwasserversorgung.

Hunger & Durst

Während meiner Recherchen habe ich selten eine so umfangreiche Speisekarte für Kinder gesehen. Und im Preis von jedem Kinderteller ist auch schon ein Getränk enthalten.

Halver/Kreuzberg, nach knapp 1 km rechts Richtung Hönnige zum Wanderparkplatz Hönnige.

▶ Bei Sonne glitzert die **Schevelinger Talsperre** manchmal so schön silbrig, dass sie oft auch Silbertalsperre genannt wird. In jedem Fall ist der kurze Rundweg um den Stausee auch für Wandermuffel nicht zu lang. Vom Wanderparkplatz braucht ihr etwa 10 Minuten bis zum Ufer und dann geht es topfeben einmal auf dem Uferweg drum herum.

Tierparks und Gärten

Streichelzoo und Landgasthof Heidersteg

Familie Strieve, Heidersteg 1, 42477 Radevormwald. ✆ 02195/2706, Fax 69669. www.landgasthof-heidersteg.de. info@landgasthof-heidersteg.de. **Zeiten:** Streichelzoo frei zugänglich, Landgasthof Di – Fr 11 – 14, 17 – 23 Uhr, Sa, So 11 bis Feierabend.

▶ Ein kleines Gehege auf dem Gelände des Landgasthofes Heidersteg, nicht weit von der Wuppertalsperre. Zu sehen sind Ziegen, Hühner, ein Pony und ein Emu. Die Ziegen und das Pony lassen sich eventuell von euch streicheln. Auch ein kleiner Spielplatz ist vorhanden.

Der Landgasthof bietet außer einer gemütlichen Bauernstube einen Biergarten, wo man fast im Wald sitzt. Es gibt Deftiges, Feines und nachmittags Kuchen und natürlich Waffeln.

Grillplätze im Oberbergischen

Hückeswagen: Erholungspark Kräwinkel, frei zugänglich.

Radevormwald: Frielingshütte, Kontakt ✆ 02195/2871.

Radevormwald: am Ülfebad, Hütte des Angelsportvereins, Kontakt Horst Müller ✆ 02191/662182.

Wintersport und -spaß

Ski laufen in Önkfeld

Radevormwald-Önkfeld. **Länge:** 9 km Loipe. **Auto:** In Radevormwald auf die nördliche Umgehung (Uelfe-Wuppertal-Straße) und dort an der Oberste Mühle Richtung Önkfeld.

▶ Zwischen Heidt und Önkfeld beginnt eine 9 km lange Loipe, von der man auch nur eine Hälfte laufen kann. Sie führt nämlich nach Westen bis Im Hagen und wieder zurück und nach Osten bis hinter Oberönkfeld und Rochollsberg. Bei ausreichender Schneelage wird sie maschinell gespurt.

Survival-Handbuch für Kids: Infos zu Gefahren in der Natur und im Alltag, Erste-Hilfe-Anweisungen und Verhaltenstipps für Waldspaziergänge, Gewitter, Schneestürme, Überschwemmungen, Menschenmengen und Wohnungsbrände. ISBN 3-7607-4815-5, 12,90 €.

Museen und Stadtführungen

HANDWERK UND GESCHICHTE

Wülfingmuseum

42477 Radevormwald-Dahlerau. ✆ 02191/666994, 02195/7309, www.wuelfingmuseum.de. wuelfingmuseum@aol.com. **Anfahrt:** Bus 626, 659 Dahlerau. **Auto:** ↗ Radevormwald, B229, hinter Wupper-Talsperre links L81 Richtung Keilbeck/Dahlerau, dort den Schildern »Industriedenkmal Tuchfabrik« folgen. **Zeiten:** April – Okt 2. und 4. So im Monat 11 – 17 Uhr. **Preise:** 3 €; Kinder 12 – 18 Jahre 2 €; Führung für Gruppen 30 €, Schulklassen 25 €.

▶ Angefangen hatte es damit, dass ehemalige Mitarbeiter und Freunde der Industriekultur von Radevormwald die ehemalige *Tuchfabrik Johann Wülfing & Sohn* als Industriedenkmal schützen wollten. Seither bauen sie fleißig ein Museum auf, in dem die frühere Energieerzeugung für eine Fabrik und die verschiedenen Arbeitsschritte in der Textilindustrie dargestellt werden.

Schon jetzt könnt ihr hier die größte Dampfmaschine im Bergischen Land sehen. Ebenso beeindruckend sind der Drehstromgenerator und die Wasserturbine. Außerdem sind einige Webstühle und andere Textilmaschinen ausgestellt, sogar Geräte, mit denen man die Qualität von Textilien überprüfte.

Heimatmuseum der Stadt Hückeswagen

Auf'm Schloß 1, 42499 Hückeswagen. ✆ 02192/ 935204 (Museumsleiterin), 88801 (Stadtverwaltung), Fax 88888. www.hueckeswagen.de. dietlinde.mueller@stadt-hueckeswagen.de. **Anfahrt:** ↗ Hückeswagen, zum Schloss. **Zeiten:** Mi 15 – 17 Uhr, So 10 – 12 Uhr und nach Vereinbarung. **Preise:** Eintritt frei.

*Die Bezeichnung **Küfer** kommt vom lateinischen cupa = kufe = Tonne, Fass. Im Süddeutschen sagt man auch Böttcher, gemeint ist immer der Handwerker, der Holzfässer baute, vorwiegend für Wein, aber auch für Bier und andere Flüssigkeiten oder für Papier, das nicht nass werden durfte. Heute stellen Böttcher ihre Fässer auch aus Metall und Kunststoffen her.*

▶ Habt ihr euch schon einmal gefragt, wie ein Weinfass hergestellt wird? Gleich im ersten Ausstellungsraum könnt ihr einen vollständigen Satz Werkzeuge aus dem 17. Jahrhundert dazu finden. In Hückeswagen gab es damals nämlich eine **Küferwerkstatt,** aus der diese Werkzeuge stammen. Wenige Schritte weiter seht ihr eine beeindruckende Sammlung von Öfen und Ofenzubehör. Hier könnt ihr sehen, dass auch schon lange vor Erfindung des elektrischen Waffelautomaten überall im Bergischen Land die leckeren Bergischen Waffeln gebacken wurden. An der Wand hängen nämlich etliche Oblaten- und Waffeleisen, die man damals über ein offenes Feuer hielt oder auf einem Kohleofen einsetzte.

Pulvermuseum

Villa Ohl, Sauerlandstraße 9, 51688 Wipperfürth-Ohl. ✆ 02264/1567, Fax 1567. www.pulvermuseum.de. harry@boeseke.de. **Anfahrt:** Bus 336 Ohl. **Auto:** Von Wipperfürth her Richtung Gummersbach. **Zeiten:** So 11.30 – 13.30 Uhr, Gruppenbesuche sind auch an anderen Tagen möglich. **Preise:** 2 €; Kinder 6 – 14 Jahre 1 €. **Infos:** Eine 1,5-stündige Führung durch Haus und Gelände kostet 5 € für Erw und 2 € für Kinder.

▶ Die ehemalige Villa Ohl der Pulverfabrikantenfamilie Buchholz erzählt euch eine kleine Geschichte vom Schwarzpulver. Früher, im 18. Jahrhundert, hatte diese Familie das Monopol auf die Schwarzpulverherstellung. Es waren also sehr wichtige Menschen in der damaligen Zeit, denn Schießpulver wurde als Jagdpulver von Jägern ebenso gebraucht wie als Sprengpulver für die Grauwackesteinbrüche in den Nachbarorten. Die Familienfahne ist schwarz-weiß-gelb, weil Schwarzpulver aus schwarzer Holzkohle, weißem Salpeter und gelbem Schwefel hergestellt wurde. Das genaue Rezept hängt an der Wand im Hauptraum, aber ihr müsst es nicht zu Hause ausprobieren!

Hier wurden auch die roten Knallstreifen erfunden, die ihr zu Karneval in die Cowboy-Pistolen einlegt.

Bei so viel Infos zum Schießen und Sprengen sind die Worte des Museumsleiters Herr Böseke in der kleinen Bibliothek sehr wohltuend, wenn er feststellt, dass hier die beiden klassischen Schwarzkünste Schwarzpulverherstellung und Buchdruck zusammenkommen und **Lichtenberg** zitiert: »Mehr als das Gold hat das Blei die Welt verändert. Und mehr als das Blei in den Pistolen, das Blei im Setzkasten der Drucker!«

In einem Museumsraum gibt es eine Jugendbibliothek, in der der Verband deutscher Schriftsteller (NRW) ausschließlich Titel gesammelt hat, die den Friedensgedanken verfolgen.

Georg Christoph Lichtenberg *(1742 – 1799) war Schriftsteller und der erste deutsche Professor für Experimentalphysik.*

Freche Bande: Narrenfreiheit für Kinder beim Altstadtfest von Hückeswagen

FESTKALENDER

Februar:	Weiberfastnacht, 10.11 Uhr, **Sturm auf das Wipperfürther Rathaus,** anschließend **Straßenkarneval**
	Weiberfastnacht, Radevormwald: **Karnevalszug**
	Karnevalssonntag, Wipperfürth: **Karnevalsumzug**
	Rosenmontag, Hückeswagen: **Kinderkarnevalsumzug** RäTeMaTeng
Mai:	Muttertags-Wochenende, Radevormwald: **Rader Stadtfest**
	Christi Himmelfahrt, Hückeswagen: **Drachenbootrennen** auf der Bever-Talsperre
Juni:	1. Wochenende, Fr – Mo, Radevormwald: **Schützen- und Heimatfest**
	2. Wochenende, Sa, So, Hückeswagen: **Altstadtfest**
	3. Wochenende, Sa, So, Radevormwald: **Pflaumenkirmes**
	3. Wochenende, Sa, So, Wipperfürth: **Stadtfest**
Oktober:	1. Wochenende, Fr – So, Radevormwald-Önkfeld: **Erntedankfest** mit großem Festumzug
November:	1. Wochenende, Sa, So, Hückeswagen: **Martinsmarkt**
Dezember:	1. Advent, Fr, Sa, Wipperfürth: **Adventsmarkt**
	2. Advent, Fr – So, Wipperfürth: **Weihnachtsmarkt**
	2. Wochenende, Fr – Mo, Radevormwald: **Weihnachtsmarkt**
	24. Dez, 23 Uhr, Radevormwald: **Weihnachtssingen** auf dem Schlossmacherplatz

GUMMERSBACH & UMGEBUNG

Allein mit Ausflugsideen für Gummersbach und seine Nachbarorte Bergneustadt, Engelskirchen, Lindlar und Marienheide wäre dieses Buch problemlos zu füllen.

Engelskirchen ist im Spätherbst in aller Munde: Dann kann man dorthin einen Brief an das Christkind schicken. Aber auch im Sommer werdet ihr euch im Engelskirchner Freibad mit der superbreiten Rutsche wohl fühlen, euch an der Dampfmaschine im Industriemuseum die Ohren zuhalten oder die Aggertalhöhle zur Schatzsuche stürmen.

In **Gummersbach** könnt ihr herrlich schlemmen: Neben der üblichen Bergischen Kaffeetafel gibt es hier noch ganz besondere Eierkuchen. Die angefutterten Kalorien sind schnell abgewandert oder im Spaßbad abgeschwommen.

Geschichtsinteressierte und Leseratten werden sich in **Marienheide** wohl fühlen. Dort gibt es einige Museen und ein Dorf mit unüblich vielen preiswerten Büchern in Antiquariaten.

Lindlar werdet ihr mögen: Ein erstklassiger Freizeitpark, Wanderwege und Lehrpfade ergänzen die Angebote des Freilichtmuseums.

Frei- und Hallenbäder

Gumbala Gummersbacher Badeland

Singerbrinkstraße 31, 51463 Gummersbach. ✆ 02261/789796, Fax 816376. www.gumbala.de. info@gumbala.de. **Anfahrt:** ↗ Gummersbach, Zentrum, 5 Min vom Bhf, ausgeschildert. **Zeiten:** Mo – Fr 8 – 21.30, Sa, So, Fei 9 – 21 Uhr. **Preise:** Sprinttarif 1 Std 3 €, 2 Std 4 €, 3 Std 5 €, Tag 6 €; Kinder 4 – 17 Jahre Sprint 1,50 €, 2 Std 2,50 €, 3 Std 3,50 €, Tag 4,50 €; Familienkarte (1 Erw, 2 Ki) 13,50 €, (2 Erw, 1 Ki) 15 €, Ermäßigung für Behinderte.

▶ In diesem Schwimmbad kann eure Familie den ganzen Tag verbringen, ohne dass es langweilig wird.

AUSFLUG ZUM CHRISTKIND

Der Stadtplan Gummersbach mit Umgebungs- und Freizeitkarte (Städteverlag) ist eine gute Grundlage für alle Touren in der Region, in Gummersbach sogar für Wanderungen.

Freizeitkarte NRW Naturpark Bergisches Land (Nord), 1:50.000, Landesvermessungsamt 2006, ISBN 3-89439-489-7, 7,55 €.

TIPPS FÜR WASSERRATTEN

Boah, ey: Hälse verrenken in der Aggertalhöhle in Engelskirchen-Ründeroth

Für Frostbeulen und Genießer gibt es eine große Saunalandschaft. Die Wasserratten finden ein 25-m-Sportbecken, ein Erlebnis- und ein Plantschbecken. Dort gibt es eine Minirutsche, damit schon die Kleinen für die rasante Fahrt in der großen Reifenrutsche trainieren können. Im Erlebnisbereich findet ihr Massagedüsen, Bodensprudler, Sprudelliegen, Whirlpools, Strömungskanal und eine Palmeninsel. Wem dies nicht genug ist, der kommt Mo 15.30 – 17.30 Uhr, dann ist nämlich **Laufmattentag.** Da könnt ihr Schwimmtiere, Luftmatratzen, Schlauchboote und andere Dinge mitbringen. Di 15.30 – 17.30 Uhr wird beim betreuten **Spielenachmittag** mit den Bademeistern Baywatch gespielt oder es gibt Wasserstaffeln, ein Quiz und Tauchübungen für euch.

Happy Birthday!
Nach vorheriger Anmeldung richten die Schwimmbadmitarbeiter einen lustigen Kindergeburtstag für euch aus. 10 Personen mit Menü 1 oder 2 (Spaghetti Bolognese oder Würstchen mit Fritten) 35 €, Menü 3 (Kuchen) 25 €, jeweils mit Kakao und Kaltgetränken.

Hunger & Durst
Jedes Wochenende steht im Bistro ein spezielles Kindermenü auf der Speisekarte. Mo nachmittags kosten die Fritten nur 1 €.

Panoramabad Marienheide

Schul- und Sportzentrum, Pestalozzistraße, 51709 Marienheide. ✆ 02264/286629. **Anfahrt:** Bus 336, RB36 Fa. Rüggeberg. **Auto:** ↗ Marienheide. **Zeiten:** Di 14 – 21 Uhr, Mi, Fr 6.30 – 21 Uhr, Do 14 – 20 Uhr, Sa 10 – 18 Uhr, So, Fei 9 – 18 Uhr. **Preise:** 3 €, 10er-Karte 23 €; Kinder 3 – 17 Jahre 1,50 €, 10er-Karte 10 €; Ermäßigung für Behinderte. **Infos:** Kassenschluss ist eine Stunde vor Badeschluss.

▶ In diesem Schwimmbad vergesst ihr schlechtes Wetter sofort. Im Kombibecken wartet ein 3-m-Turm auf euch, im Nichtschwimmerbecken eine Rutsche, ein Wasserfall und viele Spielgeräte. Für die ganz kleinen Badegäste gibt es ein Plantschbecken. Di 15 – 17 und Sa 13 – 16 Uhr steht Badespaß für Kinder auf dem Programm. Sollten euch Hunger und Durst überkommen, kann ein kleiner Automat im Eingangsbereich helfen, wenn die Caféteria nicht geöffnet ist.

Happy Birthday!
Geburtstagskinder haben freien Eintritt, egal wie alt sie sind.

Freibad Engelskirchen

Auf dem Schalken, 51766 Engelskirchen. ✆ 02263/83136, 83139. **Anfahrt:** vom Bhf ↗ Engelskirchen 20 Min steil bergauf. **Zeiten:** Mitte Mai – Mitte Sep 10 –

19.30 Uhr. **Preise:** 3,50 €, Abendkarte ab 17 Uhr 2 €, 10er-Karte 30 €, Saisonkarte 60 €; Kinder 4 – 18 Jahre 2 €, Abendkarte 1,50 €, 10er-Karte 15 €, Saisonkarte 30 €; Familientageskarte 8 €, Familiensaisonkarte für Eltern und ein Kind 85 €, 2. Kind 16 €, weitere Kinder frei. Ermäßigungen für Menschen mit Behinderung, Schüler, Studenten, Auszubildende, Wehr- und Zivildienstleistende.

▶ Großes Freibad hoch oben auf dem Berg mit herrlichem Ausblick auf Engelskirchen. Spaß habt ihr auf dem 3-m-Sprungturm und der extrabreiten Rutsche. Das Multifunktionsbecken ist in vier Bereiche aufgeteilt: Schwimmer, Nichtschwimmer, Rutsche und Sprungbecken. Für kleine Geschwister gibt es ein Plantschbecken mit zwei kleinen Rutschen. Entspannen könnt ihr auf der großen, schattigen Liegewiese. Und am Kiosk gibt es alles, was man in einem Schwimmbadkiosk erwartet: Eis, Fritten, Schnützzeug und Getränke und Limo.

Ooooh, jetzt geht's ab! Isabel und Sam auf der Breitbandrutsche von Engelskirchen

Dieses Schwimmbad ist umweltfreundlich: Das Wasser wird mit Sonnenenergie beheizt.

Parkbad Lindlar

Freizeitpark, Brionner Straße, 51789 Lindlar. ✆ 02266/96180, www.parkbad-lindlar.de. **Anfahrt:** Bus 40 ab Köln Hbf bis Bensberg, ohne Umsteigen als Bus 421 weiter bis Kölner Straße. **Auto:** ↗ Lindlar. **Zeiten:** Di, Do 14 – 21 (Ferien ab 11), Mi 11 – 18, Fr 7 – 21 Uhr, Sa, So, Fei 8.30 – 18 Uhr. **Preise:** 3 €, 10er-Karte 26 €; Kinder 3 – 17 Jahre 2 €, 10er-Karte 16 €; Familienkarte (2 Erw, 2 Ki) 9 €, Ermäßigung für Schwerbehinderte.

▶ Freizeitbad mit 60 m langer Wasserrutsche, Sprunganlage, Kleinkinderbecken mit Minirutsche, Bikini-Bar und Beachvolleyball-Anlage. Mittwochs stehen 14 – 18 Uhr Spiele auf dem Programm.

Happy Birthday!

Wenn ihr euren Kindergeburtstag im Parkbad feiert, hat das Geburtstagskind freien Eintritt.

Hunger & Durst

Das Strandkörbchen ist eine Snackbar, in der ihr Fritten, Wurst, Getränke und Eis kaufen könnt.

Badeseen & Wassersport

Strandbad Bruch

Vorstaubecken Aggertalsperre, Am Vorbecken, 51647 Gummersbach-Bruch. ✆ 02261/28211, 789796 (Gumbala). **Anfahrt:** Bus 318 Deitenbach, dann 15 Min Fußweg. **Auto:** L323 Gummersbach-Lieberhausen, in Deitenbach über den Staudamm. **Zeiten:** Mo – Fr 12 – 19 Uhr, Sa, So, Fei, Ferien 10 – 20 Uhr (nur im Sommer und bei schönem Wetter, Info beim Hallenbad Gumbala). **Preise:** 3 €; Kinder 3 – 18 Jahre 1,50 €; Ermäßigung für Behinderte und mit der Geldwertkarte.

▶ Wie gut, dass die Aggertalsperre ein großes Vorstaubecken hat. Darin lässt es sich prima schwimmen. An Land wird der Badesee ergänzt durch einen Spielplatz, eine Tischminigolfanlage, einen Bootsverleih, einen kleinen Sandstrand und eine große Liegewiese. Liegen könnt ihr für 2,50 € pro Tag mieten.

Benutzt wasserfeste Sonnencreme, und kein Öl. Damit verbrutzelt ihr bloß und im Wasser hinterlässt es hässliche Schlieren. Wartet immer, bis die Creme eingezogen ist und tragt beim Schnorcheln und Luftmatratzentoben am besten ein T-Shirt.

Brucher-Talsperre

Segel- und Kanugemeinschaft Brucher-Talsperre e.V., Höfel 15, 51709 Marienheide. ✆ 02264/201999, www.skgb.de. info@skgb.de. **Auto:** B256 bis Stülinghausen, dort Sträßchen zum See.

▶ Wie gut, dass die Brucher-Talsperre eine Brauchwassertalsperre und keine Trinkwassertalsperre ist. So darf darauf und darin nämlich auch geschwommen, getaucht, gesurft, gepaddelt, gerudert und gesegelt werden. Zum Aussichtsturm Ellberg kann zwischendurch man eine schöne Wanderung machen.

Boot fahren auf der Aggertalsperre

Freizeitcamp Aggertalsperre, Marianne Stubenrauch, Derschlager Straße 4, 51647 Gummersbach-Lantenbach. ✆ 02261/66527, 500065, Fax 817112. www.freizeitcamp.de. info@freizeitcamp.de. **Anfahrt:** Bus 318 Genkeltalsperre. **Auto:** A4 Ausfahrt 26 Reichshof, dann über Gummersbach-Derschlag B256. A45 Ausfahrt 16 Meinerzhagen Richtung Gummersbach. **Zeiten:** April – Sep. **Preise:** Miete pro Stunde: Tretboot 10 €, Ruderboot/Kanadier 7,50 €, Segelboot 20 €, Surfsitz 2,50 €.

▶ Im Freizeitcamp Aggertalsperre könnt ihr die verschiedensten Bötchen mieten: 5 Tretboote à 4 Sitze, 3 Ruderboote à 2 – 3 Sitze, 2 Kanadier à 3 – 4 Sitze und 1 Segelboot (führerscheinpflichtig) für 3 – 4 Pers warten auf euch, außerdem 2 Surfsitze. Das sind zu Paddelbrettern umfunktionierte Surfbretter. In dem Schwertschacht steckt ein Schalensitz, vorwärts kommt man mit einem Kajak-Doppelpaddel.

Hunger & Durst

Zur Seeklause, im Freizeitcamp Aggertalsperre, ✆ 02261/66527, Fax 817112. Gutbürgerliche Küche und Kaffee in einfachem Ambiente.

RAUS IN DIE NATUR

Wandern und Spazieren

Aussichtsreiche Wanderung

Gummersbach-Derschlag. **Länge:** etwa 4 km, weitgehend ebene Wanderung auf breiten Forstwegen. **Auto:** A4 Ausfahrt 26 Reichshof, B256, Am Bäuweg.

▶ Startpunkt ist der **Wanderparkplatz** am Ende der Straße Am Bäuweg. Vom Parkplatz geht ihr zur Wanderwegtafel und dort den Weg links, bis ihr nach etwa 20 Minuten an die erste große Wegkreuzung an einer großen Weide kommt. Hier habt ihr eine super Aussicht Richtung Reichshof, die manch einen zu ei-

Je nach Jahreszeit könnt ihr auf dieser Runde viele Heidelbeeren oder Pilze sammeln. Aber beides bitte nur zusammen mit Erwachsenen, damit ihr nichts Giftiges sammelt, zubereitet und esst!

ner kleinen Rast einlädt. Weiter geht es auf dem ersten Weg rechts, kurz darauf wieder rechts auf eine Asphaltstraße. Sie endet an einem Haus. Dort nehmt ihr den breiten Weg geradeaus. An der Kreuzung der Waldwege folgt ihr rechts dem Karo mit der Nummer 2, dann kommt ihr bald zum **Aussichtspunkt Derschlag.** An manchen Tagen könnt ihr auf den Aussichtsturm steigen, ansonsten ist er aber immerhin ein schönes Fotomotiv, denn er sieht aus wie ein mittelalterlicher Burgturm. Rechts des Turmes geht es weiter in bisheriger Laufrichtung, an der nächsten Weggabelung nehmt ihr den rechten Weg und schon bald ist die Wanderwegtafel am Startpunkt wieder in Sicht.

Aussichtsturm in der Gummershardt

Gummersbach-Gummeroth. **Länge:** 4,5 km, mittelschwere Wanderung, vorwiegend auf breiten Forstwegen. **Anfahrt:** Bus 307, 361 Gummeroth Mitte.

▶ Startpunkt ist die Bushaltestelle in **Gummeroth.** Wer mit dem Auto kommt, kann z.B. am **Bauernhofcafé** parken. Ihr lauft zunächst die Straße Lindenau hinauf, die liegt zwischen Bushaltestelle und Café. Anfangs könnt ihr euch auch an der Wegmarkierung X11a orientieren. Oben auf dem Platz Vor der Linde angekommen, bestaunt ihr die riesige Linde, die inzwischen Naturdenkmal ist und biegt rechts auf den asphaltierten Feldweg ab, der an dem Wegweiser Richtung Hülsenbusch bergauf zum Wald führt. Nun könnt ihr zweimal einem Wegweiser zum Aussichtsturm folgen. Ihr geht dann auf einem breiten Waldweg. In einer Rechtskurve, wo es links nach Hülsenbusch geht, sind es auf dem Weg rechts nur noch 100 m bergauf bis zum **Aussichtsturm.**

Er ist 15 m hoch. Große Menschen müssen hier aufpassen, dass sie sich nicht den Kopf anstoßen. Zurück geht ihr den Weg bis zur Rechtskurve zurück und dort wieder rechts. Der Weg führt im Halbkreis um den Berg herum, sodass ihr wieder auf den ursprüng-

Hunger & Durst

Bauernhofcafé im alten Haus, Schmiedeweg 1, Gummeroth, ✆ 02261/26817, geöffnet Mi – Fr 14 – 18 Uhr, Sa, So 10 – 18 Uhr. In dem liebevoll eingerichteten Café auf vier Etagen gibt es eine besonders gute bergische Kaffeetafel.

lichen Weg zurückkommt und dort, wo es geradeaus noch einmal zum Aussichtsturm geht, nun links in den Wald hinein bergab zurück ins Dorf lauft.

Vorsicht, gefährliche Gegend!

Bergneustadt-Belmicke. **Länge:** Spaziergang von 1,5 km. **Anfahrt:** Bus 313 Belmicke. **Auto:** A45 Ausfahrt 17 Drolshagen, rechts L708, in Wegeringhausen links, in Hützemert rechts.

▶ Startpunkt ist das **Schwedenkreuz in Belmicke.** Seine Inschrift besagt: »anno 1635 den 8. Juni ist der erbär und fromer fornemer Peter Bütz von Drollhagen Camner von den Schweden allhir erschosse. Desen Sele Gott gnad. Amen.« Ja, so schrieb man vor 370 Jahren, als Peter Bütz, der damalige Kämmerer von Drolshagen durch die Schweden ermordet wurde.
Vom Schwedenkreuz aus folgt ihr dem Holzwegweiser über die Straße in Richtung Benolpe und nach etwa 100 m dem nächsten Holzschild links in den Wald hinein. Am Waldrand fällt euch links ein **Gedenkstein** auf. Dort ist zu lesen: »Allhier vom Blitz erschlagen, 8-8-1957 – seiner Seele Gottes Gnaden, Wolfgang Bäsken«. Hier passierte ein schrecklicher Unfall: Eine Gruppe von 15-jährigen Jungen und ihr Jugendleiter, ein Kaplan, hatten einen Ausflug aus dem Ruhrgebiet gemacht und hier ihr Zeltlager aufgebaut. Am Abend zog ein schweres **Gewitter** auf und einer der Jungen, Wolfgang Bäsken, wurde tödlich vom Blitz getroffen.
Euer Weg geht dann weiter durch den Wald zum **Sportplatz** und über ein asphaltiertes Sträßchen rechts an einem kleinen Teich vorbei zurück zum Schwedenkreuz.
Am **Schwedenkreuz** startet auch der 5 km lange Rundweg nach Hecke. Er ist Teil des *Panorama-Höhenwegs* und verläuft ohne erwähnenswerte Steigungen. Im Winter steht er Wanderern allerdings nicht zur Verfügung, weil er dann als Loipe gespurt wird.

Verhalten bei Gewitter

Bei Gewitter immer darauf achten, dass ihr nicht der höchste Punkt im Umkreis seid. Von hohen Bäumen, Strommasten und metallischem Zeltgestänge hockt ihr euch möglichst weit entfernt mit geschlossenen Füßen hin. Auch euer Fahrrad und Mobiltelefon solltet ihr (regengeschützt, wenn die Zeit es erlaubt) ablegen. Seen, Flüsse oder Freibäder verlasst ihr sofort. Geschlossene Autos und Busse sowie Häuser und Schutzhütten mit Blitzableiter gelten als sicher.

Der höchste Punkt im Oberbergischen Kreis

Zugang zum Turm über die Turm-Gaststätte. **Auto:** L323, in Gummersbach-Lantenbach Richtung Dannenberg. **Zeiten:** Mi – Mo ab 11 Uhr. **Preise:** 1 €; Kinder bis 12 Jahre 0,50 €.

▶ In der *Homert* bei Gummersbach-Oberrengse ist zwar mit 526 m die höchste Erhebung des Bergischen Landes zu finden, dort gibt es aber keinen Aussichtsturm. Die Spitze des 45 m hohen Stahlturms auf dem 506 m hohen **Unnenberg** ist dem Himmel also noch etwas näher. Und wenn ihr wisst, dass die hiesige Aussichtsplattform 30 m über dem Boden liegt, dann könnt ihr ausrechnen, wie hoch ihr hier oben steht.

Von oben dürft ihr euch im nahen Wald ein Ziel ausgucken, schätzen, wie lang ihr bis dahin zu Fuß braucht, und dann hinlaufen. Mal sehen, wer Recht hatte! Anschließend wartet dann die Stärkung im Gartenlokal der **Turmgaststätte** auf euch.

Hunger & Durst

Turmgaststätte Unnenberg, Unnenberger Straße 100, 51709 Marienheide-Dannenberg. ✆ 02261/21544, www.turmgaststaette-unnenberg.de.

Höhenangaben von Bergen oder Meerestiefen werden oft mit Metern über bzw. unter NN angegeben. NN steht für Normalnull und gibt den Wert an, auf den man sich bei der Höhenangabe bezieht. Für Deutschland entsprach er lange Zeit dem mittleren Pegel in Amsterdam. Seit 1992 jedoch spricht man vom NHN, dem Normalhöhennull, der dem Nullpunkt des Amsterdamer Pegels entspricht.

Das Schweigen der Hämmer

Rheinisches Industriemuseum, Schauplatz Engelskirchen, Landschaftsverband Rheinland, Engels Platz 2, 51766 Engelskirchen. ✆ 02263/9285113, 01805/743465 (Kulturinfo Rheinland), Fax 9285199. www.rim.lvr.de. info@kulturinfo-rheinland.de. **Länge:** 3,5 km geführte Wanderung für Kinder ab 5 Jahre auf weitgehend ebenen Wegen. **Anfahrt:** RB25 Engelskirchen. **Auto:** A4 Ausfahrt 23 Engelskirchen. **Zeiten:** April – Okt. **Preise:** Gruppentarif 50 €.

▶ Vom ↗ Rheinischen Industriemuseum in Engelskirchen startet eine informative Wanderung für Gruppen und Schulklassen. Entlang der Leppe wird euch erklärt, wie in früheren Zeiten Garne, Textilien und Strom hergestellt wurden. Ziel ist der **Oelchenshammer,** eine historische Schmiede, die mit Wasserkraft betrieben wurde.

Sanft gewellte Hügel erstrecken sich rund um Lindlar – das Ochsengespann ist historisch

Wanderweg rund um das Freilichtmuseum Lindlar

Länge: 4,3 km leichte, behindertengerechte Rundwanderung mit leichten Steigungen. **Anfahrt:** Bus 40 ab Köln Hbf bis Bensberg, ohne Umsteigen als Bus 421 weiter bis Kölner Straße. **Auto:** 1 km westlich Lindlars.

▶ Startpunkt ist der **Parkplatz am Lennefer Bach** gegenüber vom Eingang zum ↗ Bergischen Freilichtmuseum. Mit der Straße im Rücken geht ihr zur hinteren rechten Ecke des Parkplatzes. Von hier führt ein Weg rechts herum auf den Weg A1. Dieser Kennzeichnung könnt ihr die komplette Runde folgen. Ihr lauft zunächst eine Weile parallel zum Lennefer Bach, kommt dann an eine Weggabelung, an der der Weg A3 Richtung Segelflugplatz rechts abgeht. Ihr geht aber links Richtung Lindlar Zentrum. Hinter der *Dreifaltigkeitskapelle* trefft ihr auf einen Kreuzweg mit vielen Ruhebänken, von denen aus ihr ins Tal schauen könnt. Am Ende des Weges ist rechts die **Johanneskapelle** und links ein Rastplatz mit Schutzhütte. Dies ist in etwa Halbzeit eurer Wanderung, also ein guter Grund für ein Picknick.

Weiter geht es auf dem Weg A1 geradeaus (wer gut 1 km abkürzen will: links), hinter den Tennisplätzen dann links und am Rosengarten wieder links. Kurz

Hunger & Durst

Schlossrestaurant Schloss Heiligenhoven, ✆ 02266/4405713, und Kiosk an der Minigolfanlage, ✆ 02266/2755, Mo – Fr ab 14 Uhr, Sa, So, Fei ab 11 Uhr.

hinter der Brücke zum Hallenbad beginnt eine Reihe von Freiluftspielen, gefolgt von einem weiteren Picknickplatz und einem **Abenteuerspielplatz.** Dort geht es zurück in den Wald, rechts taucht wieder der Lennefer Bach auf und schon seid ihr am Parkplatz.

Brungerster Steinhauerpfad

Lindlar. **Länge:** 4,7 km mit einigen steilen Abschnitten. **Anfahrt:** Vom ↗ Lindlarer Busplatz durch die Marktgasse und deren Verlängerung. Am Fronhofsgarten bergauf und über die Bismarckstraße hinweg gehen.

▶ Der Steinhauerpfad führt durch das Steinbruchgebiet Brungerst im Norden von Lindlar. Seit über 150 Jahren wird hier **Grauwacke** abgebaut. Der Weg beginnt neben dem Parkplatz an dem großen Felsblock und ist mit weißen Punkten deutlich gekennzeichnet. Überall unterwegs seht ihr die Arbeitsplätze der Steinhauer sowie Steinhütten, urig geformte Schluchten und Felswände. Alles ist mit Schildern gut erklärt, sogar auf den Ausblick nach Lindlar wird aufmerksam gemacht. Vorsicht auf den steilen Treppen: Sie können bei Nässe ziemlich glatt werden. Insgesamt ist es eine spannende Wanderung durch einen Märchenwald.

Nicht gehauen: Interessant gebrochener Stein

*Einige Leute sagen auch Crauwacke statt **Grauwacke.** Gemeint ist ein etwa 350 Mio Jahre altes Gestein. Es hat eine graugrüne Farbe und enthält Quarz, Feldspat, Glimmerplättchen und andere Sedimente. Es ist im Bergischen Land das vorherrschende Gestein.*

Die Halbinsel in der Aggertalsperre

Inselweg, Gummersbach-Lantenbach. **Länge:** 4 km leichte Wanderung auf beitem Forstweg ohne Steigungen oder Gefälle. **Anfahrt:** Bus 318 Brendenbruch. **Auto:** L323 Gummersbach-Lieberhausen.

▶ Startpunkt ist die Bushaltestelle **Brendenbruch** oder der nahe gelegene Wanderparkplatz an den Aggerseeterrassen im Inselweg. Am Parkplatzende führt ein breiter Weg durch dichten Wald genau auf die Staumauer der Aggertalsperre zu. Die 2 km bis zur Spitze der Halbinsel vergehen wie im Fluge. Rechts des Weges ist immer der Stausee zu sehen, gleich hinter dem Parkplatz schaut ihr genau auf die beiden Zeltplätze. Immer wieder lockt ein Pfad hinab zum Wasser, aber wartet lieber noch bis zur **Landzunge,** da ist es nicht so steil. Dort habt ihr einen schönen Blick auf die Staumauer, den ihr euch mit einem leckeren Picknick versüßen könnt. Schaut euch auch einmal den bizarr geformten Fels an, den ihr als Picknickgrund nehmt!

Auch auf dem Rückweg auf der anderen Seite liegt der Stausee immer rechts von euch. Wenn ihr die Seehäuser hinter euch gelassen habt, kommt schon bald die Landstraße, die euch zum Startpunkt bringt. Die Bergziegen unter euch können den Rückweg auch historisch wertvoller antreten. Dort, wo der Pfad zur Spitze der Halbinsel vom Hauptweg abgeht, führt ein schmaler Pfad steil bergan. Wo auf mancher Wanderkarte »Die Burg« eingedruckt ist, befand sich ein keltischer Ringwall, den ihr sicher auch findet. Der Weg führt dann auf der Höhe durch Felder zu den Seehäusern.

Natur und Umwelt erforschen

Schatzsuche in der Aggertalhöhle

Im Krümmel, 51766 Engelskirchen-Ründeroth. ✆ 02263/70702 (Höhlenkasse), 83-137 (Kulturamt), Fax 951544. www.aggertalhoehle.de. info@aggertalhoehle.de. **Anfahrt:** Bhf Ründeroth, dann 40 Min Fußweg. **Auto:** A4 Ausfahrt 23 Engelskirchen, B55 Richtung Ründeroth. **Zeiten:** 15. März – 1. Nov Do – So, Fei 10 – 17 Uhr. **Preise:** 3 €; Kinder 3 – 15 Jahre sowie Schüler und Studenten bis 25 Jahre 2 €; Schülergruppen 1,50 € pro Kopf. **Infos:** Teile des Führungsweges sind auch mit dem Rollstuhl befahrbar. Führungen dauern 45 – 60 Min, die erste normale Führung beginnt um 10 Uhr, bei Sonderführungen gelten abweichende Eintrittspreise.

▶ Die Aggertalhöhle ist mit 1071 m Gesamtlänge die längste Höhle im Rheinland, zu dem geologisch gesehen auch das Bergische Land gehört. Der Höhenunterschied in der Höhle beträgt 31 m. Sie liegt in

Zieht euch warm an! In der Höhle herrscht ganzjährig eine Temperatur von 6 bis 8 Grad, also auch im Hochsommer an feste Schuhe, dicke Socken, lange Hose und Jacke denken. Und Brillenträger brauchen beim Verlassen der Höhle ein trockenes Tuch für ihre Brille, die beschlägt nämlich durch den großen Unterschied von Temperatur und Luftfeuchtigkeit.

Happy Birthday!
Von der Aggertalhöhle berichtet man sich, dass dort noch der verwunschene Schatz des Zwergenkönigs verborgen liegt. Die Höhlenforscher haben die ganze Höhle abgesucht und nichts gefunden. Wie wäre es also einmal mit einer Schatzsuche als Geburtstagsausflug? Eine alte Legende erzählt ja auch, dass nur Kinder diesen Schatz finden und heben können. Vielleicht seid gerade ihr die glücklichen Schatzfinder? Macht euch auf den Weg in den Berg und geht gemeinsam mit dem Höhlenführer auf die Suche nach dem geheimnisvollen Schatz. Taschenlampe, schlammfeste Kleidung und festes Schuhwerk sind in den dunklen Gängen und Hallen angesagt.

einem Riffkalkzug der Hobräcker Schichten, die erdgeschichtlich dem unteren Mitteldevon (vor circa 4 Mio Jahren) zuzuordnen sind. Der durchgängig beleuchtete Führungsweg selbst hat eine Länge von 270 m mit einem Höhenunterschied von etwa 10 m und ist gut zu begehen. Es gibt keine steilen und beschwerlichen Ab- und Aufstiege, Teile davon sind auch mit dem Rollstuhl zu befahren. Der gesamte Führungsweg ist beleuchtet.
Eine Führung durch die Aggertalhöhle ist eine spannende Sache, diese Höhle hat nämlich gegenüber einer Tropfsteinhöhle den Vorteil, dass man die ursprünglichen Gesteine noch gut erkennen kann. Es hat sich ja noch keine Tropfsteinschicht darüber gelegt. So seht ihr versteinerte Korallen, die der Beweis dafür sind, dass ihr hier im Bergischen Land in einer Gegend seid, die vor ewigen Zeiten einmal den Meeresgrund bildete. Witzig: Es gibt einen schmalen Gang, der Pastorengang genannt wird, weil einmal ein pummeliger Pastor darin so fest stecken geblieben war, dass man ihn und die Wände dick mit Schmierseife einschmieren musste, bevor er mit viel Ziehen und Schieben aus der Engstelle flutschte.
Was in einem Höhlenforscher bei der Erkundung einer neu entdeckten Höhle vorgeht, wird in Führungen

Versteckt im Grünen gelegen: Eingang zur Aggertalhöhle

mit musikalischem Ausklang vermittelt. Sie finden jeweils sonntags zwischen 1. April und 15. Oktober um 14, 15.15 und 16.30 Uhr statt. Erwachsene zahlen einen Zuschlag von 0,25 € und Kinder 0,10 €.

Waldschule Schloss Heiligenhoven

Anna-Maria Kamp, Schloss Heiligenhoven, 51789 Lindlar-Oberheiligenhoven. ✆ 02263/901463, Fax 901464. Handy 0171/5870867. www.lvr.de/kultur. waldschule.schloss-heiligenhoven@fa-wipperfuerth.lfv.nrw.de. **Anfahrt:** Bus 42 bis Lindlar-Heiligenhoven, Bus 332 ab Engelskirchen bis Freilichtmuseum. **Auto:** Aus Richtung Köln A4 Ausfahrt 21 Untereschbach, L299 15 km Richtung Lindlar. Aus Olpe A4 Ausfahrt 23 Engelskirchen, 1 km hinter dem Ortsausgang von Lindlar. **Preise:** Die allermeisten Veranstaltungen sind kostenfrei. Preise für Veranstaltungen, die über den Umfang einer Führung hinausgehen, auf Anfrage.

▶ Im Schloss Heiligenhoven können schon Kindergartengruppen mit Kindern ab 4 Jahre viel über den Wald lernen. Für die ganz Kleinen gibt es einstündige Programme, bei denen der Schatz am Ende des Regenbogens gesucht oder der Arbeitstag der Waldameisen beobachtet wird. Die Schultütenbanden, wie hier die Kinder genannt werden, die kurz vor der Einschulung stehen, können mit dem Förster Hütten bauen oder mit dem Jäger einen Pirschgang unternehmen, auf dem erkundet wird, wo genau das Wild wohnt. Schüler haben die Wahl zwischen den fünf großen Themenbereichen Lebensraum Wald, Wald in Gefahr, Nachhaltige Nutzung, Jagd sowie Kreatives Gestalten. Zum Beispiel erfahrt ihr bei der Fährtensuche, welche Tiere welche Spuren im Wald hinterlassen. Vielleicht wollt ihr aber lieber bei einem Bauminterview einen Baum persönlich kennen lernen oder etwas über die Überlebensstrategien der Waldtiere im Winter erfahren. Bei allen Kursen können auch die begleitenden Erwachsenen sehr viel lernen. In dem umfangreichen Programm, das ihr euch

Die Interessengemeinschaft Landfrauen bietet spannende **Führungen** durch Lindlar an. Ihr bekommt erklärt, warum am Brunnen im Zentrum eine Ziege kniet. Außerdem gibt es Spezialführungen zu den Burgen, zur Pfarrkirche St. Severin, zu den Kapellen und zu einer bergischen Fischzucht in Lindlar. Bei der Steinbruchführung durch das Lindlarer Grauwacke-Gebirge erfahrt ihr, warum Lindlar als steinreich gilt. Infos: Marlies Müller, ✆ 02207/1016.

zuschicken lassen könnt, ist für jedes Alter, für jeden Geschmack und für jede Jahreszeit etwas dabei.

Reiten und Tierparks

Mit Planwagen und Kutsche

Bergneustadt: Hans-Gerd Baumhof, ✆ 02261/42341.
Lindlar: Josef Hungenberg, ✆ 02266/7210.
Lindlar: Hotel Bergische Rhön, ✆ 02266/8359.
Marienheide: Herbert Voswinkel, ✆ 02264/6655.

Reiterhof Neuhoff

Windhagener Straße 37, 51647 Gummersbach-Herreshagen. ✆ 02261/62443, Fax 62443. **Anfahrt:** Bus 307 Herreshagen, dann 10 Min Fußweg.

▶ In dieser Reitschule könnt ihr auch ohne Bindung an einen Kursus für 9 € pro Stunde Pony reiten oder Ausritte buchen. Auf Wunsch werden für Geburtstage oder andere Anlässe Rallyes organisiert.

Reiterhof am Hauerberg

Rosemarie vom Hofe, Hauerbergstraße 10, 51709 Marienheide. ✆ 02264/6289, 3233, Fax 6289. www.reiterhof-hauerberg.de. **Auto:** A4, Ausfahrt 23 Engelskirchen L306 (später 307) Richtung Marienheide, in Hütte links, an T-Kreuzung hinter Dürholzen rechts.

▶ Dieser Reiterhof bietet Reitunterricht, Ausritte und Kindergeburtstage für Pferdefans. Geburtstag auf dem Reiterhof, das heißt Pferde, Fun und Abenteuer. Ihr bekommt einen Nachmittag (15 – 18 Uhr) mit Reiten und Spielen, Kuchen und Abendessen für eine Kindergruppe bis zu 10 Teilnehmern geboten. Grundpreis 100 €.

Tara-Isländerhof

Ulrike Graf, Gimborner Straße 84, 51709 Marienheide-Himmerkusen. ✆ 02264/40206, Fax 40208. Handy

0170/9085805 oder 0170/9085811. www.tara-islaenderhof.de. taraislaender@aol.com. **Auto:** A4, Ausfahrt 23 Engelskirchen L306 (später 307) Richtung Marienheide bis Himmerkusen. **Preise:** Ausritt von 90 Min 17,50 €, Voltigieren 6 €.

▶ Wer sich für Pferde und Ponys interessiert, ist auf diesem Hof goldrichtig: Angeboten werden Kutschfahrten, Kinderreiten, Kindergeburtstage und Reitunterricht. Der Reitunterricht wird von einer IPZV Trainerin C durchgeführt.

Tiergarten

Im Broich 1, 51647 Gummersbach-Wasserfuhr. ✆ 02261/65246. **Anfahrt:** Bus 307 Wasserfuhr. **Auto:** ➚ Gummersbach, nördlicher Stadtrand. **Zeiten:** März – Dez Sa, So, Fei, Ferien 11 Uhr – Sonnenuntergang.

▶ 200 Tiere aus 35 Arten sind hier zu sehen. Ihr dürft sie füttern, wenn ihr dazu das artgerechte Futter an der Kasse kauft. Die meisten der Erklärungsschilder sind liebevoll von Hand gemalt. An trockenen Tagen wird oft Ponyreiten für Kinder angeboten. Im japanischen Garten könnt ihr fremdländische Pflanzen bewundern und spazieren gehen.

Erlebnisparks und Grillplätze

Freizeitpark Lindlar

Auto: Am nördlichen Stadtrand von ➚ Gummersbach. Brionner Straße (parallel zur Hauptstraße Kölner Straße) zwischen ➚ Schloss Heiligenhoven und Schwimmbad. **Preise:** frei zugänglich.

▶ Es gibt nicht viele Orte mit so einem schönen Freizeitpark. Hier findet ihr alles, was ihr für einen schönen Tag draußen an der frischen Luft braucht: Abenteuerspielplatz, Kleinkinderspielplatz, Minigolf, Tischtennisplatten, Spielwiese, Schaukeln, Wipptiere, Kiosk, Konzertplatz, Grilltische, Skaterbahn und Freiluftspiele wie Großschach. Hier entlang führt auch ein weitgehend kinderwagentauglicher, rollstuhlgerechter Wanderweg. Und es sind nur wenige Schritte zum Hallenbad, zu einem hübschen Rosengarten und zum Schloss Heiligenhoven.

Grillplätze rund um Gummersbach

Engelskirchen: Sportplatz Leppestraße, Kontakt Platzwart Willi Renz, ✆ 02263/3375 (Sportheim) oder 47812. Grillhütte für bis zu 20 Pers.

Engelskirchen-Buschhausen: zwischen Buschhausen und Dörrenberg, Kontakt Fritz Altmann, ✆ 02263/5301. Grillhütte.

Engelskirchen-Wallefeld: am Freibad, Kontakt Dieter Häner, ✆ 02263/6904. Grillhütte.

Gummersbach-Derschlag: Rennerpark, Kontakt Herr Wippermann, ✆ 02261/302280. Überdachter Grillplatz für etwa 30 Pers.

Gummersbach-Niederrengse: Eulennest bei Lieberhausen, Kontakt Familie Braun, ✆ 02763/840849, Fax 840901. Beheizte Grillhütte für 20 – 60 Pers.

Gummersbach-Rebbelroth: Kontakt Frau Stanzenbach, ✆ 02261/56719. Überdachter Grillplatz für ca. 30 Pers.

Lindlar: Freizeitpark oberhalb der Minigolfanlage, Kontakt LindlarTouristik, ✆ 02266/96407. Zwei Grilltische ohne Dach oder Extras neben dem Spielplatz. Miete 13 €, Kaution 50 €.

Lindlar: Hartegasse-Schlüsselberg, am Wanderweg A1, Kontakt Familie Prinz, ✆ 02266/8402. Grillhütte für 15 Pers, umzäunter Platz für maximal 50 Pers. Miete 13 €, Kaution 50 €.

Lindlar-Hohkeppel: Wanderparkplatz Weißes Pferdchen, Kontakt Werner Müller, ✆ 02206/7511 und 3291. Grillhütte mit überdachten Sitzplätzen für etwa 20 Pers und außen für weitere 50 Pers. Kinderspielplatz. Toilettenbenutzung im Weißen Pferdchen. Miete 50 €.

Lindlar-Linde: Wanderparkplatz Frangenberg, Kontakt Familie Hehl, ✆ 02266/5982. Grillhütte am Wald-

Rezept: Stockbrot am Lagerfeuer

500 g Mehl mit 1 Würfel Hefe und etwas Wasser kneten und eine halbe Stunde aufgehen lassen. Den Teig dann in 8 bis 10 Portionen aufteilen und jedes Stück zu einer etwa fingerdicken Wurst ausrollen. Jetzt nehmt ihr einen sauberen Holzstecken und wickelt den Teig wie eine Spirale um die Stockspitze. Dann dreht ihr den Teig so lange über der Glut, bis er eine hellbraune Farbe bekommt – natürlich nicht zu dicht, sonst brennt er an. Das fertige Stockbrot etwas abkühlen lassen, vorsichtig abziehen und essen. Am besten schmeckt es mit Marmelade.

rand für 15 Pers, außen für weitere 50 Pers. Miete 13 €, Kaution 50 €.

Lindlar-Schönenborn: Dorfplatz, Kontakt Gerd Werner, © 02207/96590. Überdachter Grillplatz für etwa 25 Pers. Miete 25 €.

Wintersport und -spaß

Rodelspaß in Bergneustadt

Bergneustadt-Belmicke. **Anfahrt:** Bus 313 Belmicke. **Auto:** A45 Ausfahrt 17 Drolshagen, rechts L708, in Wegeringhausen links, in Hützemert rechts.

▶ Zentrum der winterlichen Aktivitäten ist der Ortsteil Belmicke. An der Petersbergstraße ist ein schöner langer Rodelhang. Hier startet auch eine Loipe rund um den Attemer und der 4,4 km lange beleuchtete Rundkurs für Langlaufski »Um die Eie«.

Am Friedhof von Belmicke ist der Startpunkt der Loipe nach Hecke. Von hier aus besteht auch ein Anschluss an die Loipen in Reichshof-Eckenhagen.

HANDWERK UND GESCHICHTE

Bahnen und Betriebe

Eisenbahnmuseum Dieringhausen

Hohler Straße 2, 51645 Gummersbach-Dieringhausen. © 02261/947621, Fax 947622. www.eisenbahnmuseum-dieringhausen.de. eisenbahnmuseum-dieringhausen@gmx.de. Auf dem Bahnhofsgelände an der Güterabfertigung. **Anfahrt:**

RB25 Bhf Dieringhause, dannn 5 Min Fußweg. **Auto:** A4 Ausfahrt 25 Gummersbach, B256 Ausfahrt Dieringhausen, B55. **Zeiten:** März – Nov Sa, So, Fei 10 – 17 Uhr und für Gruppen nach Voranmeldung. **Preise:** 4 €; Kinder 4 – 14 Jahre 2 €; Familienkarte (2 Erw, 2 Ki) 10 €, Ermäßigung für Schüler und Gruppen. **Infos:** Alle Ausstellungsorte sind auch für Rollstuhlfahrer erreichbar.

Los, Jungs, kommt rauf!

▶ In Dieringhausen gibt es alles, was das Herz eines Eisenbahnfans höher schlagen lässt. Auf diesem Gelände seht ihr ein komplettes Bahnbetriebswerk aus dem Jahr 1906 mit Bekohlungsanlage, Werkstatt und einer Drehscheibe für Loks, die zurück in ihre Halle wollen. Alles ist noch so wie früher, sogar die Toiletten werden mit Wegweisern Zum Abort ausgeschildert. Natürlich dürfen auch die vielen Dampf- und Dieselloks, Passagierwaggons, Loren und Signale nicht unerwähnt bleiben. Hier verbringen manche Männer einen ganzen Nachmittag damit, eine Diesellok aus allen Perspektiven und mit allen Details zu fotografieren.

Sonntags ist zusätzlich die **Modelleisenbahnhalle** geöffnet. Dort gibt es eine kleine Anlage für Spur Z und eine große für Spur 1. Bei dieser dürft ihr sogar eigene Fahrzeuge mitbringen und fahren lassen, wenn sie digital laufen. Gleiches gilt für die H0-Anlage, die stilecht in einem Eisenbahnwaggon aufgebaut ist.

Die Dampflok-Sonderfahrten starten Mai – Sep an bestimmten Terminen vom Kölner Hbf. Termine frühzeitig erfragen!

Zweimal im Jahr gibt es ein großes **Dampf-Fest,** an Pfingsten und am ersten Oktoberwochenende. Und auf dem Weihnachtsmarkt lässt sich bestimmt ein Geschenk für die Eisenbahnfans in der Familie finden.

2006 wird die Lokhalle 100 Jahre alt. Das wird kräftig gefeiert, Einzelheiten sind auf der Homepage zu finden.

Wie funktioniert eine Talsperre?

Der Aggerverband, Vorstandsbüro, Axel Blüm, Sonnenstraße 40, 51645 Gummersbach. ✆ 02261/36253, Fax 368253. www.aggerverband.de. axel.bluem@aggerverband.de. **Zeiten:** Mo – Fr vormittags oder nachmittags nach Vereinbarung. **Preise:** kostenlos.

▶ Der Aggerverband ist zuständig für die **Agger-**, die **Wiehl-** und die **Genkeltalsperre**. Außerdem betreibt er zwei Wasserwerke und 35 Kläranlagen. Gruppen 10 – 25 Pers ab 8 Jahre können sich z.B. zu einer knapp 3-stündigen Führung durch die Wiehltalsperre und durch das Wasserwerk Auchel anmelden. Dabei lauft ihr durch den Talsperrendamm hinauf zur Staumauer und danach durch den Entnahmeturm wieder nach unten! In den Wasserwerken werden die Versorgungsgebiete und der Aggerverband, insbesondere aber der Weg des Rohwassers bis zum Trinkwasser erklärt. Bei den Rundgängen über die Kläranlagen wird der Reinigungsweg des Abwassers aufgezeigt und erläutert. Die Führungen werden überwiegend von den Betriebsmeistern begleitet, denn die kennen sich ja auch am besten damit aus und können alle eure Fragen beantworten.

*Die **Agger-** und die **Wiehltalsperre** sind den meisten von euch aus der Werbung bekannt. Die Dreharbeiten zu den Werbespots der Krombacher Brauerei, insbesondere die berühmte Insel, fanden an diesen beiden Talsperren statt.*

Erlebniswochenenden auf der Straße der Arbeit

Förderverein Straße der Arbeit, Harry Böseke, Graf-Albert-Straße 40, 51709 Marienheide-Müllenbach. ✆ 02264/1567, Fax 1567. www.strassederarbeit.de. info@strassederarbeit.de. **Anfahrt:** Bus 336 Müllenbach (mehrmals täglich), Bus 320 Haus der Geschichten (nur 1 x täglich). **Auto:** Von ↗ Gummersbach Richtung Marienheide, hinter Kotthausen rechts auf L306 abbiegen. **Zeiten:** 4. Wochenende im Monat Sa und So ab 11 Uhr. **Preise:** 5 € je Teilroute; Kinder bis 14 Jahre frei.

▶ Im Oberbergischen Land könnt ihr zertifizierte Pulverfuhrleute werden. Oder ist euch das Zertifikat »Ehrlicher Schmuggler« lieber? In jedem Fall müsst ihr dafür nach einem sehr informativen Wochenende mit Museumsbesuchen, Kurzwanderungen, Filmen, Vorträgen und stilechtem Essen (nicht im Preis enthalten) eine Prüfung ablegen.

Die Straße der Arbeit ist ein Projekt verschiedener Vereine und Volkshochschulen, die über die reiche industrielle Geschichte und Kultur im Bergischen Land aufklären möchten. Das Besondere dieser Museumsstraße liegt darin, dass bekannte und unbekannte Orte in einem großen Kreis zwischen Radevormwald und Monsbach thematisch vernetzt wurden. Die Erlebnistouren führen entlang von Naturdenkmälern, Sehenswürdigkeiten und Museen.

In jedem Monat steht ein anderes Teilstück der Straße der Arbeit und damit ein anderes **Thema auf dem Programm.** Die Themen sind in je drei Teilrouten, zwei am Samstag und eine am Sonntag, aufteilbar. Es sind Autoexkursionen, wer mit dem Bus kommt, findet aber eine Mitfahrgelegenheit bei anderen Teilnehmern.

Januar: Textil, Zertifikat: Bandweber

Februar: Fuhrmannswesen, Zertifikat: Pulverfuhrleute

März: Frühindustrie, Zertifikat: Ehrensteinkühler

April: Versteckte alte Wege, Zertifikat: Ehrlicher Schmuggler

Mai: Erzbergbau, Zertifikat: Ehrensteiger

Juni, Juli: Wasserkraft und Schwerverkehr, Zertifikat: Spurensucher

Juni, Juli: Schmiede, Hammer, Feile, Zertifikat: Feilenhauer

August: Erzbergbau, Zertifikat: Ehrensteiger

September: Versteckte alte Wege, Zertifikat: Ehrlicher Schmuggler

Oktober: Frühindustrie, Zertifikat: Ehrensteinkühler

November: Fuhrmannswesen, Zertifikat: Pulverfuhrleute

Kirchen und Museen

Die Bunte Kerke

Kirchplatz, 51647 Gummersbach-Lieberhausen. **Anfahrt:** Bus 318 Lieberhausen. **Auto:** A45 Ausfahrt Drolshagen, rechts L708, in Wegeringhausen rechts B56 und sofort links B55, in Pernze rechts Richtung Gummersbach/Lieberhausen. **Zeiten:** Täglich 9 – 19 Uhr. **Preise:** Eintritt frei. **Infos:** Das Gemeindebüro Lieberhausen (Di und Fr 8 – 12 Uhr, © 02354/2031) vermittelt Führungen.

▶ In Lieberhausen steht eine uralte und sehr bekannte Kirche. Schon im Jahr 1050 wurde eine Kapelle namens *Liefburgahusan* erwähnt. Die spätromanische Pfeilerbasilika ist innen an allen Wänden und sogar an der Decke bemalt. Die meisten Gemälde zeigen in einfacher Bildersprache, wie sich die Christen um 1480 die Geschichten und Heiligen aus der Bibel vorstellten. Diese ältesten Bilder seht ihr im nördlichen Querhaus. Ende des 16. Jahrhunderts, als die Kirche durch die Reformation lutherisch wurde, zerstörte man die Bilder nicht, wie es sonst üblich war, sondern ergänzte sie durch weitere, nun evangelisch geprägte Gemälde und Sprüche. Übrig geblieben sind kunterbunte Wände, bei denen es Spaß macht, gemeinsam die passende Bibelstelle zu

Wer hat mehr Gewicht? Teufelchen hängen sich an die Waagschale, in der die Seelen gewogen werden

Hunger & Durst

Landgasthof Reinhold, © 02354/5273, Do Ruhetag, gegenüber der Bunten Kerke. Im Landgasthof duftet es stets köstlich nach Bergischen Spezialitäten.

Hier solltet ihr einmal Bergische Waffeln oder die rekordverdächtigen Lieberhäuser Eierkuchen versuchen erknobeln. Meist wissen die Kommunion- oder Konfirmationskinder viel mehr als die Erwachsenen! Und wer eine Pause braucht, setzt sich in eine der grünen Kirchenbänke. Hier ist jeder Winkel ausgenutzt worden, um Sitzplätze zu schaffen. Seht ihr die Klappbänke an den Außenwänden und die Ein-Platz-Bänke neben den Pfeilern?

Haus der Geschichten

Harry Böseke, Graf-Albert-Straße 40, 51709 Marienheide-Müllenbach. ✆ 02264/1567, Fax 1567. www.hausdergeschichten.de. info@hausdergeschichten.de. **Anfahrt:** Bus 336 Müllenbach (mehrmals täglich), Bus 320 Haus der Geschichten (nur 1 x täglich). **Auto:** Von ↗ Gummersbach Richtung Marienheide, hinter Kotthausen rechts auf L306. **Zeiten:** So 15 – 19 Uhr und nach Vereinbarung. **Preise:** Eintritt frei.

Hier trefft ihr auf einen Paveier, der nicht zu der bekannten Kölner Musikgruppe gehört. Früher hießen so nämlich Stampfer im Straßenbau, abgeleitet von dem französischen Wort pavement = Pflaster.

▶ Den alten **Dorfladen** von Müllenbach hatte Herr Böseke ursprünglich für sich und seine Familie gekauft. Seine drei Töchter wollten dort aber nicht einziehen. Leer stehen lassen wollte er das Haus aber auch nicht. So entstand die Idee, es wie in den 1950er Jahren einzurichten. Und kaum hatte er davon erzählt, schleppten die Dorfbewohner Möbel, Koffer, Stricklieseln, Zwiebackdosen und Sammeltassen aus dieser Zeit herbei. In kürzester Zeit waren alle Räume eingerichtet: der alte Dorfladen, die Praxis von Dr. Hoffmann, der große Wohnraum mit Sonntagsschule, ein Kontor mit Dingen aus dem Steinbruch, die Wohnküche und eine Fuhrmannskneipe. Wer genau hinschaut, findet viele Dinge, die heutzutage kaum mehr in Gebrauch sind, z.B. ein Holzgerät, mit dem die Frauen Korken in Saftflaschen drückten. Wenn das nicht klappte, war die Flasche »verkorkst«.

Herr Böseke ist u.a. Spielpädagoge, wer sich als kleine Gruppe bei ihm anmeldet, kann beispielsweise ein eigenes Brettspiel erfinden und bauen.

Feuer auf der Deele: Historisches Bauernhaus Dahl

Museum des Oberbergischen Kreises, 51709 Marienheide-Müllenbach. ✆ 02261/28771, 02293/9101-17 (Führungen), Fax 305683. www.schloss-homburg.de. schloss-homburg@obk.de. **Anfahrt:** Bus 320, 336 Grundschule Müllenbach, dann 20 Min Fußweg. **Auto:** In Marienheide Richtung Müllenbach orientieren, dort hinter dem Haus der Geschichten links und dem Hinweisschild folgen. **Zeiten:** April – Anfang Okt Mi, So 10 – 17 Uhr. **Preise:** 2 €, Gruppen ab 10 Pers 1 €; Kinder 4 – 18 Jahre 1 €, Gruppen 0,50 €.

Merkt euch den ersten Sonntag im Monat vor, dann erwarten euch zwischen 11 und 15 Uhr frisch gebackene Blechkuchen und Brote. An diesen Sonntagen gibt es auch oft ein Unterhaltungsprogramm.

▶ Vom Haus Dahl sagen die Fachleute, es sei das älteste Bauernhaus im Oberbergischen Kreis. Das kann gut sein, denn es stammt aus der Mitte des 16. Jahrhunderts. Wie gut, dass es kürzlich saniert und zum Museum gemacht wurde. Das Dach besteht aus einer 30 cm dicken Strohschicht. Das ist eine gute Isolierung gegen Hitze im Sommer und Kälte im Winter. In der Ausstellung könnt ihr viele Gegenstände sehen, die Bauernfamilien in früheren Zeiten benutzten, z.B. Geräte zur Feldarbeit und eine offene Herdstelle mit einem gezackten Haken darüber, in den man den Kessel auf verschiedener Höhe einhängen konnte. Zur kleinen Webkammer führt eine steile Treppe hinauf, außer dem riesigen Webstuhl hatte dort nichts anderes Platz. Im Obergeschoss seht ihr viele **Hauben,** die die Frauen im Bergischen Land früher trugen, sobald sie verheiratet waren.

Unverheiratete Mädchen durften keine ***Hauben*** *tragen, wenn sie heirateten, kamen sie daher »unter die Haube«.*

Vor dem Haus Dahl neben dem Bauerngarten steht der *Backes,* ein altes Backhaus, in dem die Frauen früher ihre Brote und Kuchen backten. Damals hatte nicht jeder Haushalt einen eigenen Ofen. Im Museumsshop findet ihr Honig, Säfte, Sach- und Kinderbücher, Mausefallen und vieles mehr. Für Gruppen besonders zu empfehlen ist die einstündige Führung »Als das Feuer auf der Deele brannte«. Deele ist der alte Begriff für Diele, also der Bereich im Erdgeschoss, in dem sich das bäuerliche Leben abspielte.

Hier geht euch ein Licht auf!

Rheinisches Industriemuseum, Schauplatz Engelskirchen, Landschaftsverband Rheinland, Engels Platz 2, 51766 Engelskirchen. ✆ 02263/9285113, 01805/743465 (Kulturinfo Rheinland), Fax 9285199. www.rim.lvr.de. info@kulturinfo-rheinland.de. **Anfahrt:** RB25 Engelskirchen. **Auto:** A4 Ausfahrt 23 Engelskirchen. **Zeiten:** Di – Fr 10 – 17 Uhr, Sa, So 11 – 18 Uhr. **Preise:** 3 €, Gruppen ab 10 Pers 2,50 €; Kinder 6 – 17 Jahre 2,50 €, Gruppen 1,50 €. **Infos:** Nach Vereinbarung sind Führungen auch schon ab 9 Uhr möglich. Für Lehrer gibt es einen eMail-Newsletter.

▶ In der alten **Baumwollspinnerei** in Engelskirchen seid ihr der spannenden Geschichte der Elektrizität auf der Spur. Viele Dinge dürfen angefasst und ausprobiert werden. Ihr klettert hinab in die Keller unter der Fabrik, die dunkel sind und von Wasser durchflutet. Dort steht das alte Kraftwerk mit seinen mächtigen Turbinen, Schwungrädern und Generatoren. Von dort folgt ihr dem Weg des Stromes hinauf in die Spinnsäle und stellt euch vor, wie ein Leben ohne Strom gewesen sein mag und was für ein Wunder das helle, elektrische Licht gewesen sein muss. Wer erst einmal auf dem Trimmrad fürs Radiohören gestrampelt und geschwitzt oder Wasser mit einer Handpumpe von einem zum anderen Behälter gepumpt hat, versteht, wie wertvoll Strom ist und wird freiwillig zum Stromsparer.

An einer uralten Schalttafel könnt ihr selbst die riesigen Schalter umlegen. Weiter hinten werdet ihr die Dampfmaschine bedauern, die wie eine alte Lokomotive keucht und schnauft. Und am Ende der Führung steht ihr vor einer riesigen Spinnmaschine.

Wenn ihr als Gruppe unterwegs seid, lasst euch ein museumspädagogisches Programm zuschicken. Darin sind die unterschiedlichsten Programmideen vom Entdecker-Rundgang für Vorschulkinder über Rallyes, Exkursionen und Workshops bis hin zu Kindergeburtstagen enthalten. Dabei erfahrt ihr viel über

Happy Birthday!
Kindergeburtstag mit Schatzsuche 50 – 65 €.

Im Museumsshop gibt es Bücher über Engelskirchen und das Bergische Land sowie Andenken an Engelskirchen, natürlich mit Engeln drauf.

Vom Museum führt ein 3 km langer markierter Wanderweg entlang der Leppe zum Oelchenshammer.

Strom und die Textilindustrie und ihr lernt Spinnen, Filzen und Weben.

Oelchenshammer

Rheinisches Industriemuseum, Schauplatz Engelskirchen, Landschaftsverband Rheinland, Oelchensweg, 51766 Engelskirchen-Bickenbach. ✆ 02263/9285113, 01805/743465 (Kulturinfo Rheinland), Fax 9285199. www.rim.lvr.de. info@kulturinfo-rheinland.de. **Anfahrt:** RB25 Engelskirchen, Bus 332, 333, 338 Oelchenshammer. **Auto:** A4 Ausfahrt 23 Engelskirchen Richtung Marienheide, kurz vor dem Ortseingang von Bickenbach. **Zeiten:** April – Okt So 14 – 18 Uhr, Schmiedevorführung jeden 2. So im Monat und auf Anfrage. **Preise:** 2 €, Gruppen ab 10 Pers 1,50 €; Kinder 6 – 17 Jahre 1,50 €; Schulklassen 1 €, Familien 4 €, Führungen 30 €.

▶ Der Oelchenshammer wurde 1783 errichtet und ist einer der letzten wassergetriebenen Schmiedehammer, die ihr noch in Betrieb sehen könnt. Hier wurde ganz grobes Eisen auf eine Größe heruntergeschmiedet, die der handwerkliche Schmied weiterverarbeiten konnte.

Obwohl ihr den ruhenden Hammer jeden Sonntagnachmittag ansehen könnt, solltet ihr euch für einen

So werdet ihr zu Stromsparern: Schließt eure Elektrogeräte wie Fernseher, Computer, DVD-Spieler usw. an Steckerleisten mit einem Ein-/Aus-Schalter an, damit ihr sie nach Gebrauch vom Stromkreis trennen könnt. Netzteile und Geräte im Stand-By-Betrieb fressen nämlich immer Strom, egal ob das Gerät eingeschaltet ist oder nicht. So reduziert ihr die Stromrechnung und tut etwas für die Umwelt.

Vom Industriemuseum Engelskirchen braucht man zu Fuß durch die Engelskirchener Innenstadt und dann entlang der Leppe etwa eine Stunde zum Oelchenshammer.

Hammerhart: In der Oelchesschmiede dürft ihr bei den Kinderführungen dem Schmied zur Hand gehen

Man muss das Eisen schmieden, so lange es heiß ist, *ist zu einer Redensart geworden, wenn man Dinge erledigen soll, so lange sie aktuell sind.*

Besuch den 2. So im Monat vormerken. Wenn nämlich das Wehr an der Leppe geöffnet wird, das Wasser auf die Wasserräder läuft und der Hammer auf das glühend **heiße Eisen** donnert, dann könnt ihr das Schmieden sehen, riechen, hören und als Wärme auf der Haut spüren, also wirklich erleben. Noch näher dran seid ihr beim Sonderprogramm Kinder schmieden.

Weiße Elefanten im Bergischen Land

Kuriositäten-Museum Haus Safari, Georg Herrmann, Schützenstraße 26, 51789 Lindlar. ✆ 02266/6839. **Anfahrt:** RB25 Engelskirchen. **Auto:** A4 Ausfahrt 23 Engelskirchen, Lindlar Richtung Jugendherberge, durch Böhl nach Altenrath. **Preise:** Eintritt frei, gern Spende für Verein krebskranker Kinder.

Das ist klasse: Kinder dürfen alles anfassen!

▶ So etwas Bekloppites! Ein Haus, vor dem ein großer weißer Elefant gleich vor einem noch größeren Dinosaurier steht! Auf dem Balkon diskutieren die beiden alten Männer aus der Muppet Show. Drinnen tanzen die Beatles zwischen Buschtrommeln und anderen Instrumenten, ein Außerirdischer spuckt Wasserfontainen aus einer Wanne und ein Gespenst wohnt in einem Spukschrank.

Bergisches Freilichtmuseum Lindlar

Bergisches Freilichtmuseum für Ökologie und bäuerlich-handwerkliche Kultur, Schloss Heiligenhoven, Landschaftsverband Rheinland, 51789 Lindlar. ✆ 02266/90100, 01805/743465 (Anmeldung Sommerferienprogramm), Fax 9010200. www.bergisches-freilichtmuseum.lvr.de. bergisches-freilichtmuseum@lvr.de. **Anfahrt:** RB25 bis Engelskirchen, Bus 332 Freilichtmuseum. **Auto:** Aus Richtung Köln A4 Ausfahrt 21 Untereschbach, L299 15 km Richtung Lindlar, aus Olpe A4 Ausfahrt 23 Engelskirchen, 1 km hinter dem Ortsausgang von Lindlar. **Zeiten:** April – Okt Di – Do 10 – 18 Uhr, Nov, Dez, März Di – Do 10 – 16 Uhr, Jan, Feb nur So 10 – 16 Uhr. **Preise:** 4,50 €, Erw in Gruppen 4 €;

Bäuerliche Idylle: Fachwerkhaus im Freilichtmuseum Lindlar

Kinder ab 6 Jahre 2,50 €, Ki in Gruppen 1,50 €; Ermäßigungen für Familien und Gruppen.

Es gibt im Bergischen Land nicht viele Orte, an denen ihr Geschichte so hautnah mit allen Sinnen erleben könnt wie im Freilichtmuseum in Lindlar. Für Familien, Gruppen und Schulklassen werden zu festen Terminen im Jahresprogramm oder nach vorheriger Verabredung spannende Aktionen angeboten. Hier könnt ihr wie in alten und uralten Zeiten und natürlich völlig ohne elektrischen Strom weben, filzen, backen, kochen, Körbe flechten, Seile drehen, töpfern, Hustensaft machen oder erste Erfahrungen im Fachwerkbau als Zimmerleute sammeln.

Fast täglich gibt es während der Sommerferien eine Aktion, bei der ihr Bogenschießen oder Schmieden lernt, Kuscheltiere oder Naturgeister bastelt oder eine Live-Sendung fürs Radio produziert. Bei schönem Wetter macht es auch großen Spaß, Wäsche wie zu Omas Zeiten zu waschen, auch wenn es viel, viel anstrengender ist als heutzutage. Achtung: Anmeldung erforderlich! Im Jahresprogramm findet ihr auch Feri-

Schauspinnen: Im Bergischen Freilichtmuseum werden alte Handwerke vorgeführt

Urtümlicher Traktor: Im Freilichtmuseum werden die Maschinen aktiv gehalten

enprogramme für Oster- und Herbstferien, Feste, Märkte und einen schönen Martinsumzug. Für 8 – 10 Personen werden private Führungen auch ganz nach den Wünschen der Familie gestaltet, z.B. wünschten sich zwei Großväter, Pfannekuchen wie früher mit Blüten, Kräutern und Buchweizen zu machen, und ihr Wunsch wurde erfüllt.
Und selbst an Wintertagen, an denen kein Programm läuft, warten die Schafe, Schweine und anderen Tiere auf nette Besucher.

Hunger & Durst

Auf dem Museumsgelände, in einem Museumshaus, bietet die Museumsgaststätte **Lingenbacher Hof** zünftige Eintöpfe und Spezialitäten aus dem Bergischen Land.

Aktionen und Feste

Happy Birthday im Bücherdorf

Harry Böseke, Graf-Albert-Straße 43, 51709 Marienheide-Müllenbach. ✆ 02264/1567, Fax 1567. www.buecherdorf-muellenbach.de. info@hausdergeschichten.de. **Anfahrt:** Bus 336 Müllenbach (mehrmals täglich), Bus 320 Haus der Geschichten (1 x täglich). **Auto:** Von ↗ Gummersbach Richtung Marienheide, hinter Kotthausen rechts auf L306. **Zeiten:** So 15 – 19 Uhr. **Preise:** Eintritt frei.

▶ Dieses Haus ist ein Paradies für Leseratten und Bücherwürmer. Sieben Menschen haben hier Antiquariate eingerichtet, in denen man herrlich nach preiswerten Büchern stöbern kann, die es vielfach gar nicht mehr in der Buchhandlung zu kaufen gibt. Jeden 3. und 5. Samstag im Monat ist von 10 bis 17 Uhr Büchermarkt, am 3. Samstag im Juni gibt es ein großes Bücherfest.
Hier könnt ihr als Programm für euren **Kindergeburtstag** mit einem gelernten Drucker eure eigenen Lesezeichen drucken. Und zwar wie vor 100 Jahren mit einzelnen Lettern aus dem Setzkasten, Druckerschwärze und einer schweren Hebeldruckpresse. Die Kosten dafür sind abhängig vom Programm, Materialeinsatz und der Anzahl der Kinder; fragt einfach nach!

Wenn ihr irgendwann einmal nach Großbritannien reist, dürft ihr euch Hay on Wye nicht entgehen lassen. Dieses kleine Städtchen zwischen England und Wales besteht quasi nur aus Buchläden und Antiquariaten. Guten Wanderern, die sich einen Fernwanderweg von 278 km zutrauen, empfehle ich für diese Reise meinen Wanderführer Wales: Offa's Dyke Path. Preis: 9,90 €, ISBN 3-89392-198-2.

FESTKALENDER

Februar:	Karneval, So, Engelskirchen: **Kinderkarnevalszug** Karneval, So, Engelskirchen-Ründeroth: **Karnevalszug** Rosenmontag, Engelskirchen: **Rosenmontagszug** Rosenmontag, Gummersbach-Rebbelroth: **Kinderkarneval** in der Mehrzweckhalle
April:	30. April, Lindlar: **Maifeier** mit Maibaumsetzen und Maifeuer im Freilichtmuseum
Mai:	1. Wochenende, Sa – Mo, Engelskirchen-Ründeroth: **Maikirmes**
Mai/Juni:	Pfingsten, Sa, So, Dieringhausen: **Tag der offenen Tür** im Eisenbahnmuseum Pfingsten, Sa, So, Lindlar-Altenrath: **Schützenfest** Pfingsten, Sa, So, Lindlar-Hohkeppel: **Kirmes**
Juni:	3. Wochenende, Sa, So, Marienheide-Müllenbach: **Bücherfest** 3. Wochenende, Sa, Marienheide: **Heilteichfest**
Juli:	1. Wochenende, Fr, Sa: Engelskirchen-Remerscheid: **Waldfest** (fällt der 1. Juli auf einen So, dann findet das Fest am 29., 30. Juni statt)
August:	1. Wochenende, Sa, So, Engelskirchen: **Engelskirchener Sommer** 1. Wochenende, Sa, So, Lindlar: **Schützenfest** letztes Wochenende, Fr – So, Ründeroth: großes **Schützenfest**
Oktober:	1. Wochenende, Sa, So, Dieringhausen: **Tag der offenen Tür** im Eisenbahnmuseum 1. Wochenende, Sa, So, Lindlar: **Oktoberfest**
November:	1. Wochenende, Sa, So, Ründeroth: **Ründerother Martinsmarkt** (fällt einer der Tage auf Allerheiligen, wird erst am 2. Wochenende gefeiert)
Dezember:	2. Advent, Sa, Gummersbach-Dieringhausen: **Weihnachtsmarkt** im Eisenbahnmuseum Sa, So, Lindlar: **Weihnachtsmarkt** rund um die Kirche Sa, So, Engelskirchen: **Engelskirchener Winter** 3. Advent, Sa, So, Marienheide: **Weihnachtsmarkt** So, Engelskirchen: **Weihnachten im Freilichtmuseum**

▶ Wohin mit eurem Wunschzettel an das Christkind? Nach Engelskirchen natürlich, denn hier im Bergi-

HIMMLISCHE POST

schen Land wohnt das Christkind. Jeder Brief an diese Engelskirchener Adresse wird vom Christkind beantwortet, dabei helfen ihm menschliche Post-Engel. Ihr dürft nur den Absender nicht vergessen und kurz darauf erreicht euch ein dicker Brief mit lieben Worten zum Advent, Bastelideen, Backrezepten oder Malbogen. ◀

Habt ihr den Engel in der Bunten Kerke gesehen? Er bringt keine Post, sondern eine göttliche Botschaft. Wisst ihr welche?

Bauernmarkt im Freilichtmuseum

Bergisches Freilichtmuseum für Ökologie und bäuerlich-handwerkliche Kultur, Schloss Heiligenhoven, Landschaftsverband Rheinland, 51789 Lindlar. ✆ 02266/90100, 01805/743465 (Anmeldung Sommerferienprogramm), Fax 9010200. www.bergisches-freilichtmuseum.lvr.de. bergisches-freilichtmuseum@lvr.de. **Anfahrt:** ↗ Freilichtmuseum. **Zeiten:** letztes Wochenende im Aug Sa, So 10 – 19 Uhr.

▶ Zu diesem Bauernmarkt strömen die Menschen jedes Jahr von Nah und Fern zusammen. Selbst wenn ihr beide Tage einplant, werdet ihr keine Langeweile bekommen. Vielleicht verschafft ihr euch zunächst einen Überblick und macht mit der Postkutsche eine Rundfahrt über das Museumsgelände. Start und Ziel ist die Museumsgaststätte *Lingenbacher Hof.* In der Baugruppe *Oberlingenbach* schaut ihr euch dann das dampfgetriebene Sägegatter an, entlockt der Kräuterfrau eines ihrer Geheimrezepte, schaut dem Sattler und dem Sensendengler über die Schulter, bewundert die ausgestellten Kaninchen oder versucht euch selbst als Seiler. Vielleicht be-

ginnt auch gerade das Puppentheater oder die Märchenerzählerin erzählt eine Geschichte.
Auf dem Weg zur Baugruppe *Hof zum Eigen* geht ihr durch den Bauernmarkt hindurch – vielleicht seht ihr ja sogar einen Bauern das Feld mit einem Pflug bestellen, vor den er Ochsen gespannt hat. Am Ziel angekommen, könnt ihr sehen, wie Brot und Kuchen im historischen Backhaus gebacken werden. Außerdem gibt es eine historische Dreschmaschine, den Bandwebstuhl und vieles mehr zu bestaunen.

HOMBURGER LÄNDCHEN

SOLINGEN

WUPPERTAL & REMSCHEID

WUPPER & DHÜNN

WAHNER HEIDE & AGGER

OBERBERGISCHE STAUSEEN

GUMMERSBACH & UMGEBUNG

HOMBURGER LÄNDCHEN

NUTSCHEID & SIEGTAL

INFO- & FERIENADRESSEN

KARTEN & REGISTER

Rom

Kein Ort dieser Region heißt Homburg und dennoch ist es das Homburger Ländchen? In der Ritterzeit war das Schloss Homburg noch eigenständig und sehr bedeutend, weil auch die Wälder, Weiden und Siedlungen in dessen Nähe zum Eigentum der Grafen von Sayn gehörten. Wenn man dann von Schloss Homburg und seinen Ländereien sprach, nannte man es kurz Homburger Ländchen.

In seiner Mitte liegt der Ort **Nümbrecht**, in dessen Umkreis außerdem Wiehl, Waldbröl, Reichshof und Morsbach mit dem Ortsteil Rom. Das **Schloss Homburg** und die Naturlehrpfade zu seinen Füßen sind ein beliebtes Ausflugsziel im Homburger Ländchen. Hier gibt es gute Ziele für Wasserratten, Wintersportler, Wanderer und Geschichtsfans. Wiehl nicht zu vergessen, wo ihr einen schönen Ausflugstag mit einer Fahrt mit der historischen Postkutsche, einem Besuch der Tropfsteinhöhle und einem Abschluss auf dem Waldlehrpfad mit den Wildgehegen zusammenstellen könnt.

Schöne Ausflüge führen euch in den **Reichshof** im Osten des Bergischen Lands. Damit ist hier ausnahmsweise kein Stützpunkt von Karl dem Großen gemeint, sondern eine Gemeinde. Zu ihr gehören Denklingen südlich der Wiehltalsperre und Eckenhagen. Im Reichshof könnt ihr herrlich wandern und radeln, eurer Affenliebe nachgehen, Ski laufen oder durchs monte-mare-Bad toben.

ALLE WEGE FÜHREN NACH ROM

Freizeitkarte NRW Naturpark Bergisches Land (Süd) 1:50.000, Landesvermessungsamt 2005, ISBN 3-89439-494-3, 7,55 €.

Wanderkarten Nordrhein-Westfalen, Blatt 43: Südlicher Oberbergischer Kreis, Landesvermessungsamt NRW, 1:25.000, ISBN 3-89439-683-0, 7,55 €.

Frei- und Hallenbäder

TIPPS FÜR WASSERRATTEN

monte mare Reichshof

Hahnbucher Straße, 51580 Reichshof-Eckenhagen. ✆ 02265/997400, www.monte-mare.de. reichshof@montemare.de. **Anfahrt:** Bus 303, 322 Eckenhagen, Schulzentrum. **Auto:** ↗ Eckenhagen, im Ort den Schildern zum Vogelpark folgen. **Zeiten:** Mo – Sa 10 – 22 Uhr, So 10 – 21 Uhr. **Preise:** 2 Std 5 € (Sa, So, Fei

Happy Birthday!

Geburtstagskinder haben freien Eintritt. Beim vorbestellten Kindergeburtstag warten Luftballons, ein bunt gedeckter Tisch und nette Animateure auf euch.

@ Kinder 3 – 12 Jahre, die im kostenlosen minimonti-Club unter www.minimonti.de angemeldet sind, erhalten mehrmals im Jahr per Post Freikarten und Infos über Aktionen im Bad.

Hunger & Durst

Für Hunger und Durst ist das Bistro zuständig. Hier gibt es verschiedene Snacks und leckere Fitnessdrinks, die man in der eigenen Kinderecke unter einem Segel in Ruhe genießen kann. Im Sommer steht die Gartenterrasse zur Verfügung.

6,50 €), Tageskarte 9,50 (Sa, So,Fei 10,50 €); Kinder unter 1 m frei, bis 17 Jahre 2 Std 3,50 € (Sa, So, Fei 5 €), Tageskarte 7 € (Sa, So, Fei 8,50 €); Familienkarte mit 0,30 € Ermäßigung auf die Einzeltarife, Gruppenermäßigung auf Anfrage.

▶ Das Freizeitbad und Saunaparadies in Eckenhagen ist selbst für Leute, die viele Spaßbäder kennen, etwas Besonderes. Wo sonst hat man solche Rutschen? Nicht nur, dass die eine ganze 100 m lang ist. Sie heißt auch noch Black Hole, weil ihr durchs Dunkle rutscht und mit Hologrammen, Leuchtbändern und Nebel fertig werden müsst. Und bloß weil die zweite Rutsche nur 70 m lang ist, heißt es nicht, dass sie langweilig wäre. Denn auf dieser Turbo-Rutsche geht es sehr steil bergab.

Sportliche Kinder können zwischen Innen- und Außenbecken wählen und haben einen 3-Meter-Turm für Sprungkunststückchen. Kleine Badegäste finden im abgetrennten Kleinkinderbereich einen Pool mit Raupen- und Nilpferdrutschen.

Element

Schwimmbad Nümbrecht, Gouvieuxstraße 2, 51588 Nümbrecht. ✆ 02293/913065, Fax 2901. www.nuembrecht.de. schwimmbad-element@nuembrecht.de. **Anfahrt:** Bus 303, 346 Nümbrecht Schulzentrum. **Auto:** ↗ Nümbrecht, im Ort den Wegweisern zum Schulzentrum folgen. **Zeiten:** Di 7 – 10, 16 – 22 Uhr, Mi 16 – 22 Uhr, Do 7 – 10 Uhr, Fr 15 – 18 Uhr (Spielenachmittag), Sa, So 8 – 15 Uhr. Eltern-Kind-Schwimmen Mi 15 – 16 Uhr. **Preise:** 2,50 €, 10er-Karte 22,50 €; Kinder 5 – 17 Jahre 1,50 €, 10er-Karte 13,50 €; Familienkarte (2 Erw, 3 Ki) 7 €, Ermäßigung für Schwerbehinderte, Früh- und Spätschwimmen. **Infos:** Di Warmbadetag, 0,50 € Aufschlag.

▶ Im neu gebauten Nümbrechter Schwimmbad tummeln sich die Kleinkinder im separaten Kinderbecken mit dem freundlichen Delfin Elli. Junge und erwachsene Schwimmer nutzen das 25-m-Becken und den

3-m-Sprungturm. Ein besonderes Erlebnis bietet die Sole-Kabine mit Meerluftklima. Hier kann man total entspannen. Eine Massage rundet das Wellness-Vergnügen ab.

Nessi-Bad

Waldbröler Straße, 51597 Morsbach. ✆ 02294/6071. **Anfahrt:** Bus 341, Taxibus 340 Ellinger Weg. **Zeiten:** Mai – Sep Schultage 12 – 20, schulfreue Tage 10 – 20 Uhr. **Preise:** 2,50 €, 10er-Karte 22 €, Saisonkarte 50 €; Kinder 5 – 17 Jahre 1 €, 10er-Karte 8,50 €, Saisonkarte 27 €; Familiensaisonkarte 75 €.

▶ Warum das Freibad von Morsbach Nessi-Bad heißt, kann keiner richtig begründen. Nessi, das Ungeheuer von Loch Ness, wurde dort nämlich noch nie gesichtet. Ihr könnt also unbesorgt vom 1-m- oder 3-m-Brett springen oder euch im beheizten Kombibecken für Schwimmer und Nichtschwimmer tummeln. Für die Kleinen gibt es selbstverständlich auch ein Plantschbecken. Am Kiosk könnt ihr Eis, Getränke und Snacks kaufen oder auch einen Liegestuhl mieten. Ein Vorbildlich: Im Freibad besteht Alkoholverbot.

Dolphi-Bad

Schul- und Sportzentrum, Hahner Straße, 51597 Morsbach. ✆ 02294/1842. **Anfahrt:** Bus 341, Taxibus 340 Morsbach Busbf. **Zeiten:** Mi 16 – 19, Do 16 – 20, Fr 15 – 20 Uhr, Sa 14 – 19, So 7.30 – 12 Uhr. **Preise:** 2,50 €, 10er-Karte 22 €, Saisonkarte 50 €; Kinder 5 – 17 Jahre 1 €, 10er-Karte 8,50 €, Saisonkarte 27 €; Familiensaisonkarte 75 €.

▶ Gemütliches Hallenbad mit Kombibecken für Schwimmer und Nichtschwimmer.

Freibad Wiehl

Mühlenstraße 23, 51674 Wiehl. ✆ 02262/7616888, www.wiehl.de. info@wiehl.de. **Anfahrt:** Bus 302 Wiehl Gymnasium. **Zeiten:** Mitte Mai – Aug Mo – Fr 11 – 20

Uhr, Sa, So, Fei 8 – 20 Uhr. **Preise:** 3,50 €, 10er-Karte 30 €, Saisonkarte 70 €; Kinder 3 – 17 Jahre 1,50 €. 10er-Karte 12,50 €, Saisonkarte 25 €, Familiensaisonkarte 100 €; Inhaber eines Schwerbehindertenausweises, Schüler, Wehr- und Zivildienstleistende sowie Studenten zahlen den Jugendtarif.

▶ Sportbecken, Springerbecken mit 1-, 3- und 5-m-Turm, Nichtschwimmerbecken mit 54 m langer Rutsche, Plantschbecken und Liegewiese. Die Größeren können hier Beachvolleyball spielen, in den Sommerferien stehen Kinderspielnachmittage auf dem Programm.

Ein Tipp für die kühle Jahreszeit ist die benachbarte ↗ Eissporthalle Wiehl sowie zu jeder Zeit Biergarten und Restaurant ↗ Kufenstube.

Freibad Bielstein

Jahnstraße 15, 51674 Wiehl-Bielstein. ✆ 02262/3096, www.wiehl.de. info@bielstein.de. **Anfahrt:** Bus 302 Bielstein Schulzentrum. **Zeiten:** Mai – Anfang Sep Mo 11 – 20 Uhr, Di – Fr 7.30 – 20 Uhr, Sa, So, Fei 8 – 20 Uhr. **Preise:** 3,50 €, 10er-Karte 30 €, Saisonkarte 70 €; Kinder 3 – 17 Jahre 1,50 €. 10er-Karte 12,50 €, Saisonkarte 25 €, Familiensaisonkarte 100 €; Inhaber eines Schwerbehindertenausweises, Schüler, Wehrdienst- und Zivildienstleistende sowie Studenten zahlen den Jugendtarif. **Infos:** Auch bei schlechtem Wetter Di – Fr 7.30 – 9 Uhr geöffnet.

▶ Beheiztes Freibad mit großem Becken unterteilt für Schwimmer und Nichtschwimmer, mit 1-m-Sprungturm und einem Plantschbecken mit kleiner Rutsche. Auch eine Liegewiese darf nicht fehlen. In den Sommerferien finden Kinderspielnachmittage statt.

Wenn ihr an der Sieg und südlich davon in Siebengebirge und Westerwald auf Entdeckungstour gehen möchtet, findet ihr in *Westerwald mit Kindern* von Eberhard Schmitt-Burk jede Menge Anregungen. Erschienen im Peter Meyer Verlag, ISBN 3-89859-405-X, 12,95 €.

Wandern und Spazieren

Wandern zur Silberkuhle

Reichshof. **Länge:** 2,8 km einfache bis mittelschwere Wanderung im Wald. **Auto:** A4 Ausfahrt 27 Eckenhagen, Hespert, Richtung Skigebiet.

▶ Startpunkt ist der Wanderparkplatz Hespert. Dort ist mit A1 ein kurzer, aber waldiger Weg zur Silberkuhle gekennzeichnet, das ist mit 514 m die zweithöchste Erhebung im oberbergischen Land.

Im Winter kann man direkt hinter dem Wanderparkplatz super rodeln.

Spaziergang mit Fernblick

Morsbach-Alzen. **Länge:** knapp 2 km, ebener Spaziergang auf breitem Forstweg. **Anfahrt:** Bus 341, Taxibus 340 Morsbach Busbhf, dann 40 Min Fußweg. **Auto:** Wanderparkplatz Zum Aussichtsturm zwischen Morsbach und Alzen, nahe der Landesgrenze zu Rheinland-Pfalz.

▶ Es ist zwar kein Kilometer bis zum Aussichtsturm auf der Hohen Hardt, wenn ihr aber die 170 Stufen aus Stahl und die eine Stufe aus Beton hinter euch habt, seid ihr bestimmt auch ziemlich außer Puste. Von oben könnt ihr die Menschen in Morsbach nur mit dem Fernglas erkennen und selbst dann sind sie klein wie Ameisen. Bei klarer Sicht ist im südlichen Westen sogar das Siebengebirge zu sehen. Vom Wanderparkplatz folgt ihr einfach dem Weg an der Schutzhütte.

Wer traut sich rauf? Aussichtsturm aus Stahl

Steil bergauf zur Hohen Warte

Wiehl-Bielstein. **Länge:** 2 km, kurze, aber steile Wanderung auf zumeist breiten Wegen. **Auto:** A4 Ausfahrt 24 Bielstein, Parkplatz direkt an der Autobahnausfahrt. **Zeiten:** frei zugänglich.

▶ Am hinteren Ende des Parkplatzes führt ein schmaler Pfad in einer absichtlich gelassenen Zaunlücke durch den Wald auf ein asphaltiertes Sträßchen. Diesem folgt ihr rechts über die Brücke und nehmt immer den breitesten, steilsten Weg bergauf.

Nach 1 km erreicht ihr die **Paul-Claudius-Hütte,** in der ein großer Picknicktisch für etwa 8 Personen steht. Dies ist doch genau die richtige Stelle, um wieder zu Puste zu kommen und zu überlegen, ob ihr euch auf dem Aussichtsturm Hohe Warte bis ganz oben wagt. Viele bevorzugen die 42 Stufen zur ersten Plattform – schafft ihr auch noch die weiteren 44 Stufen zur zweiten Plattfom? Zurück geht's auf dem selben Weg. Geocacher können hier auch einen Cache namens Aussicht heben.

Fernglas nicht vergessen!

Natur und Umwelt erforschen

Waldlehrpfad Breselberg

Reichshof. **Länge:** 2,7 km, 5 km oder 6 km, einfache bis mittelschwere Wanderungen. **Auto:** A4, Ausfahrt 27 Eckenhagen, dort Richtung Wildbergerhütte, dann in einer Rechtskurve links.

▶ Startpunkt ist der Wanderparkplatz Eckenhagen-Wickenbach im Waldgebiet Puhlbruch. Hier steht ein Picknicktisch für eure Schlemmereien zu Anfang oder Ende der Wanderung und es beginnt der Rundweg A1, der gleichzeitig Waldlehrpfad ist. Zunächst kommt ihr an zwei Teichen mit sehr klarem Wasser vorbei, hinter dem zweiten Teich ist auch eine kleine Schutzhütte. Die kürzeste Runde mit 2,7 km Länge führt kurz darauf rechts den Pfad hinauf. Wer geradeaus den Weg A2 geht, erfährt deutlich mehr über den Wald und ist 6 km unterwegs.

Nach etwa 500 m könnt ihr auch links zum Skigebiet wandern.

Beim A1-Pfad oben an der nächsten Schutzhütte mit Spielwiese angekommen, könnt ihr die Runde erweitern, indem ihr links den Schildern mit A5 folgt, auch hier stehen weitere Tafeln des Waldlehrpfades. Wer wirklich nur die kurze Runde gehen will, biegt hinter der Hütte rechts ab und kommt auf einen breiten Waldweg, der später in eine Anliegerstraße übergeht, die wieder zurück zum Parkplatz führt.

Naturerlebnis Wanderpfad

Biologische Station Oberberg, Rotes Haus, Schloss Homburg 2, 51588 Nümbrecht. ✆ 02293/901514, Fax 901510. www.biostationoberberg.de. bs-oberberg@t-online.de. **Länge:** 2,8 km leichter Wanderpfad, Zeitbedarf 1,5 – 2 Std. **Anfahrt:** Bus 302, 312 Schloss Homburg.

▶ Dieser Wanderpfad führt in neun Stationen durch die Wälder um Schloss Homburg und Brölaue, die als Naturschutzgebiete ausgewiesen sind. Er ist gut zu finden, wer auf Nummer sicher gehen will, besorgt sich bei der Biologischen Station Oberberg oder in der Touristeninformation ein Faltblatt mit Karte und Stationsbeschreibungen.

An Station 1 sind die Baumarten ausführlich beschrieben und ihr könnt sie euch in Spähkästen näher ansehen. Es folgen Stationen, an denen ihr ein Baumtagebuch kennen lernt, Vogelstimmen anhören könnt und erfahrt, warum Auenlandschaften so wichtig sind. An Station 9 werden wahrscheinlich sogar eure Eltern noch etwas lernen, wenn es um die Frage geht, warum der Specht bei dem vielen Hämmern an Baumstämmen keine Gehirnerschütterung mit üblen Kopfschmerzen bekommt.

Geführte Wanderungen durch das Homburger Land bietet der Heimatverein Nümbrecht e.V. jeden 1. So im Monat (April – Dez). Teilnahme kostenlos. Treffpunkt: Parkplatz Park-Hotel.

Zu brav, um echt zu sein: Iltis und Eichhörnchen auf dem Naturerlebnispfad

Mit dem Naturdetektiv-Rucksack auf dem Naturerlebnis-Lernpfad

Biologische Station Oberberg, Rotes Haus, Schloss Homburg 2, 51588 Nümbrecht. ✆ 02293/901514, Fax 901510. www.biostationoberberg.de. bs-oberberg@t-online.de. **Länge:** 1,2 km langer, leichter Pfad, Zeitbedarf etwa 2 – 3 Std. **Anfahrt:** Bus 302, 312 Schloss Homburg. **Zeiten:** Büro Mo – Do 8.30 – 12, 14 – 15.30 Uhr, Fr 8.30 – 12 Uhr, der Pfad ist frei zugänglich. **Preise:** Broschüre 1 €, Familienrucksack 5 € (Pfand 25 €), Gruppenrucksack 15 € (Pfand 25 €),

Hunger & Durst

Holstein's Mühle, ✆ 02293/6956, Di – So 10 – 19 Uhr, im Winter 10 – 18 Uhr! Die historische Mühle liegt auf halber Strecke des Naturlehrpfads. Bergische Kaffeetafel gibt es schon ab 2 Personen. Mit Spielplatz und großer Terrasse. Hier ist auch eine Haltestelle der historischen ↗ Postkutsche und der Busse 302, 312 und 323.

@ Die Broschüre zum Naturerlebnispfad könnt ihr von der Homepage www.biostationoberberg.de herunterladen oder euch für wenig Geld zuschicken lassen.

Rucksack mit Führung 45 €. **Infos:** Die Rucksack-Ausleihe und den Verkauf der Broschüre übernimmt am Wochenende die Tourist-Information Nümbrecht, Lindchenweg 1, 51588 Nümbrecht, ✆ 02293/909480, Mo – Fr 9 – 17.30, Sa 9 – 13, So 14 – 17 Uhr.

▶ Startpunkt für den besten Naturerlebnispfad im ganzen Bergischen Land ist die Biologische Station, dort geht ihr bergauf Richtung Bushaltestelle, kurz vor der Straße dann rechts in den Pfad hinein. Ab da sind Weg und Stationen gut beschildert.
Dieser Lernpfad macht nur mit der Broschüre und einem prall gefüllten Rucksack so richtig Spaß. Wenn ich euch verrate, dass in dem Rucksack außer dem Erklärungsbüchlein noch Schutzbrillen, Becherlupen, Malzeug, Klebestifte, Augenbinden, Seile, Korken, eine Schiefertafel, Werkzeug wie Schaufel und Hammer, ein Fernglas und etliche andere Dinge drin sind, könnt ihr schon ahnen, dass es auf dem nur gut einen Kilometer langen Pfad einiges für euch zu tun gibt. Macht euch darauf gefasst, Dinge zu fühlen, zu hören und zu sehen, von denen ihr vorher nicht einmal aus Erzählungen oder Büchern wusstet. Als Vorbereitung solltet ihr die Broschüre lesen, euch wetterfest und robust anziehen, ein kleines Picknick einpacken und geistig darauf vorbereiten, euch in Kürze in eine Fledermaus, einen Baum, einen Luchs, ein Reh oder ein Eichhörnchen zu verwandeln. Aber mehr wird nicht verraten!

WWW für Frischluftfans: Waldlehrpfad und Wildpark Wiehl

Wiehl. **Länge:** 1,8 km mit Steigungen und unebenem Untergrund. **Anfahrt:** ↗ Tropfsteinhöhle, dort Start. **Infos:** Umweltamt der Stadt Wiehl, Bahnhofstraße 1, 51674 Wiehl, ✆ 02262/99-0, Fax 99-247, T.Richling@wiehl.de.

▶ Genau gegenüber vom Eingang zur Tropfsteinhöhle beginnt ein knapp 2 km langer naturkundlicher Rundweg. Erste Station ist die Blockhütte mit Infor-

Vorsicht mit den Fingern! Die Ziegen im Wildpark Wiehl sind immer hungrig

mationen zur Waldbewirtschaftung und zum Waldsterben. Dann geht es los zu einem Waldlehrpfad mit Infos zu Bäumen, Sträuchern und Büschen. Wusstet ihr schon, dass der Holunder oft Hollerbusch heißt und nach Ansicht einiger Historiker etwas mit einer Göttin namens Holle zu tun hat? Ja, genau die Frau Holle, die auch für den Schnee zuständig ist. Sie galt bei den Germanen als beschützender Hausgeist, der in diesem Strauch wohnt.

Während der Runde durch den Wald stoßt ihr auch auf mehrere Wildgehege mit Wildschweinen, Hirschen und Mufflons.

Saft aus Holunderbeeren: Sehr lecker ist Saft oder Gelee aus schwarzen Holunderbeeren. Bei der Ernte müsst ihr darauf achten, dass keine unreifen Beeren und Laubbestandteile mit verarbeitet werden. Beide enthalten das giftige, zum Erbrechen reizende Glykosid Sambunigrin.

Tropfsteinhöhle Wiehl

Waldhotel Hartmann, Homburger Straße, 51674 Wiehl. ✆ 02262/7920, Fax 93400. www.waldhotel-hartmann.de. waldhotel-hartmann@t-online.de. **Anfahrt:** Bus 302 Tropfsteinhöhle. **Auto:** A4 Ausfahrt 25 Gummersbach, Richtung Wiehl. **Zeiten:** Mitte März – Okt So – Fr 9 – 17 Uhr, Sa 10 – 17 Uhr, Nov – Mitte März Sa, So 11 – 16 Uhr, Gruppenführungen nur nach Vereinbarung. **Preise:** 2,50 €; Kinder 5 – 16 Jahre 2,30 €; Gruppen ab 20 Pers zahlen je 0,20 € weniger.

Nehmt warme Sachen mit. Die Temperatur in der Höhle beträgt auch im Hochsommer nur 8 Grad.

▶ Für uns Rheinländer war die Ankündigung eines Ausflugs ins Bergische Land immer gleichbedeutend mit einer Besichtigung der Wiehler Tropfsteinhöhle. Und noch heute ist diese Höhle das Ausflugsziel schlechthin.
26 Stufen geht es hinab in die große Eingangshalle. Die Decke und alle Wände sind überzogen mit hellen Tropfsteinen. Da sind winzig kleine Stäbchen und mächtige Gletscher zu sehen, mit etwas Fantasie lässt sich auch ein Wasserfall erkennen. Insgesamt wurden bislang 1,5 km Höhlengänge gefunden, bei der Führung lernt ihr die schönsten Passagen kennen. Und ihr lernt, dass die von der Decke herabhängenden, recht schlanken Tropfsteine Stalaktiten heißen und die etwas plumperen, breiteren Tropfsteine am Boden Stalagmiten sind. Die beiden Worte unterscheiden sich nur in zwei Buchstaben. Das ist auch gleichzeitig die Eselsbrücke für euch: Das T ist lang und schmal, das m klein und breit. Und dann gibt es noch Stalagnaten. Das sind zusammengewachsene Stalaktiten und Stalagmiten.

Mit Planwagen und Postkutsche

Mit Planwagen und Kutsche durchs Homburger Ländchen

Nümbrecht: Friedhelm Stöcker, ✆ 02293/7345.

Reichshof: Pferdehof Hacke, ✆ 02261/77613. Der Pferdehof Hacke bietet auch Hufeisen-Werfen an.

Reichshof: Fahr- und Freizeithof Vier Linden, ✆ 02261/59641.

Postkutschenlinie Nümbrecht – Wiehl

51674 Wiehl. ✆ 02262/99195 (Verkehrsamt Wiehl), 02293/909480 (Tourist-Information Nümbrecht), Fax 02262/99185. touristinfo@wiehl.de oder info@nuembrecht-online.de. **Zeiten:** Ostern, Mai – Sep, im Okt bei genügend Anfrage, Fr – So und Fei ab Nümbrecht Post

10 Uhr, an Wiehl Hotel zur Post 12.30 Uhr ab Wiehl Hotel zur Post 13.30 Uhr, an Nümbrecht Post 16 Uhr. **Preise:** Einfache Strecke 11 €, Rundfahrt 21 €; Kinder bis 10 Jahre einfache Strecke 8 €, Rundfahrt 16 €; Teilstrecken 5 €, Ermäßigung für Kurkarteninhaber. **Infos:** Reservierung erforderlich, Hunde dürfen nicht mit.

Erhebendes Gefühl: Mit dem Postillion durchs Homburger Ländchen

▶ »Hoch auf dem gelben Wagen ... « beginnt ein Lied, in dem es um eine Fahrt mit der Postkutsche geht. Genauso scheelgelb ist auch die Postkutsche, die von Nümbrecht nach Wiehl und zurück fährt. Sie ist ein Nachbau einer kaiserlichen Kutsche von 1871 und hat insgesamt 9 Sitzplätze. Der Postillon begrüßt euch in historischer Uniform, bläst die Signale mit dem Posthorn und erläutert euch während der Fahrt alle Sehenswürdigkeiten.

Die Fahrstrecke führt an der Wiehler ↗ Tropfsteinhöhle und der historischen *Holstein's Mühle* vorbei, jedes für sich ein guter Grund zum Aussteigen oder Wiederkehren.

Ponyhof Knotte

Römerstraße 33, 51674 Wiehl-Hübender. ✆ 02262/751714, Fax 91114. www.hotel-ponyhof-knotte.de. info@hotel-ponyhof-knotte.de. **Anfahrt:** Bus 302 Römerstraße 500 m. **Auto:** A4 Ausfahrt 25 Gummersbach, Richtung Wiehl, am Ende des Steigungsstückes links. **Preise:** Fahrt ohne Essen für maximal 12 Pers 100 €, für maximal 20 Pers mit dem großen Planwagen 140 €.

▶ Die Familie Knotte bietet für Gruppen ab 12 Personen zweistündige **Planwagenfahrten** durch die Wälder und Felder rund um Wiehl an, bei denen ihr die Auswahl zwischen fünf Möglichkeiten habt, euren Hunger zu stillen: Kuchen auf dem Wagen, Abendes-

sen am offenen Kaminfeuer, Bergische Kaffeetafel, Jagdherren-Essen und Bauernschmaus.
Auf dem Ponyhof Knotte könnt ihr euch auch ein **Pony** ausleihen, das dann von euren Eltern durch die Wiesen rund um Hübender geführt wird. Das kostet für eine halbe Std 4,50 €, für 1 Std 8 €. Geübte Reiter ab 10 Jahre können sich für Ausritte ins Gelände anmelden (12 €/Std). Und wer ein wenig mehr Abstand von den Pferden lieber hat, mietet eine Kutsche für 5 Personen (2 Std 100 €) oder schaut sich die niedlichen Tiere im Streichelzoo an. Aber Vorsicht, die Gänse sind frech!

Tierparks und Spielplätze

Affenliebe und Affendiebe

Affen- und Vogelpark Eckenhagen, Am Bromberg, 51580 Reichshof-Eckenhagen. ✆ 02265/8786, Fax 9509. www.affen-und-vogelpark.de. info@affen-und-vogelpark.de. **Anfahrt:** Bus 303 Schulzentrum. **Auto:** A4, Ausfahrt 27 Eckenhagen. **Zeiten:** 9 – 19 Uhr, Erlebnishalle ab 10 Uhr. **Preise:** 8 €, Gruppen ab 20 Pers 6,50 €, Saisonkarte 45 €; Kinder ab 90 cm bis 14 Jahre 6 €, Gruppen ab 20 Pers 5 €, Saisonkarte 35 €; Ermäßigungen für Studenten und Behinderte. **Infos:** Hunde an der Leine dürfen mit in den Park, nicht aber in die Indoor-Halle und die begehbaren Gehege; Eintritt 1 €. Ein Karussell ist rollstuhlgeeignet.

▶ In einem Affen- und Vogelpark stehen die Tiere natürlich bei euch an erster Stelle. Hier wohnen über 150 Vogelarten, viele davon in Freiflughallen, die ihr betreten dürft. Die Totenkopfäffchen haben ein eigenes kleines Revier.
Am meisten Zeit verbringen wir aber immer im Tal der Berberaffen. Hier könnt ihr gut beobachten, mit welcher Affenliebe (so entstand der Begriff wohl auch) Affenpaare ihre Kleinen versorgen, lausen und liebkosen. Weder Vater noch Mutter entfernen sich nicht

Von März bis Dez findet auf dem Marktplatz am Park am 1. So im Monat 9 – 14 Uhr ein **Bauern- und Kleintiermarkt** statt. Dort könnt ihr Bauern beim Feilschen beobachten oder preiswertes Futter für eure Haustiere kaufen.

ohne Not weiter als 3 m von ihren Affenbabys. Vorsicht aber bei den anderen Bewohnern. Die können ganz schön frech werden. Ehe ihr Piep sagen könnt, hat einer der Berberaffen euch den Müsliriegel oder das Eis aus der Hand geklaut und ihr könnt ihm nur noch beim Genießen zusehen!

An zweiter Stelle kommen Spiel und Spaß zum Zuge: Es gibt eine große **Indoor-Erlebnishalle** und auch draußen viele Bahnen, Karussells und Schaukeln. Witzig ist das Riesenrad: Es läuft völlig umweltfreundlich mit Muskelkraft, wer damit fahren will, muss sich jemanden suchen, der das Ganze auf einem umgebauten Fahrrad in Bewegung setzt.

Wiehlpark

Wiehl. **Zeiten:** frei zugänglich. **Preise:** Eintritt frei.

▶ Der Freizeitpark Wiehlpark liegt zentral in Wiehl und ist ein beliebter Heißluftballon-Startplatz. Preiswerter als eine Ballonfahrt ist es, dort Beachvolleyball, Fußball oder Basketball zu spielen. Auch kleinere Kinder fühlen sich hier wohl, denn im Park befinden sich einige Spielgeräte und ein Entenweiher. Auch ein **Minigolfplatz** ist von März bis Oktober täglich ab 10 Uhr geöffnet, ✆ 02262/93465. Die Runde kostet 2,10 €, für Kinder bis 12 Jahre 1,60 €.

Grillplätze im Homburger Ländchen

Reichshof-Eckenhagen: im Affen- und Vogelpark, Kontakt ✆ 02265/8786, 2 Grillhütten für 40 Pers, 9 Grillhütten für 20 Pers, 2 Picknickhütten für 5 – 10 Pers. Nutzung ist im Eintrittspreis für den Affen- und Vogelpark enthalten, Anmeldung erforderlich.

Hunger & Durst

Im Zunftstübchen, ✆ 02262/93465, täglich 10 – 22 Uhr. Im Freizeitpark Wiehl gibt es neben Kuchen und Imbiss eine riesige Eisauswahl. Auf Vorbestellung wird auch eine Bergische Kaffeetafel serviert.

Sunny day: Strandgefühle beim Beachvolleyball im Wiehlpark

Reichshof-Ohlhagen: Pferdehof Hacke, Kontakt ✆ 02261/77613. Grillhütte für etwa 50 Pers mit Schwenkgrill und Vorrichtungen für Rost- und Spießbraten. Keine Miete, aber die Getränke müssen vom Vermieter bezogen werden.

Reichshof-Sotterbach: Kontakt Michael Rau, ✆ 02296/8553. Grillhütte für etwa 30 Pers, Vermietung nur bis 22 Uhr. Miete 55 €.

Reichshof-Wildbergerhütte: Kontakt Markus Schreiner, ✆ 02297/902181, www.wildbergerhuette.de. Grillhütte für etwa 35 Pers, Grill für Rost- und Spießbraten, Ofen, Kühlschrank, Strom- und Wasseranschluss, sanitäre Anlagen.

Reichshof-Windfus: Wanderparkplatz, Kontakt Thomas Schneider, ✆ 02265/8892, Mobil 0170/ 9624848. Grillhütte am Bachlauf gelegen, für etwa 50 Pers, Rost- und Spießbratenanlage, Stromanschluss, sanitäre Anlagen. Miete 30 € Grundmiete plus 2 € pro Erw, 1 € pro Kind, mindestens aber 75 €. 130 € Kaution.

Wiehl: Wiehlpark, Kontakt Zunftstübchen, ✆ 02262/ 712805. Überdachter Grillplatz mit zwei Grillstellen, Sitzgelegenheiten für bis zu 120 Pers, Strom, Wasser, Toilettenanlage, Kühlschrank und Geschirrausleihe auf Anfrage. Bis 40 Pers 67 €, bis 100 Pers 87 €, über 100 Pers 103 €.

Wintersport und -spaß

Umweltschonend Ski laufen

Reichshof-Eckenhagen. ✆ 03365/345 (Schneetelefon).

Auto: A4, Ausfahrt 27 Eckenhagen.

▶ Neben der Sprungschanze steht alpinen Skiläufern ein 400 m langer Abfahrtshang ohne Lift zur Verfügung. Hier müsst ihr eure Muskeln etwas mehr spielen lassen, als bei einem Hang mit Lift. Doch Geldbörse und Umwelt werden erheblich schonender behandelt.

Langlauf am Blockhaus

Reichshof-Eckenhagen-Hahn. ✆ 02265/345 (Schneetelefon). **Auto:** A4, Ausfahrt 27 Eckenhagen, ausgeschildert.

▶ Im Wintersportgebiet Eckenhagen-Blockhaus, nicht weit vom Ortsteil Hahn, beginnen auf einem großen Parkplatz drei kurze Loipen, die auch von Anfängern und Kindern gemeistert werden können. Die Profis unter euch laufen einfach alle drei hintereinander ab. Auf der selben Straßenseite liegt die 1,2 km lange grüne Loipe, die um die 3 km lange, gelbe Loipe erweitert werden kann. Auf der anderen Straßenseite bietet die rote Loipe weitere 1,9 km Spaß im Schnee.

Mit Einstieg hinter dem Örtchen Blockhaus verläuft die 1,2 km lange Blockhausloipe.

Alle Loipen werden von ehrenamtlichen Helfern ohne Loipenspurgerät und nur bei ausreichender Schneelage gespurt.

Die Sprungschanze hat einen kritischen Punkt von 38 m, d.h. der Punkt, an dem die steilere Aufsprungbahn, auf der man eigentlich landen soll, in den flacheren Auslaufbereich übergeht. Infos zur Sprungschanze bei Hardy Dresbach, ✆ 02296/980328.

Ski und Rodel gut am Blockhaus

Kurverwaltung Reichshof, 51580 Reichshof-Eckenhagen-Blockhaus. ✆ 02265/470, 345 (Schneetelefon), Fax 356. **Auto:** A4, Ausfahrt 27 Eckenhagen.

▶ In Eckenhagen-Blockhaus gibt es einen 460 m langen Ankerschlepplift, der euch bei ausreichender Schneelage sogar am späten Nachmittag und Abend unter Flutlicht den Hang hinaufzieht. Die Abfahrt ist auch für Anfänger nach kurzer Zeit machbar.

Wer bei der Abfahrt lieber sitzen will, findet hier auch zwei schöne Rodelhügel.

Ski- & Rodel-Verleih

Gebrüder Littfin, 51580 Reichshof-Eckenhagen-Blockhaus. ✆ 02763/1275. **Auto:** A4, Ausfahrt 27 Eckenhagen, ausgeschildert. **Zeiten:** Mo – Sa 14 – 19 Uhr, So 9 – 19 Uhr.

▶ Leihski inklusive Schuhe und Stöcke kosten pro Tag 11 € (Langlauf) bzw. 12 € (Alpin). Wer nur wenig

Hunger & Durst

Bei Littfins sind auch Würstchen und Glühwein im Angebot.

Zeit hat, kommt mit 7,50 € aus: 2 Std Abfahrtski und Snowblades, 3 Std Langlaufski. Schlitten werden stundenweise vermietet, die 1. Std für 3 €, jede weitere für 2 €. Im Angebot sind alpine Skistiefel ab Schuhgröße 27, Langlaufschuhe ab Größe 36.

Schlepplift Hahn

Reichshof-Eckenhagen-Hahn. ✆ 02297/7642. **Auto:** A4, Ausfahrt 27 Eckenhagen, ausgeschildert.

▶ Wenn am Schlepplift Blockhaus viel Betrieb ist, wird auch der Schlepplift in Hahn eingesetzt. Er ist 200 m lang und ermöglicht eine gemütliche, 300 m lange Abfahrt. Daneben befindet sich ein Rodelhang.

Schlepplift Schemmerhausen

Reichshof-Eckenhagen-Schemmerhausen. ✆ 02296/980328. **Auto:** A4, Ausfahrt 27 Eckenhagen, ausgeschildert.

▶ Bei passender Schneelage und Nachfrage kommt auch in Schemmerhausen der Schlepplift zum Einsatz. Hier geht es schon etwas steiler zu als beim Schlepplift Blockhaus: Schlepplift und Hang sind beide etwa 200 m lang. Bei Bedarf wird auch bei Flutlicht geschleppt. Es gibt auch eine kleine Skihütte, einen Rodelhang und an manchen Tagen Skikurse (Auskunft bei Bernd Simon, ✆ 02262/92032, Mobil 0170/6577823).

Selbst in Rom liegt manchmal Schnee

Morsbach-Rom. **Auto:** ↗ Morsbach, Richtung Norden über Lichtenberg.

▶ Wollt ihr eure Eltern verwirren? Dann ladet sie doch einmal zum Skilaufen nach Rom ein. Wahrscheinlich denken sie dann an Rom in Italien, ihr meint aber Rom, den Ortsteil von Morsbach! Am oberen Ortseingang liegt der Start einer Loipe, die nach den nötigen Schneefällen gut gespurt ist.

Aber auch im Sommer lohnt sich ein Abstecher nach Rom, um Unwissende zu verwirren. Der Hotelchef

Hunger & Durst

Hotel Zum Römertal, Rom 14, 51597 Morsbach, ✆ 02294/235. Di – Do ab 16, Fr – So, Fei ab 10 Uhr. In der Gaststätte des Lokals gibt es leckeres Essen zu zivilen Preisen.

scheint ein echter Spaßvogel zu sein: An der Einfahrt zu seinem Grundstück steht eine Ampel, von der er behauptet, es sei die einzige Ampel von Morsbach und auf seinen Parkplatz hat er einen Kreis gemalt, der wie ein Hubschrauberlandeplatz aussieht. Auch für Menschen, die sich verfahren haben und ins italienische Rom wollen, hat er vorgesorgt: Auf einem Wegweiser steht zu lesen »Roma Italia via Brennero 1503 km«.

Bahn frei! Ich komme!

Ski springen in Laufe, oups! Richtig: Ski laufen in Springe

TUS 06 Waldbröl, 51597 Morsbach-Springe. **Anfahrt:** Bus 341 Lichtenberg und Erdingen, je 500 m bis zur Bergstation. **Zeiten:** Mo – Fr 15 – 19 Uhr, Sa, So, Fei 11 – 19 Uhr. **Preise:** Tageskarte Mo – Fr 5 €, Sa, So, Fei 7,50 €; Tageskarte Kinder bis 14 Jahre 2,50 €, Tageskarte Jugendliche Mo – Fr 3 €, Sa, So, Fei 5 €. **Infos:** Joachim Heerholz, Händelstraße 7, 51545 Waldbröl, © 02291/1615.

▶ In Springe könnt ihr nach guten Schneefällen prima rodeln, aber auch die Ski unterschnallen. Für die Flitzer gibt es zwei Schlepplifte von 275 und 200 m Länge, mit denen sich eine Pistenlänge von über 600 m ergibt. Der Hang hat ein Gefälle von 19 % und ist ab einer Schneehöhe von 25 cm befahrbar. Für die Ausdauersportler gibt es Wanderwege, auf denen auch Lauflaufski erlaubt sind. Alle gemeinsam können sich auf der Rodelbahn und bei Sonderprogrammen wie Fackelläufen vergnügen. Am Wochenende gibt es auch eine kleine Bude mit Würstchen, Glühwein und Kakao an der Talstation, daneben ist der Skiverleih.

Hunger & Durst

Die **Kufenstube,** ✆ 02262/752759, Fax 7527-61, täglich 11.30 – 14.30 und 17.30 – 23 Uhr ist Pizzeria und gediegenes Restaurant und befindet sich im Gebäude der Eissporthalle. Draußen, neben dem ↗ Freibad, ist im Sommer der Biergarten geöffnet. Erfrischungen bietet außerdem die Pistenbar.

Eissporthalle Wiehl

Mühlenstraße 23, 51674 Wiehl. ✆ 02262/980807, 97722, info@wiehl.de. **Zeiten:** Mitte Sep – April Di – Fr 16.15 – 17.45 Uhr, Di, Mi, Fr, Sa, So 20.15 – 22 Uhr, Sa 14 – 16.15 Uhr, So 9.30 – 11.30, 14.45 – 16.30 Uhr. **Preise:** 3,50 €, 10er-Karte 32 €; Kinder bis 17 Jahre 1,50 €, 10er-Karte 10 €, für die Abendlaufzeit gilt Erwachsenentarif; Schlittschuhverleih 3 €.

▶ Während der Wintersaison werden in der modernen Wiehler Eissporthalle viele Kurse und interessante Programme angeboten. Jeden Mittwoch ist ein Kinderspielnachmittag auf dem Eis, donnerstags ist Kinder-Disco, am Samstagabend Disco für die Großen.

HANDWERK UND GESCHICHTE

Bahnen und Betriebe

Modelleisenbahnanlage

Manfred Hermes, Brüchermühlerstraße 18, 51580 Reichshof-Heischeid. ✆ 02296/1619. **Anfahrt:** Bus 322 Heischeid. **Auto:** A4 Ausfahrt 26 Reichshof/Bergneustadt, B256 Richtung Denklingen, 2. Ausfahrt, dort Richtung Schemmerhausen, in Schemmerhausen rechts. **Zeiten:** Di, Do, Sa 15 – 18 Uhr und nach tel. Vereinbarung. **Preise:** 3 €; Kinder 2 €.

▶ Eine große Modelleisenbahnanlage mit viel naturgetreuer Landschaft ist bei Herrn Hermes auf dem geräumigen Dachboden anzuschauen. Der nette Rentner hat über 900 m Gleis verarbeitet, er hat inzwischen 210 Häuser, 580 Waggons und 300 Loks.

Im Dampfzug durchs Wiehltal

Förderkreis zur Rettung der Wiehltalbahn e.V., WB Wiehltalbahn GmbH, Sonnenweg 3, 51674 Wiehl. ✆ 02262/9999234, www.wiehltalbahn.de. g.mansel@wiehltalbahn.de. **Anfahrt:** Zum Museum ↗ Museum Achse, Rad und Wagen. Am Bfh Dieringhausen besteht zu jedem Zug am selben Bahnsteig Anschluss an die

DB-Züge von und nach Köln, Gummersbach und Marienheide. **Zeiten:** April – Okt 1. So ab Eisenbahnmuseum 10.25, 13.25 und 16.25 Uhr. **Preise:** Fahrpreisbeispiel Eisenbahnmuseum – Wiehl hin und zurück 4,80 €; Kinder 4 – 14 Jahre 2,80; Familien zahlen den doppelten Erw-Preis. **Infos:** Dampfzuschlag 1 € pro Person, Fahrradbeförderung möglich.

▶ An jedem ersten Sonntag im Monat stehen je drei Fahrten zwischen dem Eisenbahnmuseum Dieringhausen und Oberwiehl auf dem Fahrplan der Wiehltalbahn und des Eisenbahnmuseums. Wer schon den Zug um 10.25 Uhr nimmt, hat die Gelegenheit, den ganzen Tag in Wiehl zu verbringen und abends um 17.30 Uhr mit der letzten Bahn wieder zurückzufahren. Ihr fahrt mit einer Dampflok des Eisenbahnmuseums. Die Fahrt dauert etwa eine Stunde. An einigen Sonntagen wird eine kleine geführte Wanderung angeboten, am 2. Advent ist bei den stündlichen Pendelfahrten zum Wiehler Nikolausmarkt der Nikolaus mit an Bord!

Burgen und Schlösser

Burg Denklingen

Reichshof-Denklingen. **Anfahrt:** Bus 302 Denklingen oder Denklingen Rathaus. **Auto:** A4 Ausfahrt 26 Reichshof/Bergneustadt, B256 Richtung Wiehl/Denklingen, am Biebersteiner Stausee links Richtung Denklingen. **Zeiten:** frei zugänglich.

▶ Kern der Denklinger Burganlage ist eine alte Wasserburg aus dem 16. Jahrhundert. Um diese herum seht ihr einen Mühlteich, eine Kapelle, einen Torbau mit zwei Etagen von 1672 und ein historisches Badehaus. Früher hatte ja noch nicht jede Familie ein Bad zu Hause, da war ein solches Badehaus eine willkommene Möglichkeit, einmal wieder so richtig sauber zu werden.

Zu Pfingsten findet auf der Burg ein **Töpfermarkt** statt.

Ritter Kunibert und Burgfräulein Kunigunde auf Schloss Homburg

Museum des Oberbergischen Kreises, 51588 Nümbrecht. ✆ 02293/9101-0, 9101-16 (Museumskasse), Fax 9101-40. www.schloss-homburg.de. schloss-homburg@obk.de. **Anfahrt:** Bus 302, 312 Schloss Homburg. **Auto:** A4 Ausfahrt 25 Gummersbach/Wiehl/Nümbrecht, im Kreisverkehr Richtung Nümbrecht, dann ausgeschildert. **Zeiten:** Mitte März – Anfang Nov Di – Sa 10 – 17 Uhr, So, Fei 10 – 18 Uhr. **Preise:** 3,50 €, Gruppen ab 10 Pers 3 €; Kinder 2 €, Gruppen 1,50 €; Familienkarte 1 (1 Erw, 7 Ki) 7 €, Familienkarte 2 (2 Erw, 7 Ki) 9 €, Führungen bis 25 Pers 25 – 40 €, Audioguide 2 €.

▶ In dem über 700 Jahre alten Schloss Homburg wird ein modernes kulturhistorisches Museum betrieben. Die Dauerausstellung gibt euch Gelegenheit, viele alte Handwerke kennen zu lernen. In einer Abteilung erfahrt ihr, was eine Dröppelminna ist und warum die bergischen Uhrmacher so berühmt waren.

Hunger & Durst

In der **Burgschänke,** ✆ 02293/815508, Di – So 10 – 18 Uhr, könnt ihr internationale Gerichte und Bergische Spezialitäten wie den Schnibbelbohneneintopf und Bergische Waffeln essen. Auf Bestellung sind eine Bergische Kaffeetafel oder gar ein zünftiges Ritteressen möglich.

DIE HEXENSCHWEMME

▶ Ganz in der Nähe von Schloss Homburg soll sich nach Erzählungen der Einheimischen in einer Flussbiegung der Bröl eine Vertiefung befinden, die Hexenschwemme genannt wird. Dazu müsst ihr wissen, dass im späten Mittelalter auf der Homburg viele Hexenprozesse stattfanden. War eine Frau der Hexerei angeklagt, wurde mit ihr die so genannte Wasserprobe gemacht. Sie wurde mit den Händen an die Füße gefesselt, dann warf man sie in einen See oder einen Fluss, wegen der räumlichen Nähe zur Homburg häufig in das Flüsschen Bröl. Ging sie unter, so galt ihre Unschuld als erwiesen. Natürlich ertrank sie mit großer Wahrscheinlichkeit. Schwamm sie aber oben, so war sie als Hexe überführt: Das Wasser als Element der Reinheit stößt Hexen angeblich ab. Sie wurde dann herausgefischt und auf dem Scheiterhaufen verbrannt. Für die arme Frau war es also fast egal, ob sie unterging oder nicht, die Wasserprobe bedeutete in jedem Fall den Tod. ◀

Naturnutz – Naturschutz heißt eine Abteilung, in der ihr mit den typischen oberbergischen Pflanzen und Tiere vertraut gemacht werdet. Für die meisten Besucher in eurem Alter sind aber die Ausstellungsstücke aus der Ritterzeit die besonderen Hingucker. Jagdwaffen, Lanzen, Messer und Ritterrüstungen sind ausgestellt und erklärt.

Hui, ich bin das kleine Schlossgespenst und besuche dich um Mitternacht!

Wer dieses Thema vertiefen will, kann ein auf eurer Alter abgestimmtes Programm rund um das Ritterleben buchen. Natürlich werden auch allgemeine Führungen angeboten, zur Sonntagsführung um 15 Uhr ist nicht einmal eine Anmeldung erforderlich. Alle Ritterthemen sind auch als Kindergeburtstag möglich, außerdem z.B. eine Reise in die Steinzeit oder eine Suche nach Ritter Kuniberts Schwert mit anschließendem Steckenpferdturnier im Schlosshof. Und das ist in diesem wirklich kinderfreundlichen Museum noch längst nicht alles: Wie wär's, mit einem Rätselbogen durch das Schloss zu gehen, eine Entdeckungsrallye zu machen oder ein Mühlenquiz? Gruppen und Schulklassen können sich zudem eine Spielkiste mit historischen Spielen oder einen Museumskoffer mit Materialien zum Leben in der Steinzeit leihen.

Zwischen Sommerferien und Herbstferien könnt ihr Di, Do und So bei dem Programm Vom Korn zum Brot sehen, wie in der Mühle unter der Burg aus einfachen Getreidekörnern mit einigen Arbeitsschritten lecker duftendes Brot entsteht.

Jedes Jahr findet um den 1. Mai ein Burgmarkt und um den Nikolaustag ein Nikolausmarkt statt.

Museen und Stadtführungen

Bauernhofmuseum D'r Isenhardt's Hoff

Hauptstraße 20, 51580 Reichshof-Eckenhagen. © 02265/9150, 283, Handy 0177/8538660. **Anfahrt:** ➚ Eckenhagen. **Zeiten:** So 11 – 17 Uhr, für Gruppen auch nach telefonischer Vereinbarung.

▶ In diesem alten Bauernhof könnt ihr sehen und erleben, wie das Leben auf einem Bauernhof im Bergischen Land sich früher abgespielt hat. Im Erdgeschoss des Haupthauses aßen die Knechte und Mägde, während die obere Etage und die gute Stube dem Bauern und seiner Familie vorbehalten war. Interessant ist der Gewölbekeller, der damals den Kühlschrank ersetzte. Hier ist auch ein Brunnen. Das war sehr fortschrittlich, er fror im Winter nicht so schnell ein und man musste zum Wasserholen nicht durch den Regen oder Schnee laufen.

In der Remise wurden und werden die Geräte und Werkzeuge gelagert und nebenan im Backhaus wird immer wieder leckeres Steinofenbrot gebacken.

Puppenmuseum

Kurverwaltung Reichshof, Haus des Gastes, Barbarossastraße 5, 51580 Reichshof-Eckenhagen. © 02265/9070, Fax 356. kurverwaltung@reichshof.de. **Anfahrt:** Bus 303 Kurpark. **Auto:** A4 Ausfahrt 27 Eckenhagen, Wegweiser Kurverwaltung. **Zeiten:** Mo – Do 8 – 17 Uhr, Fr 8 – 12.30 Uhr, Sa 9 – 12 Uhr. **Preise:** 1 € (Puppenmuseum und Mineraliengrotte).

▶ Wer beschwert sich, dass ihr zu viele Puppen habt? Der kennt Frau Jonetzek nicht. Diese Dame hat in ihrem Leben 600 Puppen aus aller Welt zusammengetragen, sie werden nun im Haus des Gastes präsentiert. Alle denkbaren Materialien und Verarbeitungstechniken sind zu sehen, und auch Puppen ganz berühmter Menschen wie der ehemaligen Kaiserin von Persien, Farah Diba, des Fürsten von Monaco und des Königs von Belgien.

Mineraliengrotte im Haus des Gastes

Kurverwaltung Reichshof, Haus des Gastes, Barbarossastraße 5, 51580 Reichshof-Eckenhagen. ✆ 02265/9070, Fax 356. kurverwaltung@reichshof.de. **Anfahrt:** Bus 303 Kurverwaltung. **Auto:** A4 Ausfahrt 27 Eckenhagen, Wegweiser Kurverwaltung. **Zeiten:** Mo – Do 8 – 17 Uhr, Fr 8 – 12.30 Uhr, Sa 9 – 12 Uhr. **Preise:** 1 € (Puppenmuseum und Mineraliengrotte).

▶ Im Gebiet von Reichshof wurde früher Silber abgebaut. In den Gruben wurden viele unterschiedliche Mineralien gefunden. Einige davon sind nun im Haus des Gastes zusammen mit weiteren Mineralien aus der ganzen Welt ausgestellt. Da findet ihr z.B. auch Pyrit, besser bekannt als Katzengold oder Narrengold, weil Leute, die sich damit nicht auskennen, es für echtes Gold halten.

Hier dreht sich alles um Räder

Museum Achse, Rad und Wagen, BPW Bergische Achsen KG, Ohlerhammer, 51674 Wiehl. ✆ 02262/781280, Fax 781575. www.bpw.de/unternehmen/werksmuseum.html. info@bpw.de. **Anfahrt:** Bhf Dieringhausen, Bus 302 Achsenfabrik. **Auto:** A4 Ausfahrt 25 Gummersbach Richtung Wiehl B336, dann Hinweisschilder vorhanden. **Zeiten:** Sa 14.30 – 17.30 Uhr, für Gruppen täglich nach Anmeldung. **Preise:** Eintritt frei.

▶ Habt ihr schon einmal einem Stellmacher, Wagner oder Sattler bei der Arbeit zugesehen? Nein? Nicht verwunderlich, wahrscheinlich geht es euren Eltern genauso. Das sind uralte Berufe, die kaum noch jemand kennt oder gar ausübt. Hier in Wiehl könnt ihr aber an den Wochenenden von Mai bis September zusehen, wie der Stellmacher das Holz der Wagenkästen bearbeitet, der Schmied am Fahrgestell arbeitet oder der Sattler den Sitz polstert.

In der Ausstellung sind über 100 Modelle von alten Kutschen und Wagen zu sehen, aber auch uralte Münzen aus der Römerzeit, auf denen Wagen abgebildet sind.

Bauernmuseum Wiehl-Monsau

Thomas Aschemeier, 51674 Wiehl-Monsau. ✆ 02262/ 92911. **Auto:** In Wiehl gegenüber der Achsenfabrik in die Siefener Straße, gleich links Nürsche durch Drosselhardt und Oberholzen. **Zeiten:** So 9 – 13 Uhr und nach telefonischer Vereinbarung. **Preise:** Eintritt frei.

▶ Herr Aschemeier hat auf dem Hof seiner Eltern die Scheune zu einem Museum umgebaut. Er stellt auf drei Ebenen alte landwirtschaftliche Geräte, Werkzeuge und Maschinen aus. Und er ist ein guter Schrauber: Die allermeisten Ausstellungsstücke funktionieren noch.

Feste und Märkte

Viehmarkt in Waldbröl

Stadt Waldbröl, 51545 Waldbröl. ✆ 02291/85196, Handy 0171/2168578. viehmarkt@waldbroel.de. **Termin:** Do ab 7.30 Uhr.

▶ Alle 14 Tage ist donnerstags in Waldbröl großer Kram- und Viehmarkt. Hier werden seit 1851 Pferde, Ochsen, Kühe, Kälber, Geflügel, Schweine, Ziegen und Schafe verkauft. Bis zu 250 Händler bieten ihre Waren feil, an manchen Tagen werden über 20.000 Besucher gezählt, im Sommer auch aus vielen Nachbarländern. Mittlerweile nimmt zwar der Krammarkt und das Gemüse einen sehr großen Anteil der 1600 laufenden Meter Verkaufsfläche ein, aber Kleintiere werden ebenfalls immer noch ausgestellt. Der Auftrieb von Geflügel ist ein bedeutender Faktor für den Markt und zeigt den Bedarf der Bevölkerung. Allein etwa 60.000 Hühner werden pro Jahr verkauft. Neben Rasse- und Ziergeflügel wie Hühnern, Enten, Gänsen, Wachteln, Tauben und Ziervögeln werden Ferkel, Kaninchen, Hamster, manchmal auch noch Schafe und Ziegen angeboten. Alle Tiere unterliegen der ständigen Kontrolle eines Veterinärs.

Schönes Handwerk: Korbflechter auf dem Mittelaltermarkt

Mittelalterfest auf Schloss Homburg

51588 Nümbrecht-Schloss Homburg. www.kzk.de. info@kzk.de. **Anfahrt:** Kostenloser Buspendelverkehr zu den kostenlosen Parkplätzen. **Zeiten:** 29. April – 1. Mai 11 – 19 Uhr. **Preise:** 5 €; Kinder unter Schwertmaß (1,38 m) haben freien Eintritt. **Infos:** Kramer, Zunft und Kurtzweyl, Feste Nyestat, Burstenstraße 6, 51702 Bergneustadt, ✆ 02261/949230, Fax 949229.

▶ Auf Schloss Homburg wird auf ganz besondere Art in den Mai hineingefeiert und getanzt: Beim Mittelalterfest gibt es einen großen mittelalterlichen Markt mit vielen lustigen, spannenden und atemberaubenden Programmpunkten. Beim Mayentanz könnt ihr einen Reigen lernen, beim Kinderritterturnier eure Kräfte messen. Auf den Bühnen seht ihr Gaukler, Spielleute, Jongleure und Tänzer. Abends feiern die Großen dann noch mit mittelalterlicher Musik.

*In den letzten Jahren wurde dieses Fest als **Beltainfest** gefeiert. Mit Beltain oder auch Beltane wird der Vorabend des Mais bezeichnet. Das ist ein altes keltisches Fest, bei dem Feuer eine magische Bedeutung hat. Männer und Frauen springen übers Feuer und wünschen sich Glück, Gesundheit oder einen Ehepartner. An diesem Tag ist der Winter endgültig zu Ende.*

FESTKALENDER

Februar	Weiberfastnacht, Nümbrecht: **Rathauserstürmung** Karneval, So, Morsbach: **Rathauserstürmung** nach der 10-Uhr-Messe in der Basilika Karneval, So, Nümbrecht-Garderoth: **Karnevalszug** Karneval, So, Reichshof-Denklingen: **Karnevalszug** Rosenmontag, Wiehl-Bielstein: **Rosenmontagszug** Rosenmontag, Morsbach: **Rosenmontagszug,** anschließend Ball und närrisches Treiben
März:	4 Wochen vor Ostern, Nümbrecht: **Werkkunstmarkt**
April/Mai:	29. April – 1. Mai, Nümbrecht: **Mittelalterfest** auf Schloss Homburg
Mai:	1. Mai und Nachbarwochenende, Nümbrecht: **Burgmarkt** auf Schloss Homburg
Juni:	2. Wochenende, Fr – Mo, Waldbröl: **Stadtfest**
Juli:	Mitte, Nümbrecht: 3 Tage **Feuerwehrfest Oberelben** So Ende Juli: **Autofreier Sonntag** zwischen Nümbrecht und Waldbröl Letztes Wochenende, Nümbrecht: **Weiherfest** – Spaß für Jung und Alt!
August:	2. Wochenende, Sa, So, Morsbach: **Kirmes** 3. Wochenende, Fr – Mo, Waldbröl: **Herbstkirmes**
September:	2. Wochenende, Nümbrecht: bunter **Umweltmarkt** Letztes Wochenende, Morsbach-Lichtenberg und Morsbach-Friesenhagen: **Erntedankumzüge**
November:	11. Nov, Nümbrecht: **Martinszug** So nahe dem 11. Nov, Waldbröl: **Martinsmarkt** 2. Wochenende, Wiehl: **Bielsteiner Martinsmarkt**
Dezember:	Um den 6., und 2. Advent, Sa, So Nümbrecht: **Nikolausmarkt** auf Schloss Homburg Sa, So vor dem 1. Advent, Nümbrecht: **Weihnachtlicher Werkkunstmarkt** 2. Advent, Sa, So, Waldbröl, Wiehl: **Weihnachtsmarkt** 2., 3, und 4. Advent, Sa, So, Reichshof-Odenspiel: **Odenspieler Weihnacht** 3. Advent, Sa, So, Nümbrecht: **Weihnachtsmarkt**

NUTSCHEID & SIEGTAL

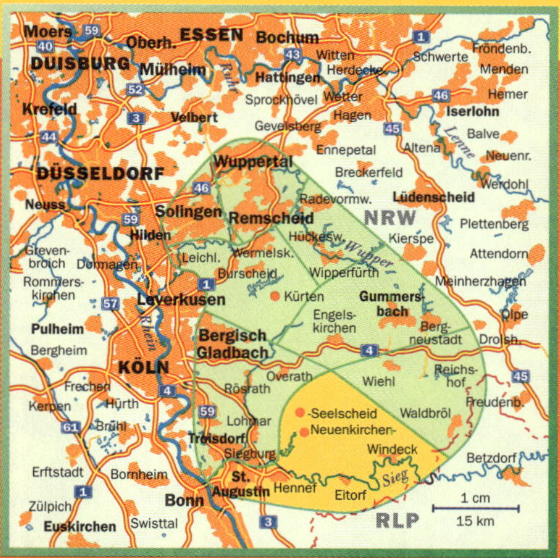

SOLINGEN

WUPPERTAL & REMSCHEID

WUPPER & DHÜNN

WAHNER HEIDE & AGGER

OBERBERGISCHE STAUSEEN

GUMMERSBACH & UMGEBUNG

HOMBURGER LÄNDCHEN

NUTSCHEID & SIEGTAL

INFO- & FERIENADRESSEN

KARTEN & REGISTER

BERG & TAL FÜR SPORTLER UND FORSCHER

Der Nutscheid ist der bewaldete Höhenzug zwischen den Flüssen Sieg und Bröl. Schon in der Römerzeit führte ein Handelsweg von Köln durch den Nutscheid ins Siegerland. Er hat 1500 Hektar Fläche und ist damit eines der größten zusammenhängenden Waldgebiete in Nordrhein-Westfalen. Große Teile des Nutscheid sind als Landschaftsschutzgebiete ausgewiesen.

Die Gegend hat eine sehr kriegerische Geschichte hinter sich. Die Ruinen z.B. in Windeck und Herrenbröl erinnern an die Ritterzeit, als man untereinander viele Fehden ausfocht. Während des Zweiten Weltkriegs befanden sich drei Abschussrampen für V1-Raketen im Nutscheid. Nach Kriegsende wurden die Anlagen zwar von britischen Truppen zerstört. Doch während des Kalten Krieges hatten die Amerikaner hier Patriot-Raketen stationiert.

Zum Glück sind diese Zeiten nun vorbei. Heute herrscht weitgehend Idylle in Orten wie **Much, Neuenkirchen** und **Seelscheid** oder **Ruppichteroth**, wo euch ein Waldschwimmbad und viel Natur erwarten. Wandern und Planwagenfahrten sind hier angesagt.

Auch das **Siegtal** ist sehr geschichtsträchtig und es gibt viel für euch zu erforschen. Ein Muss für jeden Ausflügler sind die Grube Silberhardt und der Bergbauwanderweg in Windeck-Öttershagen. Im Sommer werdet ihr mit einem Tag nicht auskommen, wenn ihr euch alle Sehenswürdigkeiten der einst kleinsten Stadt Deutschlands anschauen wollt, nämlich der Stadt **Blankenberg** bei Hennef.

Auf der **Sieg** könnt ihr paddeln und Tretboot fahren. Radler und Skater merken sich den 1. Sonntag im Juli für das Radelfest »Autofreies Siegtal« vor. Die Strecke auf der Siegtalstraße ist auch für schwächere Radfahrer gut geeignet, sie ist fast eben, also das genaue Gegenteil der meisten Radwanderstrecken in dieser Gegend. Aber auch ansonsten ist das Siegtal ein gutes Ziel für Radler, hier verläuft nämlich der Siegtal-Radwanderweg.

Freizeitkarte NRW Naturpark Bergisches Land (Süd) 1:50.000, Landesvermessungsamt 2005, ISBN 3-89439-494-3, 7,55 €.

Mal wieder Rad fahren im Siegtal, Vom Rothaarkamm zur Mündung in den Rhein. Verlag Achim, ISBN 3-936575-07-X. 64 Seiten, Höhenprofile, 14 topogr. Karten, 4,90 €.

Kinderführung der Stadt Blankenberg: Magd Brunhilde erklärt den Blechanzug ihres Ritters

TIPPS FÜR WASSER-RATTEN

Frei- und Hallenbäder

Hallenbad Dattenfeld

Bergische Straße 21, 51570 Windeck-Dattenfeld. ✆ 02292/4496. **Anfahrt:** RE9, S12 Bhf Dattenfeld, dann Bus 579 Dattenfeld Kreuz. **Auto:** Siegtalstraße. **Rad:** Siegtal-Radwanderweg. **Zeiten:** Di 17.30 – 18.15 Uhr, Mi (Warmbadetag), Do 14 – 19.45 Uhr, Fr 14.30 – 17.45 und 20.30 – 21.30 Uhr, So 8 – 11.45 Uhr. **Preise:** 3 €, 10er-Karte 22 €; Kinder und Jugendliche 1,80 €, 10er-Karte 11 €.

▶ Hallenbad mit Hubboden, der von 1,20 auf 1,80 m abgesenkt werden kann, dann sind nur noch Schwimmer zugelassen (Mi ab 18.30, Do ab 18, Fr ab 16.30 Uhr).

Freibad Windeck

Am Freibad, 51570 Windeck-Rosbach. ✆ 02292/5246. **Anfahrt:** RB Bhf Rosbach. **Auto:** An der B256. **Rad:** Siegtal-Radwanderweg. **Zeiten:** Mitte Mai – Mitte Sep (je nach Witterung) täglich 10 – 20 Uhr. **Preise:** 2,60 €; Kinder und Jugendliche 3 – 17 Jahre 1,60 €; 10er-Karten und Saisonkarten.

▶ Schönes Freibad mit großer Liegewiese unter Bäumen, Schwimmbecken, 3-m-Turm, Babybecken, Kiosk und Volleyball-Feld.

Hallenbad Menden

Siegstraße 119, 53757 Sankt Augustin-Menden. ✆ 02241/318869, Fax 318869. manfred.lindlar@sankt-augustin.de. **Anfahrt:** Bus 640 Menden Markt. **Auto:** A560, Ausfahrt Sankt Augustin, Richtung Menden, dann ausgeschildert. **Zeiten:** Di – Do 14 – 21 Uhr, Fr 9.30 – 21 Uhr, Sa 7 – 12.30 Uhr, So 8 – 12 Uhr. **Preise:** 3 €; Kinder 6 – 18 Jahre 1,50 €; Ermäßigung mit Mehrfachkarte, Viermonatskarte und Sankt Augustin-Ausweis (sozial schwache St. Augustiner), Jugendleiter-Card und für Familien mit 3 und mehr Kindern. **Infos:** Wickeltisch vorhanden.

▶ Ein kleines Hallenbad mit Sportbecken, bei dem sich der Hubboden im Nichtschwimmerbereich von 0,40 auf 1,80 m verstellen lässt. Damit bietet das Bad viel Freiraum für Groß und Klein. Fr und Sa sind Warmbadetage mit wohligen 29 Grad, Zuschlag für Warmbadetage pro Person 75 Cent. Der Dienstagnachmittag ist für euch Kinder reserviert: Beim Spielenachmittag geht's so richtig rund!

Freibad Sankt Augustin

rhenagbad, Husarenstraße 51, 53757 Sankt Augustin-Ort. ✆ 02241/29013, Fax 927445. manfred.lindlar@sankt-augustin.de. **Anfahrt:** Bus 508 Sankt Augustin Freibad. **Auto:** A560 Ausfahrt 3 Siegburg, rechts B56 Richtung Mülldorf, an großer Ampelkreuzung rechts Richtung Menden, nach 500m links. **Zeiten:** Mitte Mai – Ende Aug Mo 10 – 20 Uhr, Di – Fr 9 – 20 Uhr, Sa, So und Fei 9 – 19 Uhr. **Preise:** ↗ Hallenbad Menden.

▶ Im Sommer können sich Wasserratten unter freiem Himmel mitten in Sankt Augustin tummeln. Hier stehen euch ein 50-m-Schwimmerbecken, ein 5-m-Turm und ein Plantschbecken zur Verfügung. Abgerundet wird das Ganze von einer großen Liegewiese, Umkleideräumen, einem Eltern-Kleinkind-Bereich und einem Kiosk.

Hermann-Weber-Bad

Am Freibad, 53783 Eitorf. ✆ 02243/923050, Fax 923059. www.eitorf.de/hermann_weber_bad.htm. **Anfahrt:** S12 Eitorf. **Auto:** A560 Ausfahrt 7 Hennef-Ost, dann links und sofort rechts in die Siegtalstraße. **Rad:** Siegtal-Radwanderweg. **Zeiten:** Mo 12 – 21 Uhr, Di – Fr 7.30 – 21 Uhr, Sa, So, Fei 10 – 18 Uhr, Außenbecken April – Okt. witterungs- und nachfrageabhängig. **Preise:** 3,50 €, 10er-Karte 28 €; Kinder 6 – 17 Jahre 2 €, 10er-Karte 15 €; Minigruppenkarten für 5 Besucher, davon höchstens 2 Erw 9 €.

▶ Hallenbad mit Erlebnisbecken und Riesenrutsche. Im Kleinkinderbereich gibt es Wasserspeier, Elefan-

Reiterkampf: Zwei Paare treten im Nichtschwimmerbecken gegeneinander an. Der größere nimmt den kleineren Partner auf die Schulter und der Kampf kann beginnen. Die Pferde dürfen ihre Hände nicht von den Beinen der Reiter lassen. Die Reiter dürfen sich gegenseitig schieben und ziehen, bis einer von beiden den Halt verliert und im Wasser landet. Achtung: Nur für Schwimmer, denn beim Umfallen gerät man zumindest kurz unter Wasser!

tenrutsche und Schiffchenkanal. Im Sommer werden im Außenbereich zusätzlich der Kinderspielplatz, die Liegewiese, der Beachvolleyball-Platz, das Plantschbecken und die Sonnenterrasse geöffnet.
Hunger und Durst könnt ihr im **Bistro delphina** stillen.

Waldfreibad Much

Bockemsweg 7, 53804 Much. © 02245/911106, Fax 6850. www.much.de. desiree.brandt@much.de. **Anfahrt:** Bus 520, 576, 577 Much-Post oder Much-Rathaus. **Auto:** A4 Ausfahrt 22 Overath, B55 Richtung Overath, 1. große Straße links (L312), 2. Straße hinter der Kirche rechts. **Zeiten:** Mitte Mai – Mitte Sep Mo – Fr 13 – 19 Uhr, Sa, So, Fei 10 – 19 Uhr, Sommerferien täglich 10 – 19 Uhr. **Preise:** 3,50 €, 10er-Karte 27 €; Kinder und Jugendliche 4- 18 Jahre 2,50 €, 10er-Karte 17 €; Familientarif bis 4 Familienangehörige 9,50 €, zusätzliche Ki 2 €, Feierabendtarif ab 17.30 Uhr Erw 2,50 €, Ki bis 18 Jahre 2 €. **Infos:** Bei schlechtem Wetter bleibt das Freibad geschlossen.

▶ Ein idyllisch gelegenes Freibad direkt am Wahnbach, das solarbeheizt ist, mit 1- und 3-m-Brett, Kinderbecken mit Rutsche, großer Wiese und Beachvolleyball-Anlage. Das Freibad hat einen Kiosk mit Sitzgelegenheiten.

Hallenbad Ruppichteroth

In der Schleeharth 20, 53809 Ruppichteroth. © 02295/5601, Fax 4939. **Anfahrt:** RE9, S12 Hennef Bhf, Bus 530 Ruppichteroth, Hallenbad. **Auto:** A560 Ausfahrt 7 Hennef Ost, B478 Richtung Ruppicheroth. **Zeiten:** Mi 15 – 18, Do 8 – 13, 15 – 21.30, Fr 15 – 19, Sa 8 – 12 und So 9 – 12 Uhr. **Preise:** 2,50 €, 10er-Karte 21 €; Kinder 7 – 16 Jahre 1,30 €, 10er-Karte 8 €; Ermäßigungen für Mitglieder von Familien mit mehr als 3 Kin und Sozialhilfeempfänger, für Menschen ab 60 Jahre, Schüler, Auszubildende, Studenten, Wehr- und Zivildienstleistende, Frührentner, Behinderte ab 50 % und deren

Mi 15 – 18 Uhr ist Kindertag mit vielen Spiel- und Sportgeräten im Wasser.

Begleitperson. **Infos:** Do ist Warmbadetag, das kostet 0,50 € extra.

▶ Kleines Hallenbad mit 25-m-Becken, Wärmekabine und Sonnenbank. Für Kinder werden Wassergewöhnungs- und Schwimmkurse angeboten.

Schwimmhalle Neunkirchen

Prälat-Lewen-Straße 5, 53819 Neunkirchen-Seelscheid-Neunkirchen. ✆ 02247/3303, Fax 921793. hallenbad.neunkirchen@t-online.de. **Anfahrt:** Bus 577, 578 Neunkirchen-Ohlertstraße, 100 m Richtung Ortsausgang, dann Beschilderung. **Auto:** B507, L352/ Hauptstraße Beschilderung Aquarena. **Zeiten:** Für Kinder: Mo, Mi 14 – 18, Do 14 – 17.30 Uhr, Fr 14 – 19 Uhr, Sa 10 – 14.30 Uhr, So 8 – 14.30 Uhr, Fei 8 – 12 Uhr, weitere Öffnungszeiten nur für Erwachsene. **Preise:** 3 €, 10er-Karte 20 €; Kinder 5 – 17 Jahre 1,50 €, 10er-Karte 12 €; Vorzugspreise für Inhaber von Regio-Bonn-Card, Familienpass und Jugendleiter-Card.

▶ Die Schwimmhalle besitzt einen 3-m-Sprungturm und eine Kleinkinderrutsche sowie einen Sauna-, Fitness- und Wellness-Bereich (nicht im Eintrittspreis enthalten). Montags ist Warmbadetag. Separat steht ein kleines Becken als Kleinkinderbereich zur Verfügung. Mi 14.30 – 17.30 Uhr wird ein Spaßnachmittag für Kinder veranstaltet, für den verschiedene Spielgeräte, z.B. aufblasbare Inseln, im Becken zu Wasser gelassen werden. Im Frühjahr und Sommer kann der Außenbereich als Liegewiese genutzt werden, ein kleines Bistro ist auch vorhanden. Bälle und Tauchreifen können beim Personal ausgeliehen werden. Schwimmkurse für Kinder werden über die Gemeindewerke angeboten (✆ 02247/303218). Ferner können im Badeshop Schwimmbrillen und weitere Schimmsportartikel gekauft werden.

Besuche und Führungen durch die Technik des Bades sind für Gruppen auf Anfrage möglich.

Wassersport mit Boot und Kanu

Familientour im Kanu auf der Sieg

Aktive Elemente, Bernard-Eyberg-Straße 41, 51427 Bergisch Gladbach. ✆ 02204/201444, Fax 201445. www.aktive-elemente.de. info@aktive-elemente.de. **Anfahrt:** Start am Bhf Eitorf, Ziel am Bhf Hennef/Sieg. **Rad:** Siegtal-Radwanderweg. **Zeiten:** Fast jeden Sa Mai – Sep 11 Uhr.

▶ Spezielle Touren für Familien, die einen Tag auf dem Wasser und in der Natur genießen wollen. Um den Bootstransport braucht ihr euch nicht zu kümmern, das **Kanu** mit der dazugehörigen Ausrüstung wird euch an der Einsatzstelle in Eitorf zur Verfügung gestellt. Zur Ausrüstung gehören Schwimmwesten, Paddel und Trockentonnen, in denen ihr Proviant und Ersatzklamotten trocken unterbringen könnt. Ihr werdet dann von einem erfahrenen Tourbegleiter in die Grundtechniken des Kanufahrens eingewiesen und befahrt die Sieg zwischen Eitorf und Hennef. Das ist ein für Anfänger geeigneter Abschnitt, ein paar Stromschnellen gibt es aber schon, in denen ihr aufpassen und kräftig paddeln müsst! Die 19 km lange Tour beginnt um 11 Uhr in Eitorf und endet zwischen 16 und 17 Uhr in Hennef, wo ihr die Boote zurückgebt.

*Kanu ist der Oberbegriff für Kajak und Kanadier. Bei einem Kajak hat das Paddel 2 Blätter und ihr sitzt ganz tief im Boot. Den **Kanadier** kennt ihr als typisches Indianerboot, hier haben die Paddel nur ein Blatt und werden von oben ins Wasser gestochen (deshalb heißen sie auch Stechpaddel). Hier auf der Sieg paddelt ihr im Dreier- oder Vierer-Kanadier.*

Freizeitkapitän in Dattenfeld

Windeck-Dattenfeld. ✆ 02292/3705. **Anfahrt:** RE9, S12 Bhf Dattenfeld, dann auf dem Uferweg 500 m siegabwärts laufen. **Zeiten:** Mo – Fr 13 – 18.30 Uhr, Sa, So 10.30 – 18 Uhr. **Preise:** Ruderboot 30 Min 2,50 €, 1 Std 4 €, Tretboot 30 Min 3 €, 1 Std 5 €, Ermäßigungen für Gruppen ab 20 Pers.

▶ In Dattenfeld ist die Sieg etwas angestaut. Hier könnt ihr also ohne unangenehme Strömung Kapitän auf einem Ruder- oder Tretboot werden. Sollte keiner in der Familie bereit sein, als Smutje für die Verpflegung der Mannschaft zu arbeiten, könnt ihr am Kiosk

In der Nähe der Anlegestelle befinden sich das ↗ Naturdenkmal Basaltsteinbruch und der Landgasthof zur Eitdorfer Schweiz.

an der Anlegestelle etwas gegen Hunger und Durst tun. Vorausgesetzt, der Zahlmeister war spendabel.

Bootsverleih in Herchen

Bürger- und Verschönerungsverein Herchen an der Sieg e.V., In der Au, 51570 Windeck-Herchen. ✆ 02243/5757, 2525 (Restaurant Löwenburg), Handy 0170/6293465. **Anfahrt:** Bhf Herchen, dann 1,7 km Fußweg. **Auto:** Siegtalstraße. **Rad:** Siegtal-Radwanderweg. **Zeiten:** wetterabhängig etwa Karfreitag bis Ende der Herbstferien, täglich circa 11 – 18 Uhr. **Preise:** 30 Min 2,50 €, 1 Std 4 €.

▶ Mit einem von zehn Tretbooten oder zwei Ruderbooten könnt ihr auf einem Flussstück mit ganz wenig Strömung das Siegufer vom Wasser aus ansehen. Beim Startpunkt der Bootstouren könnt ihr auch **Minigolf** oder Boule spielen.

Hunger & Durst

Das **Restaurant Löwenburg** neben dem Bootsverleih, ✆ 02243/2525, geöffnet täglich ab 10 Uhr. Hier stehen Kinderteller auf der Karte und im Sommer öffnet draußen im Biergarten ein Kiosk, an dem ihr auch Rostbratwurst und Eis bekommt.

Radeln und Skaten

Radtour im Windecker Ländchen

Windeck-Dattenfeld. **Länge:** 25 km mit einigen bergigen Passagen. Je nach Alter und Kondition zwischen 1,5 und 5 Std. Markierung: Schilder mit roten Pfeilen. Einkehren in Dattenfeld, Altwindeck, Schladern und Mauel. **Anfahrt:** Siegtalbahn S12 stündlich bis Bhf Dattenfeld. **Rad:** Siegtal-Radwanderweg.

▶ Es muss nicht immer der stark befahrene Radwanderweg entlang der Sieg sein. Diese Radtour führt vorwiegend über Rad-, Feld- und Waldwege sowie kleine Straßen. Stark befahrene Straßen werden möglichst gemieden. Allerdings braucht ihr für die vielen Abschnitte bergauf und bergab eine Gangschaltung und gut funktionierende Bremsen.

Gestartet wird in **Windeck-Dattenfeld.** Von dort führt die Route zunächst nach **Altwindeck,** wo ihr das Heimatmuseum und die Burgruine besichtigen könnt. Kurz hinter **Schladern** erwartet euch ein kleiner Was-

serfall und es geht weiter zur **Burg Mauel.** Hinter **Dreisel** folgt ihr eine ganze Weile der Sieg, bis es dann hinauf in den Nutscheid geht. Ihr fahrt durch ausgedehnte Wälder über die Wilhelmshöhe nach **Hoppengarten.** Hier führt die rot markierte kurze Tour auf dem Sieguferweg zurück nach **Dattenfeld.** Vorsicht: Wer den blauen Pfeilen folgt, verdoppelt die Gesamtkilometerzahl seiner Tour.

Tagestour für sportliche Jugendliche: Wer besonders fit ist, kann sich auch noch während der kurzen Tour für die etwa 50 km lange Tour mit den blauen Pfeilen entscheiden. Sie führt in Hoppengarten über Röckingen und Ohmbach hinauf bis nach Leuscheid. Dort gibt es einen Basaltkrater zu besichtigen. Durch das Irsertal geht es zurück über Imhausen, Obernau, Lindenpütz und Mauel auf der roten Route nach Dattenfeld.

Gebt dem Auto auch auf dem Weg zum Start frei: An diesem Tag setzt der VRS zusätzliche Pendelzüge ein, sogar extra mit Gepäckwagen für Fahrräder. Bahnhöfe gibt es reichlich auf der gesperrten Strecke: Siegburg, Hennef, Blankenberg, Merten, Eitorf, Herchen, Dattenfeld allein im Rhein-Sieg-Kreis, aber auch ganz im Osten z.B. Siegen und Netphen.

Siegtal Pur – Autofreies Siegtal

Hennef. www.siegtal.com. **Anfahrt:** RB zu allen Bhf im Siegtal. **Auto:** A3 Ausfahrt 32 Kreuz Bonn/Siegburg, A560 Ausfahrt 7 Hennef-Ost. **Rad:** Erlebnisweg Rheinschiene und Siegtal-Radwanderweg. **Zeiten:** 1. So im Juli 9 – 19 Uhr. **Infos:** Tourist-Informationen in Hennef, Eitorf und Windeck.

▶ Zehn Stunden lang darf auf 120 km Länge kein Motor durch das Siegtal brummen, die Straße gehört den Radlern, Skatern und Wanderern. In vielen Orten stehen Straßenfeste, Kinderspaß, Musik, Imbissbuden und After-Bike-Partys auf dem Programm.

Radeln an der Sieg

Eitorf. **Länge:** 16 km Streckenradtour mit leichten Steigungen entlang der Sieg und durch die Auen. **Anfahrt:** Start am Bhf Eitorf, Ziel am Bhf Hennef. **Auto:** A3 Ausfahrt 32 Kreuz Bonn/Siegburg, A560 Ausfahrt 7 Hennef-Ost. **Rad:** Siegtalroute.

▶ Der Siegtalradweg führt parallel zur Sieg von der Quelle bis zur Mündung und ist etwa 154 km lang. Einer der schönsten Streckenabschnitte für Familien verläuft von Eitorf nach Hennef.

Mit dem Bahnhof **Eitorf** im Rücken fahrt ihr auf der Siegtalstraße links Richtung Ortsmitte, an der ersten Ampelkreuzung gleich wieder links zur Siegbrücke. Diese überquert ihr und fahrt wieder links, zuerst über ein Sträßchen, das aber bald schon auf den *Siegdamm* führt. Durch die Siegaue fahrt ihr rechts nach **Lützgenauel.** Puh, hier geht es ziemlich den Berg hinauf, aber an heißen Sommertagen freut ihr euch über den nun folgenden Streckenabschnitt durch den dichten Wald. Richtung Merten geht es nun wieder bergab. Für den Fall einer Panne oder einer Konditionsschwäche findet ihr in **Merten** einen Bahnhof. Ansonsten fahrt ihr parallel zur Bahnlinie wieder auf die Sieg zu, die sich hier in Richtung Auel schlängelt. Die nächste Bergetappe führt nach **Oberauel** hinauf und von dort hinunter zur Sieg. Am anderen Ufer radelt ihr wieder durch die Auen bis nach Hennef. Dort folgt ihr der Frankfurter Straße zur Bahnhofsstraße und seid schon bald am Bahnhof **Hennef.**

Skatertour zur Hängebrücke

Eitorf. **Länge:** 5,3 km weitgehend ebene Runde entlang der Sieg, auch schön für Radler und Spaziergänger.

Anfahrt: Bhf Eitorf.

▶ Ihr startet an einem der drei Parkplätze des Siegtal-Gymnasiums von Eitorf und überquert die Siegbrücke zum Ortsteil Kelters. Direkt hinter der Brücke geht es scharf rechts zurück an die Sieg. In den Wiesen könnt ihr häufig Fischreiher beobachten, die nach Heuschrecken und Mäusen suchen. Links seht ihr die Gärten der letzten Straße von Halft. Bald wird der Fluss breiter, ihr kommt zum Halfter **Bolzplatz.** Von hier aus könnt ihr schon die **Hängebrücke** über die Sieg erkennen, über die ihr gaaaanz vorsichtig die Flussseite wechselt. Wer noch nie auf einer Hängebrücke stand, wird erstaunt sein, wie schnell sie ins

Wenn ihr an der Sieg und südlich davon in Siebengebirge und Westerwald auf Entdeckungstour gehen möchtet, findet ihr in *Westerwald mit Kindern* von Eberhard Schmitt-Burk jede Menge Anregungen. Erschienen im Peter Meyer Verlag, ISBN 3-89859-405-X, 12,95 €.

Schwingen gerät! Nach dieser ungewöhnlichen Flussquerung biegt ihr rechts ab und folgt dem Teerweg zurück nach **Eitorf.**

Skulpturenweg in Sankt Augustin

Kulturamt der Stadt Sankt Augustin, Markt 1, 53757 Sankt Augustin-Ort. ✆ 02241/243227, Fax 927441. www.skulpturenweg.info. kulturamt@sankt-augustin.de. **Länge:** etwa 3 km bzw. 1 Std Stadtspaziergang ab Rathaus am Markt. **Anfahrt:** S66 Sankt Augustin Kloster. **Auto:** A560, Ausfahrt 3 Siegburg, rechts B56 Richtung Mülldorf. **Zeiten:** frei zugänglich.

▶ Mitten im Ortszentrum von Sankt Augustin könnt ihr einen Rundgang machen, bei dem ihr die unterschiedlichsten Kunstwerke zu sehen bekommt. Da trefft ihr beispielsweise den heiligen Augustinus, ein zum Christentum bekehrter Nordafrikaner, der es im späten 4. Jahrhundert bis zum Bischof bebracht hat und als solcher Namenspatron der Stadt ist. Er guckt aus einem roten Fels hervor und ist an seiner Bischofsmütze zu erkennen. Vor der Kinderklinik trefft ihr auf ein Geschwisterpärchen und vor der Schule auf lustige runde Betonmenschen.
Das Kulturamt versorgt euch bei Bedarf mit näheren Informationen oder einem fachkundigen Führer.

Natur und Umwelt erforschen

Bergbauwanderweg

Grube Silberhardt, Eisenbergstraße, 51570 Windeck-Öttershagen. ✆ 02292/601107, 19433, Fax 601294. www.grube-silberhardt.de. Martina.Schneider@Gemeinde-Windeck.de. **Länge:** 1,7 km leichter Rundweg mit zwei Abstechern, rund 1 Stunde entlang dem Bergmannsymbol Schlegel und Bergeisen. **Anfahrt:** RB Bhf Schladern oder Rosbach, 5 km Fußweg, Mo – Fr Bus 344 Silberhardt. **Auto:** Siegtalstraße und B256 bis Rosbach, von dort ausgeschildert. **Infos:** Der Weg führt

Bemoost: Die alte Köhlerhütte bietet Unterstand

Immer wieder werdet ihr hören oder lesen, dass der Name Hunt von dem Tier Hund kommen soll, weil diese Wagen bei schlecht verlegten Schienen oder zu großer Belastung quietschten und jaulten wie ein Hund, dem man auf die Pfote tritt. Das ist zwar eine logische und lustige Erklärung, Bergleute aber wehren sich heftig gegen diesen Erklärungsversuch, ohne eine andere konkrete Erklärung zu geben.

durch ein Naturschutzgebiet, Hunde müssen also an die Leine.

▶ Startpunkt ist der Parkplatz gegenüber der **Grube Silberhardt.** Auf diesem kurzen Lehrpfad durch hohen Laubwald seht ihr an 14 Stationen Stollen, Schmelzstätten, eine Köhlerhütte mit Meiler und vieles mehr, das an 800 Jahre Bergbau unter diesem Wald erinnert. Leicht verständliche Schautafeln erklären zum Beispiel, was ein *Kettenbremsberg* ist oder wie ein *Rennfeuerofen* funktioniert. Ihr kommt auch an Wagen vorbei, die ursprünglich auf Gleisen durch die Stollen fuhren. Sie heißen *Lore,* wenn der obere Teil kippbar ist und *Hunt,* wenn der obere Teil fest ist.

Lustig: In einem Stolleneingang wachsen Pilze an den Wänden und der Decke, die dann aber trotzdem versuchen, die Köpfe nach oben zu drehen. Das sieht sehr verrenkt aus.

Geologischer Lehrpfad

Zum Steimelsberg, 53773 Hennef. **Länge:** einmal um die Wiese. **Anfahrt:** RE9, S12 Hennef Bhf, dann Bus 522 Warth. Fußweg 15 Min über Weidenbroich und Auf dem Blocksberg. **Auto:** Parken oberhalb der Eschenberg-Wildpark-Klinik. **Zeiten:** frei zugänglich.

▶ Gesteine verschiedener erdgeschichtlicher Epochen mit ausführlicher Erklärungstafel am Startpunkt.

Minigolf im Kurpark, Eingang Kurhausstraße Mai – Sep Sa, So, Fei 14 – 19 Uhr, ✆ 02242/ 9697098.

Lehrpfad Waldimkerei & Waldhygiene

Forstamt Eitorf, Waldgebiet Hüppelröttchen, 53783 Eitorf-Käsberg. ✆ 02243/92160, 02292/3021 (Förster), Fax 921685. **Länge:** 3,4 km, nur für geländegängige Kinderwagen. **Anfahrt:** Bus 573 Stein, dann 1,7 km Fußweg. **Auto:** In Eitorf Bergstraße nach Eitorf-Käsberg. Am Ortsende geradeaus, an der abknickenden Vorfahrtstraße links dem Hinweis Hüppelröttchen bis zum Wanderparkplatz Melchiorweg folgen.

Hotel am Wegesrand: Hier finden Insekten und Bienen Unterschlupf

▶ Im Wald bei Eitorf steht ein ganz besonderes Haus: ein Insektenhotel. Auf dem Lehrpfad findet ihr alle paar Meter Informationen zu Bienen, Honig, Pollen, Nektar und anderen Themen der Imkerei. An vielen Bäumen wird durch Schilder erklärt, ob Nektar und Pollen des jeweiligen Baumes gut oder eher mäßig sind. Es gibt Infos zu Waldameisen, Hummeln und Hornissen. Am Wegesrand sind Bienenstöcke und Streuobstwiesen zu sehen. Auch eine Wiese zum Toben darf nicht fehlen. Sie liegt am Insektenhotel neben einer Schutzhütte für 30 Pers mit Lagerfeuerstelle. Wer noch mehr laufen und lernen will, merkt sich gleich den Waldlehrpfad vor, der zeitweise parallel läuft.

Besuchergruppen werden nach vorheriger Anmeldung, von einem Förster, Imker oder Naturschützer geführt. Die Führungen sind kostenlos.

Naturdenkmal Basaltsteinbruch

Zum dicken Stein, 53783 Eitorf-Stein. **Anfahrt:** Bus 573 Stein. **Auto:** A560 bis Autobahnende, B8 kurz vor Kircheib links Richtung Mühleip/Eitorf, in Mühleip rechts.

▶ Vor 19 Millionen Jahren gab es hier einen Vulkanausbruch. Dabei entstanden die 15 – 20 m hohen Basaltsäulen, die fast senkrecht emporragen. Jahrelang wurde hier Basalt im Steinbruch abgebaut. Nun kann sich die Natur dieses Fleckchen Erde zurückerobern.

Wildstauden-Lehrpfad

Rathaus-Aufgang, Hauptstraße 78, 53819 Neunkirchen-Seelscheid-Neunkirchen. ✆ 02247/3030, Fax 303114. gemeinde@neunkirchen-seelscheid.de. **Länge:** so weit das Auge reicht. **Anfahrt:** ↗ Neunkirchen-Seelscheid. **Zeiten:** frei zugänglich.

▶ Was macht man mit einem Rathausvorplatz, umgeben von Häusern und Straßen, auf dem es im Sommer sehr heiß und trocken werden kann? Das fragten sich die Menschen im Rathaus in Neunkirchen-Seelscheid und hatten eine Idee: »Wir wollen nicht einfach irgendwas dort hinpflanzen, das dann häufig gegossen werden muss.« Stattdessen haben sie ein Planungsbüro für naturnahes Grün beauftragt, dort Stauden zu pflanzen, die sich auch in der freien Natur an heißen, steinigen Böschungen wohl fühlen. Dort gießt niemand und trotzdem wachsen gerade an solchen Stellen die schönsten Wildpflanzen. Im Raum Neunkirchen findet ihr besonders auf den Kup-

Hunger & Durst

Im **Landgasthof Zur Eitorfer Schweiz** Im Steiner Hof 11, 53783 Eitorf-Stein, ✆ 02243/5949, www.zureitorfer-schweiz.de. Hier gibt es leckere Schnitzelgerichte und eine eigene Kinderkarte.

René Mettler, *Die Natur ganz nah und weit weg.* Die Natur in der Stadt und auf dem Land wie aus einem Flugzeug und immer näher, immer näher, immer näher – wie unter der Lupe. ISBN 3-551-51658-8, 14 €.

Traubensilberkerze, Thymian und Mönchspfeffer: Sie duften nicht nur gut, sondern sind auch als Heilpflanzen bekannt

pen steinige Lehmböden. Solch ein Boden wurde nun aufgetragen und mit lichtliebenden, trockenheitsverträglichen Wildstauden und -gehölzen bepflanzt. Da blüht es nun fast das ganze Jahr gelb und lila. Gelb sind Ginster, scharfer Mauerpfeffer und Frühlingsfingerkraut. Die violetten Stauden haben noch lustigere Namen: Kriechende Hauhechel, Taubenkropf-Leimkraut, Pech-Nelke und Fette Henne.

Auf dem Hof Fröhling könnt ihr in der Pferdepension auch mit eigenem Pferd übernachten, ↗ Ferienadressen.

Planwagenfahrten

Planwagenfahrt durchs Windecker Ländchen

Heuhotel Hof Fröhling, Rauner Hohn 20, 51570 Windeck-Hurst. ✆ 02292/7327, Fax 680067. www.hof-froehling.de. hof-froehling@t-online.de. **Anfahrt:** RE9, S12 Rosbach Bhf, dann Taxibus 344 (Fahrtwunsch 60 Min vor Abfahrt unter ✆ 02261/911271 anmelden. **Auto:** In Hurst der Reiterstraße folgen. **Preise:** 8 € für 1 1/2 Std. **Infos:** Mindestteilnehmerzahl 10 Pers.

▶ Ein sicherer Planwagen mit offizieller Genehmigung des Straßenverkehrsamtes stimmt auch ängstliche Eltern gnädig, wenn ihr euch eine Fahrt durchs Windecker Ländchen wünscht. Bis zu 25 Personen können damit vom Traktor zur Burgruine, zur alten Silbermine oder einfach nur durch die Felder gezogen werden. Auch Transferfahrten vom und zum Bahnhof sind möglich.

Planwagenfahrten durch das Bröltal

Fahrstall Kaltenbach, Burgstraße 6, 53809 Ruppichteroth. ✆ 02295/5137, Fax 5353. www.fahrstall-kaltenbach.de. info@fahrstall-kaltenbach.de. **Anfahrt:** RE9, S12 Hennef Bhf, Bus 530. **Auto:** A560 Ausfahrt 7 Hennef Ost, B478 Richtung Ruppicheroth. **Preise:** Wagen bis 12 Pers für 2 Std 110 €, jede weitere Std 60 €. Kaffee und Kuchen pro Pers 10 €, Limo, Cola, Wasser (0,25 l) 1,20 €.

▶ Die Planwagenfahrten führen über den waldreichen Höhenrücken des Nutscheids oder durch das Sieg- und Bröltal. Für das leibliche Wohl wird bestens gesorgt. Ganz nach euren Wünschen wird eine Kaffeefahrt mit Waffeln, eine Picknick-Fahrt mit rustikalem Verpflegungskorb oder auch eine Pause mit Einkehr im Landgasthof Höhe organisiert.

Spiel- und Grillplätze

Werft eure Anker!

Abenteuerspielplatz Ankerplatz, Wellenstraße 18, 53757 Sankt Augustin-Mülldorf. ✆ 02241/204617, Fax 923910. www.asp-ankerplatz.de. Abenteuerspielplatz@asp-ankerplatz.de. **Anfahrt:** S12 und RE9 Siegburg, dann S66, 67 Richtung Bonn bis St. Augustin-Mülldorf. **Zeiten:** Nov – April Mo – Do 12 – 17 Uhr, Fr 12 – 16 Uhr, Mai – Okt nachmittags jeweils eine Stunde länger, Ferien ab 11 Uhr, Ferienspielaktionen ab 10 Uhr. **Preise:** kostenlos.

▶ Vier Bauwagen, ein Spielhaus, viele nette Betreuer und fast 6000 qm naturnah gestaltetes Gelände bilden einen erstklassigen Abenteuerspielplatz für Kinder ab 6 Jahre. Auf dem großen Gelände gibt es so unterschiedliche Bereiche wie den Bauspielplatz, eine Skaterbahn, eine Wasser-Matsch-Anlage, eine Lagerfeuerstelle, ein Freigehege mit Kaninchen und Meerschweinchen, Ställe mit Streicheltieren, ein Teichbiotop, eine Piratenhöhle, ein Amphitheater mit Grillstelle, ein Lehmbackhaus und viel Wildnis.

Hier könnt ihr nach Herzenslust spielen, toben, Hütten bauen, in der Erde buddeln, matschen, mit den Kaninchen und Meerschweinchen schmusen, gefahrlos skaten oder euer ganz persönliches Abenteuer erleben. Denn es gibt Hügel, Höhlen, Sandgruben, Matsch, Stolperfallen, hohes Gras, Disteln, Kletterbäume und undurchdringliches Gestrüpp. Dies macht das Erleben umso intensiver.

Neben dem freien Spiel gibt es oft Programmangebote wie Spielturniere, Trampolin springen, Gartenarbeit, Geländegestaltung, gemeinsames Kochen, Rallyes, Schatzsuche, Geländespiele und Ausflüge.

Grillplätze

Much: Freizeitgelände Fatimakapelle, Kontakt Gemeinde Much, ✆ 02245/6841. Grillplatz und Grillhütte mit Waldwiese, Kinderspielplatz, WC, Wasser- und Stromanschluss.

Much-Wellerscheid: Kontakt Herr Pütz, ✆ 02245/2781. Grillhütte und Grillplatz mit Tischen und Bänken, WC, Wasser- und Stromanschluss.

HANDWERK UND GESCHICHTE

Bergwerke und Betriebe

Besucherbergwerk Grube Silberhardt

Eisenbergstraße, 51570 Windeck-Öttershagen. ✆ 02292/601107, 19433, Fax 601294. www.grube-silberhardt.de. Martina.Schneider@Gemeinde-Windeck.de. **Anfahrt:** Bhf Schladern oder Rosbach je 5 km entfernt, Mo – Fr Bus 344 Silberhardt. **Auto:** Siegtalstraße und B256 bis Rosbach, von dort ausgeschildert. **Zeiten:** April – Okt 1. Wochenende im Monat Sa 13 – 16 Uhr, So 11 – 16 Uhr und nach Vereinbarung. **Preise:** 2,50 €, Gruppen ab 15 Pers 2 €; Kinder 4 – 12 Jahre 1,50 €, Gruppen ab 15 Pers 1 €. **Infos:** Hunde sind offiziell nicht zugelassen, dürfen aber bei den meisten Führern mit ins Bergwerk, wenn sie brav und stubenrein sind.

Unter Tage ist es immer 7 Grad kalt, also lange Hose, festes Schuhwerk und Jacke nicht vergessen!

▶ Wenn man den Überlieferungen Glauben schenken darf, wurde die Silbermine in Öttershagen schon im 13. Jahrhundert gegründet. Damals war Windeck Teil des legendären Eisenlandes, wo ein leicht zu verarbeitender Stahl aus Eisenerz hergestellt wurde. 1920 – 1926 wurde der Förderschacht zuletzt in Betrieb genommen, um nach Eisen-, Blei- und Silbererz nun auch Zinkerz zu fördern. Seit einigen Jahren rackern sich freiwillige Helfer damit ab, die eingefallenen Stollen wieder begehbar zu machen. Alle Anlagenteile sind voll funktionsfähig, die Grube könnte jederzeit mit der Produktion beginnen.

Ihr wisst am Ende der Führung, warum am Stolleneingang eine heilige Barbara steht und dass der Bergmannskübel gar kein Kochtopf ist. Eher das Gegenteil: Unter Tage gab es keine Toiletten, da diente dieser riesige Topf mit Deckel als Ersatz. Wenn der Kübel voll war, wurde ein Freiwilliger gesucht, der ihn leeren musste. Das war zwar eine unappetitliche Angelegenheit, brachte aber ein paar Pfennig extra bei der nächsten Lohnauszahlung.

Hunger & Durst

An der Grube gibt es einen kleinen Andenkenverkauf, bei dem ihr auch Erfrischungsgetränke kaufen könnt. Wer mehr braucht, geht zum **Gasthof zum Eisenberg,** 400 m entfernt, ✆ 02292/7047, geöffnet Mo – Sa ab 17 Uhr, So, Fei zusätzlich 11 – 14 Uhr.

Flugplatz Hangelar

Richthofenstraße 120, 53757 Sankt Augustin-Hangelar. ✆ 02241/202010, Fax 28772. www.edkb.de. **Anfahrt:** Straßenbahn 66 Hangelar West oder Ost, dann 5 Min Fußweg. **Auto:** A560 Ausfahrt 3 Siegburg, dann Bonner Straße, in Hangelar rechts in die Richthofenstraße. **Zeiten:** ganzjährig außer 24. – 26. Dez und 31. Dez und 1. Jan.

▶ Seit fast 100 Jahren gibt es neben dem riesigen Flughafen in Köln-Wahn einen kleinen Flugplatz, der Erstflug in Hangelar war schon im Jahr 1909! Mittlerweile werden hier jährlich über 40.000 Starts mit Motorfliegern, Segelflugzeugen und Ultraleichtfluggeräten gezählt. Es gibt also für Flugzeugfans viel zu gucken. Angegliedert ist ein sehr beliebter Spielplatz für Kinder mit Blick auf das Fluggeschehen. Rundflüge für bis zu drei Personen und etwa 20 Minuten ab 80 €.

Als einer der Pioniere der Luftfahrt gilt Otto Lilienthal (1848 – 1896). Er studierte den Vogelflug und entwarf verschiedene Flugmodelle, mit denen er eine Vielzahl an Flugversuchen unternahm. Die weiteste Entfernung, die er im Flug zurücklegte, betrug 250 m. Sein Flugsystem wurde später von den Gebrüdern Wright zum Prinzip des Flugzeugs weiterentwickelt.

Besonders stark sind die Umweltbelastungen durch den Ausstoß der Flugzeuge in 10 – 12 km Höhe und den gewaltigen Verbrauch der knappen Ressource Öl durch dieses energieintensive Verkehrsmittel. Aber es liegt ja auch an euch: Ihr müsst ja nicht in Urlaub fliegen!

Die Stadtrechte wurden Blankenberg im Jahre 1245 von Graf Heinrich III. von Sayn und seiner Gemahlin Gräfin Mechthild von Meißen-Landsberg verliehen. Lange Zeit war Blankenberg die kleinste Stadt Deutschlands. 1934 wurde sie dann zu Geistingen eingemeindet, das wiederum 1981 ein Stadtteil von Hennef wurde. In Erinnerung an die einstigen Freiheiten heißt es immer noch »Stadt« Blankenberg. Somit ist Blankenberg die einzige Titularstadt Deutschlands, also ein Ort, der das Wort Stadt im Namen führen darf, obwohl er gar keine Stadt ist.

Burgen und Schlösser

Burgruine Windeck

Windeck-Altwindeck. **Anfahrt:** RE9, S12 Bhf Dattenfeld, dann bus 579 im Dall, dann 20 Min Fußweg, den Wegweisern folgen. **Auto:** Siegtalstraße. **Zeiten:** frei zugänglich.

▶ Diese mächtige Burg haben die Grafen von Berg (daher kommt der Begriff Bergisches Land) als Grenzfeste gegen die Grafen von Sayn gebaut, die ganz in der Nähe z.B. die Burg Blankenberg bewohnten. Es wird noch fleißig gegraben, um weitere Teilbereiche freizulegen und einen genauen Grundriss zeichnen zu können. Bislang könnt ihr bei einem Rundgang durch die Ruine Windeck die Quermauerreste des früheren Haupteingangs zur Burg sehen, außerdem eine Umfassungsmauer, Reste von Türmen und Toren, den Burgfried, den Burghof, einen Brunnenschacht und Mauerreste mit Schießscharten.

Burg Blankenberg

Hennef-Stadt Blankenberg. www.stadt-blankenberg.de. **Anfahrt:** S12 bis Blankenberg, dann steiler Anstieg. **Auto:** Siegtalstraße. **Rad:** Vom Siegtal-Radwanderweg 1,2 km steil bergauf. **Zeiten:** April – Sep Di – So 10 – 18 Uhr, im März und Okt je nach Wetter, bei schlechtem Wetter ist die Ruine wegen Rutschgefahr gesperrt.

▶ Habt ihr Lust auf eine Zeitreise? Ein Besuch in der mittelalterlichen Stadt Blankenberg versetzt euch in die Zeit von 1150 – 1180, als die Grafen von Sayn eine Burg auf den unbewaldeten (blanken!) Berg bauen ließen. Jetzt wisst ihr also schon einmal, wie der Name zustande kam.

Hier oben hatten die Grafen es leicht, das Siegtal, das Bergische Land, den Westerwald und das Siebengebirge zu beherrschen. Das erkennt ihr mit eigenen Augen an dem fantastischen Ausblick. Die Burg wurde im 30-jährigen Krieg stark beschädigt

Nagel wetzen: Vielleicht wird er ja scharf, wenn man ihn lange genug an den Wetzstein hält?

und danach nicht wieder aufgebaut. Wenn ihr die Ruine an der Vorburg mit dem Torturm und der hohen Schildmauer betretet, könnt ihr euch aber schon ungefähr vorstellen, wie beeindruckend die unbeschädigte Burg gewesen sein muss. Erhalten sind außerdem Reste des **Palas,** des Pfortenhauses und einer Doppelkapelle. An der Südseite steht ein mächtiger Bastionsturm aus dem 15. Jahrhundert, an der Nordseite ein runder Bergfried.

Palas nennt man den Wohn- und Festsaalbereich einer Burg. Neben den Wehranlagen immer der wichtigste Teil der Burg. Das Wort kommt aus dem Mittelhochdeutschen und heißt nichts anderes als Palast.

Museen und Stadtführungen

Heimatmuseum Windeck

Im Thal Windeck, 51570 Windeck-Altwindeck. ✆ 02292/3888, 8942, www.heimatmuseum-windeck.de. info@heimatmuseum-windeck.de. **Anfahrt:** Bhf Schladern, etwa 20 Min schöner Fußweg. **Auto:** An der Siegtalstraße. **Rad:** Siegtal-Radwanderweg. **Zeiten:** 1. April – 30. Nov Sa 14 – 18 Uhr, So, Fei 10 – 12 und 14 – 18 Uhr, Feb, März So, Fei 14 – 18 Uhr und nach Anmeldung. **Preise:** 2 €; Kinder 1 €; Sonderpreise für Gruppen und Familien.

▶ In der ehemaligen Schule von Altwindeck hat der Heimatverein ein schnuckeliges Museum eingerich-

Mit Feuereifer dabei: Lampions aus Ton werkeln

Das größte Fest, der **Burgmarkt,** findet am 3. Oktober statt. Da wird das ganze Museum zu einer Werkstatt aus alten Zeiten, in der ihr Uhrmacher, Seildreher, Flachsspinner, Schmiede, Wollfärber, Weber, Korbflechter, Porzellanmaler und Besenbinder bei der Arbeit sehen und dazu frisch gebackenes Brot knuspern könnt.

tet. Bei den Ausstellungsstücken steht das Leben der einfachen Leute im Vordergrund. Im Obergeschoss ist ein komplettes altes Klassenzimmer aufgebaut, auf der Tafel stehen die strengen Regeln, die damals für Schulkinder galten. Ihr werdet Gebrauchsgegenstände von Bauern, Handwerkern, Händlern, Arbeitern, Eisenbahntechnikern und Feuerwehrleuten sehen. Und natürlich alles, was die Frauen für ihre täglichen Aufgaben im Haushalt brauchten. Auch Spielzeug ist ausgestellt. Besonders wird euch gefallen, dass die Ausstellungsstücke gut benannt und nach Berufsgruppen sortiert sind. Ihr könnt also alle Utensilien eines Imkers, Bäckers, Friseurs oder Schneiders an einer Stelle sehen.
Für Schulklassen und Kindergruppen wird ein Aktivprogramm wie z.B. Schulstunden angeboten. Im Sommer und Herbst stehen Sonderveranstaltungen auf dem Plan.

Gedenkstätte Landjuden an der Sieg

Bergstraße 9, 51570 Windeck-Rosbach. © 02292/132567. **Anfahrt:** RE9, S12 Rosbach Bhf. **Auto:** An der Siegtalsperre. **Rad:** Siegtal-Radwanderweg. **Zeiten:** Mi

14 – 16 Uhr, 1. und 3. So 14 – 17 Uhr und nach Vereinbarung. **Preise:** 2 €, Gruppen ab 5 Teilnehmer 1 €. **Infos:** Gruppen und Schulklassen sollten um einen Einführungsvortrag bitten.

▶ In dieser Gedenkstätte wird an das Leben der Juden im Siegtal seit dem 13. Jahrhundert erinnert, aber auch an ihre Ermördung durch die Nazis. Das Haus wurde früher von der jüdischen Familie Seligmann bewohnt, von ihr stammen auch viele der ausgestellten Gegenstände. Hier lest ihr keine abgehobenen allgemeinen Zahlen und Fakten, sondern hier geht es um die einzelnen Menschen und wie sie lebten und arbeiteten. Im **Sabbat**raum steht ein typischer Chanukka-Leuchter, dessen Kerzen während des jüdischen Lichterfests entzündet werden, und viele andere jüdische Kultgegenstände.

Familie Seligmann betrieb als letzte jüdische Familie an der Sieg ein für Landjuden typisches Gewerbe, nämlich den Altwarenhandel. In der Gedenkstätte ist ihre Werkstatt im Originalzustand zu sehen. Da es den Juden verboten war, in der Landwirtschaft tätig zu sein oder ein Handwerk auszuüben, entwickelte sich ab 1500 für jene unter ihnen, die auf dem Land lebten, ein neuer Berufszweig: der des von Ort zu Ort ziehenden Handelsmannes. Wer dabei Glück und Erfolg hatte, konnte sich als Kaufmann niederlassen.

Sabbat kommt aus dem Hebräischen und bedeutet »Ruhepause«. Der Sabbat ist ein jüdischer Feiertag, der dazu da ist, um von der Arbeit der Woche auszuruhen. Er beginnt am Freitagabend und dauert bis zum Samstagabend. Verbunden mit dem Fest sind traditionelle Bräuche sowie der Besuch des Gottesdienstes.

Als es noch echte Ritter gab

Kinderführung in der Stadt Blankenberg, Tourist Information Stadt Hennef, Frankfurter Straße 97, 53773 Hennef-Stadt Blankenberg. © 02242/19433, Fax 888157. www.hennef.de. info@hennef.de. **Radweg:** Siegtal-Radwanderweg. **Zeiten:** April – Okt auf Anfrage außer Mo. **Preise:**; Schulklassen/Kindergartengruppen 40 €, dieses Angebot kostet als Kindergeburtstag 50 €. **Infos:** Treffpunkt am Parkplatz vor der Burg.

▶ Wundert euch nicht, wenn am verabredeten Treffpunkt für die Führung eine Magd in mittelalterlichem Gewand auf euch wartet. Das ist eure Gästeführerin,

die euch auf eine Zeitreise ins Mittelalter mitnimmt. Während ihr auf den Bastionsturm in der Burganlage steigt, erfahrt ihr, wie die Rittersleut im 12. Jahrhundert lebten und was sie sich alles einfallen ließen, um sich vor den Angriffen ihrer Feinde zu schützen. Und während ihr die historischen Gassen der kleinen Stadt durchstreift, erfahrt ihr viele interessante Dinge über das Leben der früheren Stadtbewohner.
Bei Kindergartengruppen wird die Magd von der Handpuppe Ritter Kuno Schmitz begleitet und beim Erklären unterstützt. Und stets gibt es zum Abschluss noch ein Ritterspiel oder Quiz.

Ritter waren adligen Untertanen des Königs, die diesem zur Treue verpflichtet waren und mit ihm in den Krieg zogen. Um vom König zum Ritter geschlagen zu werden, musste man moralische und militärische Qualitäten besitzen – und genügend Geld, um Waffen und Rüstung zu bezahlen! Auch heute gibt es noch Ritter! In Großbritannien wird man für besondere Verdienste in den Ritterstand erhoben – zum Beispiel Charlie Chaplin.

Mit der Nachtwächterin durch die Stadt

Kinderführung in der Stadt Blankenberg, Tourist-Information Stadt Hennef, Frankfurter Straße 97, 53773 Hennef-Stadt Blankenberg. ✆ 02242/19433, Fax 888157. www.hennef.de. info@hennef.de. **Anfahrt:** S12 Blankenberg. **Auto:** An der Siegtalstraße. **Rad:** Am Siegtal-Radwanderweg. **Zeiten:** Etwa 1 x im Monat im Veranstaltungskalender der Stadt Hennef, im April – Okt auch auf Anfrage außer Mo. **Preise:** 4 €; Kinder bis 14 Jahre 2 €; Schulklassen und Kindergartengruppen 40 €. **Infos:** Treffpunkt an der Wanderkarte am Katharinentorturm.

▶ In der Stadt Blankenberg könnt ihr nach Einbruch der Dunkelheit die Nachtwächterin auf ihrem abendlichen Rundgang duch die dunklen Gassen der mittelalterlichen Stadt begleiten. Früher waren natürlich nur Männer auf dem gefährlichen Gang durch die Gassen unterwegs. Behaltet immer die Kerze in der Laterne im Auge, denn alle halbe Stunde muss der Nachtwächter in sein Horn blasen und die Zeit ansagen. Daran, wie weit die Kerze heruntergebrannt war, sah er, wie spät es ist. Außerdem schaute ein Nachtwächter nach der Ordnung, achtete darauf, dass die Fensterläden geschlossen und besonders, dass die Feuer in den Häusern aus waren. Denn nichts war schlimmer, als ein Brand, der sehr schnell von Haus

Eine eigene Laterne darf mitgebracht werden, Taschenlampen passen aber nicht ins Mittelalter.

zu Haus sprang, die Einwohner im Schlaf überraschte und die ganze Stadt zerstörte. Im Winter betätigte er zweimal in der Stunde den Brunnenschwengel, damit das Wasser nicht einfror.

Bei eurem Rundgang lernt ihr viel zur Blankenberger Stadtgeschichte und über Redensarten, die wir heute zwar noch gebrauchen, aber gar nicht so genau wissen, was sie ursprünglich bedeuteten. Wusstet ihr zum Beispiel, dass »der hat von Tuten und Blasen keine Ahnung« einmal bedeutete, dass der Betreffende sogar zu dumm war, das Nachtwächterhorn zu blasen, also nicht einmal den Beruf des Nachtwächters ausüben konnte, obwohl dieser Beruf nun wirklich leicht zu erlernen war?

Sieht verdammt echt aus: Die Nachtwächterin benutzt ihre Hellebarde aber nur, um damit zu zeigen

Feste und Märkte

Kindergeburtstag im Wingert-Keller

Hotel-Restaurant Haus Sonnenschein, Mechtildisstraße 16, 53773 Hennef-Stadt Blankenberg. ✆ 02248/9200, Fax 92017. www.Hotel-Haus-Sonnenschein.de. info@Hotel-Haus-Sonnenschein.de.

▶ In der Stadt Blankenberg könnt ihr euren Geburtstag ganz zünftig mittelalterlich mit kleiner Stadtführung feiern. Danach stellt ihr euren eigenen Ritterhelm her. Das kostet ab 10 Kindern 10 € pro Person, für weitere 10 € wird ein Kindermenü einschließlich Getränken angeboten.

Vorweihnachts- und Mittelaltermarkt

Hennef-Stadt Blankenberg. **Termin:** 3. Wochenende im Nov Fr – So.

▶ Genau richtig zwischen den vielen mittelalterlichen Märkten im Sommer und den Weihnachtsmärkten liegt der Mittelaltermarkt der Stadt Blankenberg.

Wenn ihr am 1. Advent die Weihnachtsmärkte in Eitorf und Hennef kombiniert, habt ihr Streichelzoo, Bühnenprogramm, Basteln, Malen, Bimmelbahn und Karussell an einem Tag. Für kleine Genießer ist Hennef besonders schön: Dort könnt ihr je nach Programm Lebkuchenherzen backen oder mit Marzipan Figuren formen. Und gegen den Durst helfen Kinderpunsch, Kinderglühwein und Kinder-Pharisäer!

Zum Burgmarkt solltet ihr mit der Bahn anreisen. Das spart euren Eltern die lästige Parkplatzsuche. An diesem Tag wird zwischen dem Bahnhof Schladern und dem Museum ein kostenloser Pendelbus eingesetzt.

Über 40 Buden mit Schaustellern und Handwerkern locken so viele Besucher an, dass Pendelbusse ins Siegtal eingesetzt werden müssen. Hier wird euch kein Theater vorgeführt: Der Schmied ist auch wirklich ein gelernter Schmied und der Lederer hat das Ledererhandwerk gelernt.

FESTKALENDER

April:	Letztes Wochenende, Eitorf: Handwerkermesse **Eitorfer Frühling**
Juni:	1. So, Windeck-Altwindeck: **Blumenmarkt** am Heimatmuseum
	Fronleichnam – So, Eitorf: **Internationales Heißluftballontreffen**
Juli:	1. So, Siegburg – Netphen: **Siegtal pur – Autofreies Siegtal**
August:	2. So, Windeck-Dattenfeld: **Kirmes**
September:	1. Wochenende, Windeck-Rosbach: **Kirmes**
	3. Wochenende, Much: **Erntefest** mit Bauernmarkt
	3. Wochenende, Hennef: **Stadtfest** und **Kirmes**
	4. Wochenende, Eitorf: große **Eitorfer Kirmes**
Oktober:	3. Oktober, Windeck-Altwindeck: **Burgmarkt,** traditioneller Handwerkermarkt auf Burg Windeck
November:	1. Wochenende, Hennef: **Halloween-Markt**
	10. Nov und Nachbartage, in allen Stadtteilen und Dörfern: **Martinszüge**
Dezember:	1. Advent, Sa, St. Augustin-Birlinghofen: **Weihnachtsmarkt**
	1. Advent, Sa, Seelscheid: **Seelscheider Chresmaat**
	1. Advent, Sa, So, Eitorf: **Eitorfer Weihnachtsmarkt**
	1. Advent, Sa, So, Hennef: **Weihnachtsmarkt**
	2. Advent, Sa, Much: **Bergischer Weihnachtsmarkt**
	2. Advent, So, Ruppichteroth: **Döörper Weihnacht**
	3. Advent, So, Neunkirchen: **Weihnachtsmarkt**

INFO- & FERIENADRESSEN

SOLINGEN

WUPPERTAL & REMSCHEID

WUPPER & DHÜNN

WAHNER HEIDE & AGGER

OBERBERGISCHE STAUSEEN

GUMMERSBACH & UMGEBUNG

HOMBURGER LÄNDCHEN

NUTSCHEID & SIEGTAL

INFO- & FERIENADRESSEN

KARTEN & REGISTER

Touristen-Information

Ein erholsamer Urlaub fängt wie ein gelungener Ausflug mit guter Vorbereitung an. Mit diesem pmv Freizeitführer habt ihr schon die wichtigsten Informationen über euer Wunschziel in der Hand. In den örtlichen Touristen-Informationen gibt es zusätzlich Karten, gute Tipps zu Festen und Veranstaltungen sowie weitere Übernachtungsadressen.

WISSEN IST MACHT ...

Übergeordnete Informationsstellen

Bergisches Land Tourismus Marketing e.V., Informationszentrum Pavillon Döppersberg, 42103 Wuppertal-Elberfeld. ✆ 0202/5632185, 19433, Fax 5638052. www.bergisches-land.de. infozentrum@stadt.wuppertal.de. **Auto:** A46 Ausfahrt 33 Wuppertal-Katernberg, Richtung Wuppertal-Eberfeld Zentrum/Hbf. **Zeiten:** Mo – Fr 9 – 18 Uhr, Sa 9 – 13 Uhr. Dieser Verein kümmert sich um touristische Fragen des gesamten Bergischen Landes. Auf der Homepage findet ihr ein eine sehr gute Übersicht über Veranstaltungen und Feste im Bergischen Land.

RheinBerg Tourismus e.V., Gästeservice Galerie Villa Zanders, Konrad-Adenauer-Platz 8, 51465 Bergisch Gladbach. ✆ 02261/886910, Fax 881888. info@rhein-berg.info. **Zeiten:** Di – Fr 10 – 18 Uhr, Sa 10 – 13 Uhr. Dieser Verein gibt Auskunft über den ganzen Rheinisch-Bergischen Kreis.

Naturarena Bergisches Land GmbH, Haus Plietz, Eichenhofstraße 31, 51789 Lindlar. ✆ 01805/587987 (01805/KURZURLAUB), www.naturarena.org und www.bergisches-land.de. naturarena@bergischesland.de. **Zeiten:** Mo – Do 9 – 17 Uhr, Fr 9 – 14 Uhr. Die Naturarena ist touristischer Ansprechpartner für den Rheinisch-Bergischen Kreis und den Oberbergischen Kreis.

Solingen

Stadt Solingen, Büro Oberbürgermeister, Cronenberger Straße 59/61, 42648 Solingen. ✆ 0212/19433, Fax 290-3609. www.solingen.de. buergerbuero@solingen.de, stadtinfo@solingen.de. **Anfahrt:** S7 von Düsseldorf, RE7, RB48 von Köln und Wuppertal, Bus CE64 Potsdamer Straße, 681

Ländliche Idylle: Ferien auf dem Bauernhof, unter freiem Himmel oder mit der Klasse im Naturfreundehaus – hier findet ihr die richtigen Adressen

... UND CONNEXIONS SIND ALLES!

Die zentralen Internetportale der Region sind die folgenden:

www.nrw-tourismus.de: Homepage des Nordrhein-Westfalen Tourismus e.V. mit Infos über Kultur, Radfahren, Wandern, Sport, Wellness, Spaß und mehr zu allen Reiseregionen des Landes.

www.bergischesland.de und www.naturarena.org: Naturarena Bergisches Land GmbH nennt viele aktuelle Termine und hat einem guten Service-Bereich.

www.bergischpur.de: das Qualitätssiegel, unter dem ihr Apfelsaft, Käse, Obst, Honig und viele andere Leckereien aus dem Bergischen Land finden könnt.

www.wandern-in-solingen.de und die damit verlinkten Seiten geben viele ausgezeichnete Wandertipps für den nordwestlichen Teil der Region.

– 686, 690, 692, 693, 695 Schlagbaum. **Auto:** A3 Ausfahrt 20 Solingen und die A46 Ausfahrt 30 Haan-Ost/Solingen. Solingen ist eine sehr kinderfreundliche Stadt mit vielen Ausflugszielen. Schloss Burg an der Wupper und die Müngstener Brücke gehören zum Stadtgebiet. Beim Bürgerbüro erhaltet ihr kostenlos den Solinger Familienstadtplan. Eingezeichnet sind Spielplätze, Spielwiesen, Grillplätze, Reitställe, Schwimmbäder, Wanderparkplätze, Museen, Kinos, Touristenziele, also alles, was ihr für einen spannenden Ausflug oder in Solingen braucht.

Bürgerbüro Clemensgalerien, Mummstraße 10, 42651 Solingen-Mitte. **Anfahrt:** S7 von Düsseldorf, RE7, RB48 von Köln und Wuppertal, Busbhf Graf-Wilhelm-Platz alle Busse oder Bus 681 – 686 Mühlenplatz. **Zeiten:** Mo – Fr 8 – 19 Uhr, Sa 9 – 14 Uhr.

Bürgerbüro, In der Freiheit 32, 42653 Solingen-Gräfrath. **Anfahrt:** S7 von Düsseldorf, RE7, RB48 von Köln und Wuppertal, Bus 683 Gräfrath. **Zeiten:** Mo, Di 8 – 13 Uhr, Do 8 – 13, 14 – 18 Uhr.

Bürgerbüro, Gasstraße 22, 42657 Solingen-Höhscheid. **Anfahrt:** S7 von Düsseldorf, RE7, RB48 von Köln und Wuppertal, DB RE7, RB48 Solingen Hbf. **Zeiten:** Mo – Fr 8 – 13, Mo, Di 14 – 16, Do 14 – 18 Uhr.

Bürgerbüro, Solinger Straße 5, 42659 Solingen-Burg. **Anfahrt:** S7 von Düsseldorf, RE7, RB48 von Köln und Wuppertal, Bus 266, 653, 683, 689 Rathaus. **Zeiten:** Mo, Do 8 – 13, 14 – 18 Uhr.

Bürgerbüro, Keldersstraße, Ecke Kieler Straße, 42697 Solingen-Ohligs. **Anfahrt:** S7 von Düsseldorf, RE7, RB48 von Köln und Wuppertal, DB S7 Solingen-Ohligs. **Zeiten:** Mo, Mi, Do 8 – 18 Uhr, Di, Fr 8 – 13 Uhr, Sa 10 – 13 Uhr.

Bürgerbüro, Friedrich-Ebert-Straße 81, 42719 Solingen-Wald. **Anfahrt:** S7 von Düsseldorf, RE7, RB48 von Köln und Wuppertal, Bus 682, 692, 693 Stadthalle. **Zeiten:** Mo, Do 8 – 13, 14 – 18 Uhr, Di, Mi, Fr 8 – 13.

Wuppertal & Remscheid

Wuppertal Marketing GmbH, Infostelle im Rathaus Barmen, Wegnerstraße 7, 42103 Wuppertal-Barmen. ✆ 0202/5636688, Fax 5638452. www.wuppertal.de. info@wuppertal.marketing.de. **Zeiten:** Mo – Mi 8 – 13 Uhr, Do 8 – 17 Uhr, Fr 9 – 13 Uhr.

Wuppertal Marketing GmbH, Informationszentrum Pavillon Döppersberg, 42103 Wuppertal-Elberfeld. ✆ 0202/5632185, 19433, Fax 5638052. www.wuppertal.de. info@wuppertal.marketing.de. **Auto:** A46 Ausfahrt 33 Wuppertal-Katernberg, Richtung Wuppertal-Eberfeld Zentrum/Hbf. **Zeiten:** Mo – Fr 9 – 18 Uhr, Sa 9 – 13 Uhr. Mit der Schwebebahn zum Zoo ist in Wuppertal fast schon ein Pflichtprogramm.

Stadt Remscheid, Büro der Oberbürgermeisterin, Theodor-Heuss-Platz 1, 42853 Remscheid. ✆ 02191/162219, Fax 163286. www.remscheid.de. remscheid@str.de. **Anfahrt:** RB47 von Solingen und Wuppertal. **Auto:** A1 Ausfahrt 95 Remscheid. **Zeiten:** Mo – Fr 8.15 – 12.15 Uhr, Mo – Do 13.30 – 16 Uhr. Remscheid bietet besonders Geschichtsforschern unter euch viele Ausflugsziele.

Wupper & Dhünn

Stadt Leichlingen, Pressestelle, Am Büscherhof 1, 42799 Leichlingen. ✆ 02175/992102, Fax 992107. www.leichlingen.de. info@leichlingen.de. **Anfahrt:** RE7, RB48 von Köln und Wuppertal. **Auto:** A3, von Süden Ausfahrt 22 Opladen, von Norden Ausfahrt 21 Kreuz Langenfeld/Solingen, dann erste Ausfahrt. **Zeiten:** Mo – Fr 8.30 – 12 Uhr, Mi schon ab 7.30 Uhr), Mo 14 – 17.30 Uhr, Do 15.30 – 18.30 Uhr. Hier gibt es gute Infos rund um die Blütenstadt Leichlingen. Wer nur schnell etwas abholen will, braucht am Parkautomaten nicht einmal etwas zahlen. In Leichlingen hat nämlich jeder 15 Minuten freie Parkzeit. Die Leichlinger nennen diese praktische Einrichtung Brötchentaste.

Stadt Wermelskirchen, Stadtmarketing/Tourismus, Telegrafenstraße 29 – 33, 42929 Wermelskirchen. ✆ 02196/710172, Fax 7107172. www.wermelskirchen.de. post@stadt.wermelskirchen.de. **Anfahrt:** Bus 260 Köln Hbf – Remscheid, 240, 652, 672 aus Remscheid, 266 aus Solingen-Burg, 261 aus Hückeswagen. **Auto:** A1 Ausfahrt 96 Wermelskirchen. Wermelskirchen grenzt an Solingen-Burg und hat schöne Schwimmbäder und viel Wald zum Wandern.

Stadt Burscheid, Büro des Bürgermeisters, Höhestraße 7 – 9, 51399 Burscheid. ✆ 02174/670103, Fax 670111. www.burscheid.de. presse@burscheid.de. **Anfahrt:** Bus 213, 229, 239, 240, 260 von Leverkusen, Bus 252 von Solingen, Bus 430 von Odenthal und Bergisch Gladbach, Bus 240, 260 von Remscheid und Wermelskirchen. **Auto:** A1 Ausfahrt 97 Burscheid.

Gemeinde Kürten, Kürten Touristik e.V., Rathaus, Marktfeld 1, 51515 Kürten. ✆ 02268/939-129, Fax 939-140. www.kuerten.de. anita.waier@kuerten.de. **Anfahrt:** Bus 426, 427, 429 Bergisch Gladbach-Wipperfürth. **Auto:** A1 Ausfahrt 97 Burscheid oder von Köln kommend über Bergisch-Gladbach auf der B506. Nach Kürten macht man einen Ausflug zum Bauernhof oder ins Spaßbad.

Gemeinde Odenthal, Bürgerbüro, Bergisch Gladbacher Straße 2, 51519 Odenthal. ✆ 02202/710131, 710133, Fax 710190. www.odenthal.de. post@odenthal.de. **Anfahrt:** Bus 430, 432 ab Bergisch Gladbach. **Auto:** A1 Ausfahrt Burscheid, dann über B51. **Zeiten:** Mo – Do 8 – 12.30 Uhr, Fr 8 – 12 Uhr, Di, Do 14 – 16 Uhr, 1. Do im Monat 14 – 18 Uhr. Wer von Ausflügen nach Odenthal spricht, meint wahrscheinlich Odenthal-Altenberg mit dem Altenberger Dom, dem Märchenwald, Waldlehrpfad und dem Wildgehege.

Wahner Heide & Agger

Stadt Bergisch Gladbach, Büro für Presse- und Öffentlichkeitsarbeit, Konrad-Adenauer-Platz 1, 51465 Bergisch Gladbach. ✆ 02202/142241, 142419, Fax 142240. www.bergischgladbach.de. info@bergischgladbach.de. **Anfahrt:** Bensberg U1 ab Köln, Bergisch Gladbach S11 ab Köln. **Auto:** A3 Ausfahrt 26 Köln-Dellbrück, dann B506 oder A4 Ausfahrt 18 Refrath, Ausfahrt 19 Bensberg und Ausfahrt 20 Moitzfeld. **Zeiten:** Di – Fr 10 – 18 Uhr, Sa 10 – 13 Uhr. Bergisch Gladbach ist Kreisstadt des Rheinisch-Bergischen Kreises. Insbesondere im Zentrum und den großen Stadtteilen Bensberg und Refrath sind eine gute Infrastruktur und viele Ausflugsziele zu finden.

Stadt Overath, Verkehrsamt, Rathaus, Hauptstraße 25, 51491 Overath. ✆ 02206/602103, Fax 602193. www.overath.de. kulturamt@overath.de. **Anfahrt:** RB 25 Bhf Overath. **Auto:** A4 Ausfahrt 22 Overath. **Zeiten:** Bürgerbüro: Mo 7 – 17, Di, Mi, Fr 7 – 12, Do 7 – 18 Uhr.

Stadt Rösrath, Rathaus, Hauptstraße 229, 51503 Rösrath-Hoffnungsthal. ✆ 02205/802106, Fax 80288106. www.roesrath.de. Britta.Duda@roesrath.de. **Anfahrt:** RB25 von Köln. **Auto:** A3 Ausfahrt 30 Rösrath. **Zeiten:** Mo – Fr 8 – 12 Uhr, Do 14 – 18 Uhr. Rösrath liegt verkehrsgünstig ganz im Westen des Bergischen Landes.

Tourist Information Stadt Siegburg, Europaplatz 3, 53721 Siegburg. ✆ 02241/19433, 9698533, Fax 9698531. www.siegburg.de. tourismus@siegburg.de. **Anfahrt:** Von Köln RB9, S12, von Bonn U66, U67. **Auto:** A3 von Norden Ausfahrt 31 Lohmar, von Süden Ausfahrt 32 Siegburg/Hennef oder A560 Ausfahrt 3 Siegburg. **Zeiten:** Mo – Fr 8.30 – 18 Uhr, Sa 10 – 15 Uhr. Siegburg ist Kreisstadt des Rhein-Sieg-Kreises und hat für Ausflügler einiges zu bieten. Die Tourist Information bietet verschiedene thematische Wanderungen wie Klosterwanderungen, Trinkwasserwanderungen und spezielle Kinderwanderungen an. Das kostet für Erwachsene 2,50 € und für Kinder bis 12 Jahre 1 €.

Mit dem **Siegburg-Pass** erhalten Siegburger Bürger 50 % Ermäßigung im Freibad, im Museum und bei verschiedenen Kulturveranstaltungen. Er ist bei der Stadtverwaltung erhältlich und kostet 100 €. Familien mit 3 oder mehr Kindern, Sozialhilfeempfänger, Schüler, Studenten, Auszubildende, Wehr- und Zivildienstleistende, Empfänger von Arbeitslosengeld sowie arbeitslose Jugendliche bis 27 Jahre und Schwerbehinderte ab 80 % Behinderung erhalten den Pass kostenlos.

Oberbergische Stauseen

Stadtverwaltung Radevormwald, Fachbereich Jugend und Bildung, Kaiserstraße 140, 42477 Radevormwald. ✆ 02195/6804542, Fax 606409. www.radevormwald.de. hartmut.behrensmeier@radevormwald.de. **Auto:** A1 Ausfahrt 95 Remscheid. Touristisch wird Radevormwald von der Wuppertalsperre und ihren Freizeitangeboten geprägt.

Stadt Hückeswagen, Bürgerbüro, Etapler Platz 42, 42499 Hückeswagen. ✆ 02192/88801, Fax 88888. www.hueckeswagen.de. info@hueckeswagen.de. **Anfahrt:** Bus 261 von Wermelskirchen, 336 Remscheid – Gummersbach. **Auto:** A1 Ausfahrt 96 Wermelskirchen, B51 und B237. **Zeiten:** Mo, Di 7 – 16 Uhr, Mi, Fr 7 – 12 Uhr, Do 7 – 18 Uhr, jeder 1. Sa im Monat 10 – 12 Uhr (falls Feiertag: 2. Sa). Eine von Stauseen umgebene Stadt mit guten Ausflugszielen für Tierfreunde.

Stadt Wipperfürth, Verkehrsamt, Marktplatz 1, 51688 Wipperfürth. ✆ 02267/64319, Fax 64311. www.wipperfuerth.de. nadine.herweg@stadt-wipperfuerth.de. **Anfahrt:** Bus 426, 427, 429 von Bergisch Gladbach, 332, 333 von Engelskirchen/Lindlar, 336 von Remscheid, Hückeswagen, Marienheide, Gummersbach. **Auto:** A1 Ausfahrt 96 Wermelskirchen und die B237. **Zeiten:** Mo – Fr 8 – 12.30 Uhr, Mi 14 – 17 Uhr. Wipperfürth ist ein Wanderparadies im Oberbergischen.

Stadt Gummersbach, Amt für Stadtentwicklung, Wirtschaftsförderung und Tourismus, Rathausplatz 1, 51643 Gummersbach. ✆ 02261/87404, Fax 87600. www.gummersbach.de. tourist-info@stadt-gummersbach.de. **Anfahrt:** RB25 von Köln. **Auto:** A4 Ausfahrt von Westen 25 Gummersbach, von Osten Ausfahrt 26 Reichshof/Bergneustadt oder die A45 Ausfahrt 16 Meinerzhagen. Gummersbach ist die Kreisstadt des Oberbergischen Kreises und ein guter Startpunkt zu vielen Ausflugs- und Wanderzielen im Stadtgebiet.

Stadt Bergneustadt, Verkehrsamt, Kölner Straße 256, 51702 Bergneustadt. ✆ 02261/404219, Fax 404179. www.bergneustadt.de. hanne.buecher@bergneustadt.de. **Anfahrt:** Bus ZWS301 von Gummersbach Bhf. **Auto:** A4

Ausfahrt 26 Reichshof/Bergneustadt. **Zeiten:** Mo – Fr 8 – 12.30 Uhr, Mo 14 – 17 Uhr, Mi 14 – 16 Uhr.

Gemeindeverwaltung Marienheide, Kulturverwaltung und Fremdenverkehr, Hauptstraße 20, 51709 Marienheide. ✆ 02264/4044137, Fax 4044261. www.marienheide.de. matthias.roth@gemeinde-marienheide.de. **Anfahrt:** RB25 ab Köln, Bus 308 von Engelskirchen, Bus 320 von Gummersbach und Meinerzhagen, Bus 336 von Gummersbach und Remscheid. **Auto:** A4, Ausfahrt 25 Gummersbach, dann B256 oder über A45, Ausfahrt 16 Meinerzhagen, dann L306. **Zeiten:** Mo – Fr 8 – 12 Uhr, Do 14 – 17 Uhr. Die ländliche Nachbarstadt von Gummersbach mit Angeboten für Tierfreunde, Geschichtsfans, Wanderer und Wassersportler.

Gemeinde Engelskirchen, Bürgerbüro, Engels-Platz 4, 51766 Engelskirchen. ✆ 02263/83401 bis 83406, Fax 838401 bis 838406. www.engelskirchen.de. buergerbuero@engelskirchen.de. **Anfahrt:** RB25 ab Köln. **Auto:** A4 Ausfahrt 23 Engelskirchen. **Zeiten:** Mo – Do 8 – 18 Uhr, Fr 8 – 12.30 Uhr, Sa 10 – 12.30 Uhr. Das Wichtigste zuerst: Hier soll das Christkind wohnen. Ganzjährig sind die Museen und die Aggertalhöhle gute Ausflugsziele.

LindlarTouristik, Am Marktplatz 1, 51789 Lindlar. ✆ 02266/96407, Fax 967407. www.lindlar.de. brigitte.heck@gemeinde-lindlar.de. **Anfahrt:** Bus 335 aus Bergisch Gladbach, SB42 aus Bensberg. **Auto:** A4 von Westen Ausfahrt 21 Untereschbach, von Osten Ausfahrt 23 Engelskirchen. **Zeiten:** Mo – Fr 9 – 12 Uhr, Mo – Do 13 – 16.30 Uhr. Wer nach Lindlar kommt, sollte sich das Freilichtmuseum ansehen. Aber auch das Kuriositätenmuseum und der Freizeitpark versprechen viel Spaß. Lasst euch ein Freizeitprogramm mit von LindlarTouristik organisierten Ausflügen, Besichtigungen und Führungen geben oder schicken. Besonders die Steinbruchführungen und die Fossiliensuche für Kinder sind hoch interessant.

Vorbildlich: Die Gemeinde Lindlar hat einen Plan der Ortsmitte herausgegeben, in dem Menschen mit Behinderung sehen können, ob es Stufen, Rampen oder Aufzüge in öffentlichen Gebäuden, Geschäften, Park, Museum, Schloss und Eisdiele gibt.

Stadtverwaltung Waldbröl, Fremdenverkehrsamt, Nümbrechter Straße 18 – 21, 51545 Waldbröl. ✆ 02291/85104, Fax 85125. www.waldbroel.de. claudia.borschel@waldbroel.de. **Anfahrt:** Bus 342 von Windeck-Schladern Bhf,

In Waldbröl wurde der Komponist Anton Wilhelm von Zuccalmaglio 1803 geboren. Von ihm stammt unter anderem das Lied »Kein schöner Land in dieser Zeit«.

Bus 530 von Hennef Bhf. **Auto:** A4 Ausfahrt 26 Reichshof und die B256. **Zeiten:** Bürgerbüro Mo – Fr 8 – 12.30 Uhr, Mo – Mi 14 – 16.30, Do 14 – 18 Uhr. Das ländliche Waldbröl beheimatet einen der größten Viehmärkte Nordrhein-Westfalens.

Kurverwaltung, Verkehrsamt Reichshof, Barbarossastraße 5, 51580 Reichshof. ✆ 02265/470, 9070, Fax 356. www.reichshof.de. kurverwaltung@reichshof.de. **Anfahrt:** Denklingen erreicht ihr über die A4 Ausfahrt 26 Reichshof/Bergneustadt, nach Eckenhagen, Blockhaus und Wildbergerhütte nehmt ihr eine Ausfahrt weiter: Ausfahrt 27 Eckenhagen. **Zeiten:** Mo – Do 8 – 17 Uhr, Fr 8 – 12.30, Sa 9 – 12 Uhr. Es gibt keinen Einzelort namens Reichshof, dies ist ein Zusammenschluss von Eckenhagen, Denklingen, Wildbergerhütte und vielen kleinen Dörfern. Hier wird Wintersport ganz groß geschrieben, der Affen- und Vogelpark ist einer der touristischen Sahnestückchen im Bergischen Land.

Tourist-Information Nümbrecht, Lindchenweg 1, 51588 Nümbrecht. ✆ 02293/909480, Fax 909489. www.nuembrecht.de. info@nuembrecht-online.de. **Anfahrt:** RB25 Bhf Dieringhausen, Bus 302 oder RB25 Bhf Ründeroth, Bus 312. **Auto:** A4 Ausfahrt 25 Gummersbach, dann über Wiehl nach Nümbrecht, A3, A560 Ausfahrt 7 Hennef-Ost, B478 Richtung Waldbröl, hinter Ruppichteroth links L320. **Zeiten:** Mo – Fr 9 – 17.30 Uhr, April – Okt zusätzlich Sa 9 – 13 Uhr, So 14 – 17 Uhr. Für sein »Plus an Urlaubs- und Umweltqualität« erhielt Nümbrecht 2003 als erster Kurort in Nordrhein-Westfalen das Gütesiegel »Premium Class«. Hierauf ist man mit Recht stolz, dürfen sich doch nur 15 Orte in ganz Deutschland mit dieser Auszeichnung schmücken! Zusätzlich wurde Nümbrecht mit der Umweltdachmarke Viabono ausgezeichnet.

Gemeindeverwaltung Morsbach, Bahnhofstraße 2, 51597 Morsbach. ✆ 02294/6990, Fax 699187. www.morsbach.de. rathaus@gemeinde-morsbach.de. **Anfahrt:** Vom Bhf Wissen gibt es regelmäßig, am Wochenende aber nur eingeschränkt, Busse nach Morsbach, über Hennef oder Waldbröl: Bus 341, Taxibus 340. **Auto:** A4 Ausfahrt 26

Bergneustadt/Reichshof oder die A45 Ausfahrt 20 Freudenberg. **Zeiten:** Mo – Fr 8 – 12, 14 – 16 Uhr, Do bis 17.30 Uhr. Diese Touristen-Info ist vorbildlich. Viele gute Infos gibt es schon auf der Homepage. Die netten Mitarbeiterinnen geben wertvolle Tipps und helfen euch, wo sie nur können.

Stadt Wiehl, Tourist-Information, Bahnhofstraße 1, 51674 Wiehl. ✆ 02262/99195, Fax 99185. www.wiehl.de. touristinfo@wiehl.de. **Auto:** A4 Ausfahrt 25 Gummersbach. **Zeiten:** Mo – Fr 8 – 12.30 Uhr, Mo – Mi 14 – 16 Uhr, Do bis 18 Uhr. Hauptziel für die meisten Wiehlbesucher ist die Tropfsteinhöhle. Aber auch die historische Postkutsche, der Waldlehrpfad und die Ausflugsziele im Ortsteil Bielstein sind durchaus sehenswert.

Verkehrsverein Windecker Ländchen, Rathausstraße 12, 51570 Windeck-Rosbach. ✆ 02292/19433, Fax 601294. www.gemeinde-windeck.de. tourismus@gemeinde-windeck.de. **Auto:** A560 Ausfahrt 7 Hennef-Ost, dann links und sofort rechts Siegtalstraße oder die A4 Ausfahrt 26 Reichshof/Waldbröl, dann B256 Richtung Rosbach. **Zeiten:** Mo – Mi 8 – 15.30 Uhr, Do 8 – 17 Uhr, Fr 8 – 12.30 Uhr. Ihr werdet erstaunt sein, wie viele tolle Ausflüge allein Windeck wert ist, obwohl es gar keine große Stadt ist. Unbedingt sehenswert ist das Bergwerk in Öttershagen.

Tourist Information Stadt Hennef, Frankfurter Straße 97, 53773 Hennef. ✆ 02242/19433, Fax 888157. www.hennef.de. info@hennef.de. **Anfahrt:** RB9, S12 von Köln. **Auto:** A560 Ausfahrt 6 Hennef-West, von der A3 im Kreuz Bonn/Siegburg Richtung Altenkirchen. Zur Stadt Hennef gehört auch die kleine Stadt Blankenberg mit ihrer Burg hoch oben auf dem blanken Berg.

Tourist Information Gemeinde Eitorf, Markt 1, 53783 Eitorf. ✆ 02243/19433, Fax 89179. www.eitorf.de. touristinfo@eitorf.de. **Anfahrt:** RB9, S12 von Köln. **Auto:** A560 Richtung Hennef bis Autobahnende. An der Ampel links und der Beschilderung auf der L333 durch das Siegtal folgen. **Zeiten:** Mo – Fr 8 – 12 Uhr, Mo – Mi 14 – 15.30 Uhr, Do 14 – 17 Uhr. Eitorf im Siegtal ist der ideale Ausgangspunkt für Radtouren entlang der Sieg.

@ **Viabono**, das Reiseportal für Naturgenießer, steht für umweltorientiertes Reiseerlebnis in einer gesunden und natürlichen Umwelt. Mehr unter www.Premiumclass.de und www.viabono.de.

Much Tourismus, Hauptstraße 12, 53804 Much. ✆ 02245/610888, Fax 610841. www.much.de. tourismus@much.de. **Auto:** A3 Ausfahrt 31 Lohmar, dann weiter auf B56 oder A4 Ausfahrt 24 Bielstein, dann B56. **Zeiten:** Mo – Fr 10 – 13 Uhr, Mo – Do 14 – 17.30 Uhr. Much ist ein gutes Ziel für Pferdefans.

Unterwegs mit Bahn, Bus und Rad

Bahn: Die **S-Bahnen und U-Bahnen** der Verkehrsverbunde Rhein-Ruhr und Rhein-Sieg befördern täglich viele Pendler nach Köln und Bonn, sie bedienen den westlichen Teil des Bergischen Landes in einer für Ausflügler gut brauchbaren Taktung. Die U1 endet in Bergisch Gladbach-Bensberg, die U3 und U18 in Thielenbruch, die U66 und U67 in Siegburg und die S7 in Solingen-Ohligs.

Die S12 bedient wie der RE9 die Bahnhöfe Troisdorf, Siegburg, Hennef, Eitorf, Dattenfeld, Schladern und Rosbach, bevor sie weiter nach Au (Sieg) führt.

Von Solingen-Ohligs kommt man mit der RB47 nach Remscheid und Wuppertal. Dort ist die Schwebebahn nicht nur bloßes Fortbewegungsmittel, sondern sollte in einen Ausflugsplan eingebaut werden.

Die Regionalbahn RB25 führt von Köln-Deutz kommend nach Rösrath, Overath, Engelskirchen, Ründeroth, Dieringhausen, Gummersbach und Marienheide.

Bus: Das Bergische Land ist außerhalb der kreisfreien Städte im Norden und der größeren anderen Städt mit Buslinien vergleichsweise dünn versorgt. Vielfach fahren nur zwei Schulbusse am Tag ein Ziel an. Daher gibt es viele Ziele, die an den Wochenenden und in den Ferien kaum erreichbar sind. Es ist daher unabdingbar, sich frühzeitig um den aktuellen Fahrplan zu kümmern.

VRS Verkehrsverbund Rhein-Ruhr GmbH, Augustastraße 1, 45879 Gelsenkirchen. ✆ 0209/1584-0, 01803/504034 (Fahrplan- und Gebührenauskunft, 9 Cent pro Minute), Fax 23967. www.vrr.de. info@vrr.de. Wuppertal, Solingen und Remscheid werden von Bussen und Bahnen des VRR bedient. Dieser Verkehrsverbund reicht auch nach Radevormwald hinein, allerdings nur bei einzelnen Linien. Genauere Infos dazu, aber auch zu Fahrplänen und Tarifen sind auf der Homepage zu finden.

VRS Verkehrsverbund Rhein-Sieg, Krebsgasse 5 – 11, 50667 Köln. ✆ 0221/20808-0, 01803/504030 (Fahrplan- und Gebührenauskunft, 9 Cent pro Minute), Fax 20808-40. www.vrsinfo.de. schlaue.nummer@vrsinfo.de. Alle Orte des Bergischen Landes mit Ausnahme des Bergischen Städtedreiecks gehören zum VRS-Gebiet und haben dadurch ein einheitliches Tarifsystem. Mit Wuppertal, Solingen, Remscheid und Düsseldorf ist der so genannte Große Grenzverkehr VRS/VRR möglich. Auf der Homepage finden sich Eingabefelder für Fahrplanauskünfte und Fahrpreise auch für Sondertickets. Fahrpläne können auch telefonisch oder per Internet bestellt werden.

Sparticket, Bergischer Ring e.V., Bahnhofstraße 5, 42651 Solingen. ✆ 0212/2239120, Fax 2239121. www.bergischer-ring.de. info@bergischer-ring.de. Für einen Ausflugstag nach Wuppertal, Solingen (neuer Brückenpark Müngsten, auch Schloss Burg) und Remscheid besonders zu empfehlen ist das Sparticket für 14 €, Kinder 7 €, 29 € (Familie 2 Erw, 3 Ki). Am Tag der Entwertung berechtigt dieses Ticket zu Fahrten mit dem Historischen Bus auf der NeanderTour (ermäßigter Eintritt für das Neandertal Museum und den Wuppertaler Zoo), mit dem Historische Oberleitungsbus auf der RitterTour nach Schloss Burg, mit der Historischen Straßenbahn auf der Berg- und TalTour, mit der Schwebebahn, mit allen Verkehrsmitteln im VRR-Gebiet und zum freien Eintritt im Museum Lokschuppen, zur Führung im Manuelskotten, im historischen Postkeller und im Tuchmuseum in Remscheid-Lennep.

Radfernwege ins Bergische Land

Obwohl es sehr hügelig ist, zieht das Bergische Land viele Radler an. Entsprechend gut ist es an die Radfernwege angebunden:

Die **Themenroute Wasser, Wälder, Eisenhämmer** führt durch fast alle Orte des Bergischen Landes. Die Wegweiser zeigen einen blauen Fluss zwischen schwarzen Felsen.

@ www.radverkehrsnetz.nrw.de.

Eine gute kartografische Darstellung ist in den beiden Freizeitkarten *NRW Naturpark Bergisches Land* (Nord) und (Süd) zu finden, die vom Landesvermessungsamt Nordrhein-Westfalen, www.lverma.nrw.de, zum Preis von je 7,55 € herausgegeben werden.

Fahrradcracks sollten sich von der Kurverwaltung Reichshof oder der Ralf Bohle GmbH, www.schwalbe.com, die Karte zum Fahrradpark Reichshof geben lassen. Darin sind vier Radtouren von 16 bis 50 km Länge rund um Reichshof eingezeichnet, die allerdings wegen ihrer Höhenunterschiede nichts für untrainierte Sonntagsausflügler sind.

Auf den Spuren Karls des Großen könnt ihr auf der **Kaiser-Route** von Aachen nach Paderborn radeln und streift dabei das Bergische Land bei Solingen und Wuppertal.

Der wohl meist gefahrene Radfernweg in der Region ist der **Siegtal-Radwanderweg** von der Siegquelle bei Netphen bis zur Mündung zwischen Sankt Augustin und Troisdorf. Infos dazu gibt es unter info@bonn-region.de. Er ist an einer gelben Sonne über blauem Fluss und grüner Wiese zu erkennen und ermöglicht am Zielpunkt sogar eine Weiterfahrt auf dem Erlebnisweg Rheinschiene zwischen Bonn und Duisburg.

Das **Radfernwege-Netz** ist mit der **Route D4** vertreten, das ist die Mittellandroute von Aachen über Bonn, Siegen, Erfurt, Jena und Chemnitz nach Zittau. Sie wird im Bergischen Land über den Siegtalradweg geführt und ist mit einem Rad gekennzeichnet, das in der linken Hälfte Speichen hat, rechts steht eine weiße 4 auf rotem Grund.

FERIEN-ADRESSEN

Ferien auf dem Bauernhof

MD Bauernhof, Margot Döpper, Zur Linde 38 – 41, 51515 Kürten-Engeldorf. © 02207/4146, Handy 0177/714755. www.mdbauernhof.de. mdbauernhof@aol.com. Wenn ihr in Frau Döppers Heuhotel oder FeWo übernachtet, könnt ihr Heutiere basteln, töpfern oder einfach einen Erlebnistag mit ihr veranstalten: toben auf dem Heuboden, Lagerfeuer, zelten, Erkundungen am Bach, Fluss oder Wald. Frau Döpper macht es einfach Spaß, mit Kindern umzugehen und ihre handwerklichen und kreativen Fähigkeiten weiterzugeben. Immer ein besonderer Genuss ist es, Pfannkuchen aus frisch geernteten Äpfeln zu backen oder aus frischer Milch Pudding zu kochen. Und natürlich auch zu essen! Oder wollt ihr im laufenden Milchviehbetrieb helfen, Kühe von der Wiese holen und Kälber füttern? Bei der Ernte dürft ihr auf dem Trecker mitfahren. Einige Tiere warten auf zärtliche Streichelhände: Katzen, Kühe, Kälber und Halflinger.

Hotel Bergische Rhön, Harald Heinen, Holzer Straße 18, 51789 Lindlar. © 02266/8359, Fax 45145. www.bergische-rhoen.de. info@bergische-rhoen.de. Schön gelegenes

Hotel mit kindgerechter Ausstattung, ideal für Wanderfreunde. ÜF im DZ 28 €, im DBZ 26 €. Große Wiese zum Spielen, für die Kleinen gibt es außerdem eine Kinder-Spiele-Halle. Und die Bergischen Waffeln hier sind ein Traum! Auf dem Parkplatz darf man auch mit dem WoMo übernachten, viel Wald, grüne Weiden und ein Segelflugplatz sind direkt nebenan. An Wochenenden mit schönem Wetter könnt ihr hier die Segelflugzeuge bei Start und Landung beobachten. Mitfliegen darf man aber erst ab 12 Jahre.

Hof Schümmerich, Annemarie Hagen, Schümmerich 2, 51789 Lindlar-Linde. ✆ 02266/7022, Fax 465062. Bauernhof mit viel Platz zum Toben. FeWo 50 qm für 3 Pers 30 € pro Tag, 200 € pro Woche. Hofgeschichten, Erzählabend und Führung durch den Betrieb sind üblich. Spielplatz, Freizeitraum und Außensitzplätze vorhanden.

Bauernhof Lange, Hähner Weg 103, 51580 Reichshof-Hähnen. ✆ 02296/8619, Fax 991016. maiblume20@aol.com. Ferien auf dem Bauernhof mit großer Freiterrasse, Grillplatz, Liegewiesen. Tiere sind willkommen, Pferdeboxen vorhanden. Und viele Tiere wie Kühe, Schweine, Hühner, Gänse, Enten und Reitpferde. Mitarbeit auf dem Hof ist möglich. ÜF 20,50 €, Ki bis 3 Jahre frei, bis 10 Jahre halber Preis. FeWo für 2 – 5 Pers 30 € für 2 Pers, jede weitere Pers 6 €.

Ferienwohnungen Familie Banderscheid, Sterzenbacher Straße 27a, 51580 Reichshof-Sterzenbach. ✆ 02296/8428, Fax 999216. Zwei FeWo für 6 – 8 Pers auf einem Bauernhof mit Kühen, Kälbern, Pferden, Schweinen, Streicheltieren, Bauernladen und Kinderspielplatz. Die FeWo kostet für 2 Pers 36 € pro Nacht, jede weitere Pers 8 €.

Ferienwohnungen Helga und Werner Knur, Sterzenbacher Straße 29, 51580 Reichshof-Sterzenbach. ✆ 02296/90336, Fax 9999593. Helga.Knur@web.de. Zwei hübsch eingerichtete FeWo auf einem Bauernhof mit großem Viehbestand. Also viel Gelegenheit, Kühen, Kälbern und Streicheltieren sehr nahe zu kommen. Kindgerechte Ausstattung und Leihfahrräder sind vorhanden. Für zwei Pers 39 €, jede weitere Person 9 €, Kinder unter 4 Jahre frei, bis 10 Jahre halber Preis.

Der wohl dickste Eierkuchen der Welt! Eine bergische Spezialität gibt es nur in Lieberhausen und dem Nachbarort Niederrengse: Lieberhäuser Eierkuchen. Diese rekordverdächtige Leckerei solltet ihr niemals für einen allein bestellen, denn davon werden locker 3 – 4 Personen satt. Die herzhafte Variante wird mit Speck zubereitet, der süße Lieberhäuser Eierkuchen wird mit Zucker und Zimt bestreut und mit Preiselbeerkompott serviert. Stets futtert ihr euch durch einen tortenhohen Eierkuchen, der durch das viele Eiweiß im Inneren sehr sättigend ist. Hm, lecker!

Reiterhöfe

Ferienhof Biesenbach, Weidener Straße 66, 51515 Kürten-Weiden. ✆ 02268/2882, Fax 3244. Handy 0172/86823-62. www.ferienhof-biesenbach.de. info@ferienhof-biesenbach.de. **Anfahrt:** Bus 427 Kürten-Weiden. **Auto:** L195. **Preise:** FeWo pro Tag und 2 Pers 40 €, jede weitere Pers 5 €; Reiterwoche für Mädchen 10 – 16 Jahre mit VP und Reiten 250 € mit Ü, 190 € ohne Ü. Herrliche Reiterferien mit Kaltblütern und Shettys könnt ihr in Weiden verbringen. Wer über 10 Jahre alt ist, darf allein kommen, Jüngere lassen sich von einem Erwachsenen begleiten. Ihr könnt sogar euren Hund mitbringen, wenn er sich mit den Hofhunden verträgt. Auf dem Hof gehören die Pferdepflege, die Pflege des Sattelzeugs und anschließendes Säubern des Hofes zu den täglichen Pflichten.

Tara-Isländerhof, Ulrike Graf, Gimborner Straße 84, 51709 Marienheide-Himmerkusen. ✆ 02264/40206, Fax 40208. Handy 0170/9085805 oder 0170/9085811. www.tara-islaenderhof.de. taraislaender@aol.com. Auf dem Tara-Isländerhof könnt ihr wunderschöne Reiterferien verbringen. Das kostet ohne Übernachtung (z.B. wenn ihr ohnehin auf einem nahe gelegenen Campingplatz abgestiegen seid) für 6 Tage 186 €, mit Übernachtung und VP 288 €. In der Feriengruppe sind höchstens 16 Kinder.

Ponyhof Knotte, Römerstraße 33, 51674 Wiehl-Hübender. ✆ 02262/93152, Fax 91114. www.hotel-ponyhof-knotte.de. info@hotel-ponyhof-knotte.de. **Anfahrt:** Bus 302 Römerstraße, dann 500 m Fußweg. Kleines Landhotel mit kinderfreundlichen Gastleuten, 33 Betten und gutem Restaurant. Kinder ab 10 Jahre können auf dem Ponyhof Knotte ohne Begleitung Reiterferien verbringen. Das kostet für eine Woche 250 € und umfasst 6 Übernachtungen, Frühstück, Mittagessen, Abendessen, 1 Reitstunde pro Tag, Ausflüge zum Wildpark und zur Tropfsteinhöhle, Wanderung, Nachtwanderung und Grillabend.

Reiterhof Fanny, Niederheiden 22, 53804 Much. ✆ 02245/2697, Fax 618691. www.fannyhof.de. info@fannyhof.de. Auf dem Fannyhof könnt ihr Reiterferien, Klassen- und Gruppenfahrten für Schulen und Kindergärten verbringen

Abkürzungen bei Unterkünften:

DZ Doppelzimmer
EZ Einzelzimmer
FeWo Ferienwohnung
FH Ferienhaus
HP Halbpension
HS Hauptsaison
JH Jugendherberge
MBZ Mehrbettzimmer
Ü Übernachtung
ÜF Übernachtung mit Frühstück
p. P. pro Person
WoMo Wohnmobil

und sogar euren Kindergeburtstag feiern. Das Hofteam vermittelt euch den Umgang mit dem Pferd, Pferdepflege, Theorie und erteilt qualifizierten Reit-, und Voltigierunterricht. Zum Freizeitprogramm gehören z.B. Kutschfahrten, Grillen, Nachtwanderungen und Discoabende. Reiterferien von So – Fr 230 €, Gruppenfahrten ab 75 €, Kindergeburtstage für ca. 10 Kinder 150 €.

Jugendherbergen

In Jugendherbergen schläft man in 4- bis 6-Bettzimmern, isst in Speisesälen und spielt mit vielen anderen Kindern auf einem Bolzplatz oder einem großen Spielplatz. In jüngster Zeit sind viele Jugendherbergen renoviert und modernisiert worden, sodass Familienzimmer und Doppelzimmer keine Seltenheit mehr sind. Fast alle bieten im Haus und dessen Umfeld gute Möglichkeiten zu Sport und Spiel. Viele organisieren Freizeitprogramme für Kinder, Familien, Freizeitgruppen und Schulklassen, aber stets nur nach vorheriger Anmeldung. Manche bieten in Zusammenarbeit mit den umliegenden Forstämtern Progamme zu Umweltschutz und Naturerkundung an.

Um in Jugendherbergen übernachten zu können, muss man Mitglied im DJH sein, wofür ein Jahresbeitrag von 12 € (»Junioren« bis 26 Jahre) oder 20 € (Familien und »Senioren« ab 27 Jahre) fällig ist. Entgegen dem Begriff »Jugend«herberge können in Deutschland auch ältere Familienmitglieder (sogar Opa und Oma), in Jugendherbergen übernachten. Nicht alle Jugendherbergen entsprechen dem Klischee von der Billigunterkunft, aber im Großen und Ganzen sind die Preise erträglich niedrig. Die angegebenen Preise beziehen sich auf die Übernachtung im Mehrbettzimmer.

@ Informationen zu den rheinischen Jugendherbergen unter www.djh-rheinland.de und www.djh.de. Bei der eMail-Adresse service-center@djh-rheinland könnt ihr die Hefte »Wochenendreisen«,«Ferien« und »Fahrtfinder« mit Programmangeboten für Gruppen, Schulklassen und Familien anfordern. **Achtung:** Die meisten Jugendherbergen sind über Weihnachten geschlossen, wenn nicht anders angegeben 24. – 26. Dez.

JH Solingen-Gräfrath, Flockertsholzer Weg 10, 42653 Solingen-Gräfrath. ✆ 0212/591198, Fax 594179. www.solingen-graefrath.jugendherberge.de. solingen-graefrath@jugendherberge.de. **Anfahrt:** Wuppertal-Vohwinkel Bhf, Bus 621 Richtung Dasnöckel bis Haltestelle Roßkamper Höhe, 10 Minuten Fußweg (Richtung Tierpark). Oder: Solingen

Bus 695 Richtung Abteiweg bis Haltestelle Eugen-Maurer-Hei, 5 Min Fußweg. **Auto:** A46 Ausfahrt 30 Haan-Ost, Schildern Richtung Solingen folgen, am Ortseingangschild Solingen-Gräfrath an der Ampel rechts, nach 500 m links bergauf, Hinweisschilder zum Tierpark Fauna. In der Jugendherberge Solingen-Gräfrath stehen in 25 Zimmern 146 Betten zur Verfügung, darin enthalten sind 2 EZ, 2 Zweibettzimmer, 4 Vierbettzimmer, 5 Sechsbettzimmer, 12 Achtbettzimmer und 2 Leiterzimmer. 8 Zimmer haben eigene Waschgelegenheiten. 5 Tagesräume für 24 – 70 Pers, Grillplatz, Lagerfeuerplätze, Kicker, Tischtennisplatten und Klavier runden das Angebot ab. ÜF kosten 14,60 €, HP 18,90 €, VP 21,20 €, Sonderpreise für Gruppen und Familien in der Nebensaison. Diese Jugendherberge ist auf Zeit- und Fantasiereisen ins Mittelalter und in den Wilden Westen spezialisiert, die mit viel Wissen über indianische Kultur, Naturerlebnisse und Theaterspiel kombiniert werden. Wer Technik liebt, kann ein Schwarzlichtprogramm buchen.

JH Burg an der Wupper, An der Jugendherberge 11, 42659 Solingen. ✆ 0212/41025, Fax 49449. www.solingen-burg.jugendherberge.de. solingen-burg@jugendherberge.de. **Anfahrt:** Wuppertal-Vohwinkel Bus 683 bis Endstation, über die Wupperbrücke gehen, Bus 689 In der Planke oder Bus 266 Jugendherberge. **Auto:** A1 Ausfahrt 96 Schloss Burg/Wermelskirchen, Richtung Schloss, nach Ortsteingangsschild rechts, geradeaus in die Sackgasse, dann wieder rechts. In dieser multikulturellen Jugendherberge stehen euch 118 Betten in 25 Zimmern zur Verfügung. Die Zimmer haben 2, 4, 6 oder 8 Betten, 13 davon mit Waschgelegenheit, 6 sind Leiterzimmer. In die 5 Tagesräume passen 24 – 72 Pers. Außerdem: Tischtennisplatten, Bolzplatz, Spielplatz, Fußballkicker, Disco, TV/Video, Dia- und Overheadprojektor, Klavier, Zeltplatz. ÜF kosten 14,60 €, HP 18,90 €, VP 21,20 €, Sonderpreise für Gruppen und Familien in der Nebensaison. Programmschwerpunkt ist die Begegnung mit anderen Kulturen, deshalb könnt ihr bei dem Programm Weltwoche fremde Kulturen live erleben und bei »Albert Einstein, Marie Curie & Co.« die Welt der Wissenschaftler näher kennen lernen.

Tipp: Gruppenzeltplatz für etwa 40 Pers, 4,50 € pro Person und Nacht.

Richard Platt, Chris Riddell: *Mein Leben auf der Ritterburg.* Januar 1285: Tobias ist endlich groß genug und darf auf die Burg seines Onkels ziehen. Dort lernt er alles, was er als Page und Knappe wissen und können muss. Er schreibt in seinem Tagebuch von alltäglichen Arbeiten, unangenehmen Pflichten und der Aufregung vor seinem ersten Turnier. Ab 9 Jahre. ISBN 3-5513-5469-3, 6,50 €.

JH Wuppertal, Obere Lichtenplatzer Straße 70, 42287 Wuppertal. ✆ 0202/552372, Fax 557354. www.wuppertal.jugendherberge.de. wuppertal@jugendherberge.de. **Anfahrt:** Wuppertal-Barmen, Bus 640 Jugendherberge. **Auto:** A46 Ausfahrt 35 Wuppertal-Barmen, geradeaus erst talabwärts bis Alter Markt, dann wieder bergauf (Fischertal). Am Ende der Straße rechts abbiegen. 26 Zimmer mit 126 Betten, 2 – 6 Betten pro Zimmer, alle Zimmer mit Waschgelegenheit, 3 Familienzimmer haben eigene Dusche/WC. 4 Tagesräume für 20 – 96 Pers, Teeküche, Disco, Bastelkeller, Klavier, Grillplatz, Bolzplatz, Lagerfeuerstelle. Übernachtung und Frühstück kosten 15,20 €, Halbpension 19,30 €, VP 21,80 €, Sonderpreise für Gruppen und Familien in der Nebensaison. Wuppertal ist ein gutes Ziel für kulturell interessierte Menschen. Entsprechend liegt auch der Schwerpunkt des Jugendherbergsprogramms auf Rollenspielen wie »Agent 006 Wuppertal« und einem Musical für Klassen, die gern tanzen.

Minigolfanlage genau gegenüber der Jugendherberge.

JH Radevormwald, Telegrafenstraße 50, 42477 Radevormwald. ✆ 02195/688811, Fax 688810. www.radevormwald.jugendherberge.de. radevormwald@jugendherberge.de. **Anfahrt:** Bahnbus Wuppertal-Radevormwald, 10 Min Fußweg. **Auto:** A1 Ausfahrt 95 Remscheid, Richtung Radevormwald-Zentrum. Die zweitälteste Jugendherberge der Welt ist selbstverständlich seit ihrer Eröffnung schon mehr als einmal renoviert worden und kommt folglich mit seinen 126 Betten in 28 Zimmern (2 – 12 Betten) sehr modern daher, alle Zimmer haben nämlich Dusche/WC, 16 davon gelten als Familienzimmer. In die 6 Tagesräume passen 20 – 54 Pers, beschäftigen könnt ihr euch mit Tischtennisplatte, Spielwiese, Grillplatz, Torwand, Basketballkorb, Disko und Klavier. ÜF kosten 16,80 €, HP 21,20 €, VP 23,60 €, Sonderpreise für Gruppen und Familien in der Nebensaison. Programmschwerpunkte sind Teamwork und Konfliktmanagement mit und ohne Hochseilgarten, Naturerlebnis und Entspannung. Hier könnt ihr also bei »Deutschland sucht die Superklasse« eure Teamfähigkeit testen und bei »Waldmeister und Waldgeister« mit allen Sinnen den Wald kennen lernen.

JH Wipperfürth, Ostlandstraße 34, 51688 Wipperfürth. ✆ 02267/1228, Fax 80977. www.wipperfuerth.jugendherberge.de. wipperfuerth@jugendherberge.de. **Anfahrt:** Bus 427, 429 Wipperfürth Busbhf 10 Min. **Auto:** A1 Ausfahrt 96 Wermelskirchen, B237 über Hückeswagen bis Wipperfürth, dort Richtung Marktplatz die Hochstraße fahren, dann rechts und direkt wieder links. 24 Zimmer mit 144 Betten, überwiegend Sechsbettzimmer, 8 Zimmer mit eigener Dusche/WC, 5 Leiterzimmer, 4 behindertenfreundliche Zimmer, 2 behindertenfreundliche Duschen. In dieser Sport-Jugendherberge dreht sich alles um Indoor- und Outdoor-Aktivitäten mit viel Bewegung. Entsprechend gibt es neben den 5 Tagesräumen (10 – 60 Pers) eine Disco und einen Spiel- und Bewegungsraum,Tischtennisplatten, Spielgeräte, Klavier und Jongliermaterial. ÜF kosten 15,20 €, HP 19,30 €, VP 21,80 €, Sonderpreise für Gruppen und Familien in der Nebensaison.

JH Lindlar, Umweltstudienplatz, Jugendherberge 30, 51789 Lindlar. ✆ 02266/5264, Fax 45517. www.lindlar.jugendherberge.de. lindlar@jugendherberge.de. **Anfahrt:** RB25, Bus 38 Engelskirchen, weiter mit Bus 332 Voßbrucher Straße. Oder: Bus 421 Lindlar Busbahnhof. Jeweils 10 Min Fußweg. **Auto:** A4 Ausfahrt 21 Untereschbach/Lindlar, Richtung Lindlar, im Ort gut ausgeschildert. Die Jugendherberge Lindlar ist eine der größten Jugendherbergen im Bergischen Land und hat 160 Betten in 40 Zimmern, davon 12 Achtbettzimmer, 10 Familienzimmer, 8 Leiterzimmer. In die 7 Tagesräume passen Gruppen von 10 bis 150 Pers. Programmschwerpunkt ist Natur & Multimedia, deshalb sind ein Medienlabor und ein eigenes Waldgelände vorhanden. Auch Sportplatz, Streetball, Fußball und Volleyball, Tischtennisplatten, Discoraum und Spielplatz dürfen nicht fehlen. ÜF kosten 15,20 €, HP 19,30 €, VP 21,80 €, Sonderpreise für Gruppen und Familien in der Nebensaison. Highlight des Jugendherbergsprogramms ist das Multimediaprojekt »Leben wie vor 75 Jahren«.

JH Morsbach, Obere Kirchstraße 21, 51597 Morsbach/Sieg. ✆ 02294/8662, Fax 7807. www.morsbach.jugendherberge.de. morsbach@jugendherberge.de. **Anfahrt:** Bhf Wissen/Sieg, Bus 341, Taxibus 340 Morsbach Busbhf (Mo – Fr selten, Sa und So nie!). **Auto:** A4 Ausfahrt 26 Bergneustadt/Reichshof, B256 bis Morsbach, dort ausgeschildert. **Infos:** Bei Anreise mit öffentlichen Verkehrsmitteln kann der Herbergsvater organisieren, dass ihr abgeholt werdet. Bitte frühzeitig buchen. Die wohl familienfreundlichste Jugendherberge im Bergischen Land. Alle 34 Zimmer sind für Familien geeignet, 26 davon haben eigene Dusche/WC. 4 Zweibettzimmer, 15 Vierbettzimmer, 14 Sechsbettzimmer und 1 Leiterzimmer. Tagsüber stehen euch zur Verfügung: Fußball, Basketball und Volleyball, Tischtennisplatten, Grillplätze, Spiel- und Liegewiesen, Lagerfeuerplatz, Spielplatz, Klavier, offener Kamin, 6 Tagesräume für 20 – 100 Pers, Werkraum, Fernsehecke, Discoraum und ein spezieller Familienaufenthaltsraum mit Spielecke und gut gefülltem Buchregal. ÜF kosten 15,50 €, HP 19,50 €, VP 21,90 €, Sonderpreise für Gruppen und Familien in der Nebensaison. Auf Vorbestellung können Familien sogar Babybett, Flaschenwärmer, Hochstuhl, Wickelunterlage, Kinder-WC-Sitz und einen Fußhocker fürs Bad haben. Wenn ihr länger dort seid, müsst ihr unbedingt eine der Zeitreisen ins Mittelalter oder in die Urzeit mitmachen, spannender geht's nicht!

JH Wiehl, An der Krähenhardt 6, 51674 Wiehl. ✆ 02262/93410, Fax 91598. www.wiehl.jugendherberge.de. wiehl@jugendherberge.de. **Anfahrt:** Bhf Dieringhausen, Bus 302 Richtung Waldbröl bis Wiehl, Zirrerstraße. **Auto:** A4 Ausfahrt 25 Gummersbach/Wiehl, L336 Richtung Wiehl. Am Ortseingang Richtung Tropfsteinhöhle. Dies ist die größte Jugendherberge im Bergischen Land und eine der luxuriösesten noch dazu: Alle 44 Zimmer haben eine eigene Dusche mit WC. Die 176 Betten sind über Zimmer mit 1, 2, 4, 6, und 8 Betten verteilt, davon 28 Familienzimmer, 11 Leiterzimmer und 5 rollstuhlgerechte Zweibettzimmer. Die Wiehler Jugendherberge ist auf Sport, Spiel und Wellness spezialisiert, sie liegt unmittelbar an Freibad und Eissporthalle und hat selbst ein Kleinspielfeld mit Street-Soccer-Toren auf dem Außengelände, Maxikicker, Basketballkorb, Tischtennis und eine Disco zum Abtanzen. Um die Mus-

Von der Jugendherberge zum Aussichtsturm bei Alzen wandert ihr hin und zurück etwa 2 Stunden. Zu lang? Die Ziegenrunde rund um die Jugendherberge ist ein kleiner Verdauungsspaziergang von 30 Min im großen Bogen um die Jugendherberge mit tollen Ausblicken auf Morsbach und viel Natur.

keln geschmeidig zu halten, könnt ihr nach dem Sport in die Sauna mit Ruheraum gehen. Außerdem: 5 Tagesräume für 21 – 46 Pers, Bistro, Klavier, Mehrzweckraum. ÜF kosten 17 €, HP 21,70 €, VP 24 €, Sonderpreise für Gruppen und Familien in der Nebensaison.

Waldjugendherberge Windeck-Rosbach, Herbergsstraße 19, 51570 Windeck-Rosbach. ✆ 02292/5042, Fax 6569. www.windeck.jugendherberge.de. windeck@jugendherberge.de. **Anfahrt:** Bhf Rosbach 2 km. **Auto:** B256 bis Waldbröl, weiter Richtung Windeck-Rosbach. Im Ort links Hurster Straße. Rad: Siegtalradweg, dann steil den Berg hinauf. Die Waldjugendherberge liegt im Naturpark Bergisches Land. Rollstuhlgerechte Gemeinschafts- und Schlafräume sowie Sanitäranlagen, 42 Vierbettzimmer mit 142 Betten, 13 Leiterzimmer mit eigener Dusche und WC, 6 behindertengerechte Schlafräume, Wickelraum, 5 Tagesräume, 2 Schulungsräume, Besprechungsraum, Werkraum, Discoraum, Lehrerzimmer, Waschmaschine und Trockner. Außen Tischtennis, Boccia, Fußball und Basketball möglich. ÜF kosten 15,20 €, HP 19,30 €, VP 21,80 €, Sonderpreise für Gruppen und Familien in der Nebensaison. Von dieser Jugendherberge starten auch geführte Waldexkursionen mit einer Försterin. Neben Gruppenreiseangeboten bietet die Jugendherberge in den NRW-Ferien das Ferienprogramm für Kinder »Natur aktiv – auf den Spuren dunkler Waldmächte«. Mindestens genauso spannend ist das Familienprogramm »Robinson auf der Sieg«, bei dem ihr ein Floß baut.

Tipp: Dies ist die einzige Nichtraucherjugendherberge im Bergischen Land!

Naturfreundehäuser

NFH Solingen-Theegarten, Zedernweg 26a, 42651 Solingen-Mitte. ✆ 0212/17765, 818326. **Anfahrt:** Bus 695 Meigen. Kleines Naturfreundehaus auf dem Theegartener Kopf mit 22 Betten in fünf Zimmern. Das Haus ist Sa, So und nach Absprache bewirtschaftet. Preise auf Anfrage.

NFH Solingen-Pfaffenberg, Dieter und Rosemarie Meyer, Pfaffenberg 65, 42659 Solingen-Höhscheid. ✆ 0212/44870, Fax 993343160. Handy 0163/3343160. www.naturfreundehaus-pfaffenberg.de. info@naturfreundehaus-pfaffenberg.de. **Anfahrt:** Bhf Solingen-Ohligs, Bus 681 Hästen, 30 Min Fußweg. **Auto:** Anfahrt PKW: Ziemlich kompliziert, aber auf der Homepage gut erklärt. Kleines, sehr ruhig gelegenes Naturfreundehaus mit 31 Betten in 12 Schlafräumen: 1 EZ, 7 Zweibettzimmer, 4 Vierbettzimmer mit fließendem kalten und warmen Wasser, Etagen-Duschen und Toiletten. Eine Selbstkocherküche, Tagesräume für 30 – 40 Pers und ein kleiner Spielplatz können ebenfalls genutzt werden. ÜF 21,30 €, Kinder bis 3 Jahre frei, bis 14 Jahre 16 €, bis 18 Jahre 18 €, Ermäßigung für Naturfreundemitglieder, Selbstverpflegung und längere Aufenthalte. HP- und VP wird nicht angeboten, aber es gibt eine kleine Speisekarte mit Eintöpfen, Suppen, Bockwurst, Schnittchen, etc., welche für das Abendessen genutzt werden kann, Preise für Abendessen ab 3,50 €.

NFH Solingen-Wald, Holzbachtal, Eipaßstraße 25b, 42719 Solingen-Fürkeltrath. ✆ 0212/313791. Kleines Naturfreundehaus mit 13 Betten und weiteren 15 Schlafplätzen im Notlager. Es ist Mi, Sa, So, Fei und auf Anfrage geöffnet, Preise auf Anfrage.

NFH Am Hülsberg, Greuel 27, 42369 Wuppertal-Cronenberg. ✆ 0202/470056, 474382, Fax 474405. Kleines Naturfreundehaus mit 16 Betten in 2 Zweibettzimmern, 1 Vierbettzimmer und 1 Achtbettzimmer mit Waschgelegenheit. Es ist Sa, So und auf Anfrage geöffnet, Preise auf Anfrage.

NFH Luhnsfelder Höhe, Luhnsfelder Höhe 7, 42369 Wuppertal-Ronsdorf. ✆ 0202/461320. **Anfahrt:** CE65, Bus 625 Nettenberg. Kleines Naturfreundehaus mit nur 9 Betten in 1 Einbettzimmer, 1 Zweibettzimmer, 1 Dreibettzimmer mit Waschgelegenheit und 1 Dreibettzimmer mit Dusche. Es ist Sa, So, Fei und auf Anfrage geöffnet, Preise auf Anfrage.

NFH Am Block, Am Block 4, 42799 Leichlingen. ✆ 02175/2917, Fax 2917. Kleines Naturfreundehaus mit 40 Betten, 20 Caravan-Stellplätzen und großem Zeltplatz. Zwei Aufenthaltsräume für 40 und 60 Pers, Kinderspielplatz, Sportplatz, Grillhütte, Waldlehrpfad. Ü 12 €, F 4,50 €.

NFH Neuenkamp, Neuenkamp 10, 42799 Leichlingen. ✆ 02175/5612, Fax 5612. www.naturfreundehaus-neuenkamp.de. info@naturfreundehaus-neuenkamp.de. **Anfahrt:**

Die richtig harten Wanderer unter euch können einen ganzen Urlaub lang einmal rund um Solingen wandern. Schon vor 70 Jahren wurde der 75 km lange Klingenpfad angelegt, der auch hier in der Nähe des Naturfreundehauses vorbeiführt. Er ist in 9 Einzeletappen aufgeteilt, für die Start und Ziel immer an einer Bushaltestelle liegen. Faltblatt und Karte gibt es im Bürgerbüro, stadtinfo@solingen.de.

Ab Bhf Leverkusen-Opladen: Bus 239, 240 Hüscheid, von dort etwa 1,2 km. Ab Bhf Leichlingen: Bus 253 Balken, 1 km bis zum Haus. **Auto:** B232, am Ortsrand von Pattscheid ausgeschildert. Gemütliche Gruppenunterkunft für Selbstverpfleger mit Zwei-, Vier- und Sechsbettzimmern, insgesamt 34 Betten. Ein Aufenthaltsraum für 50 Pers, von dem ein kleiner Raum mit 12 Plätzen abgetrennt werden kann, außerdem ein weiterer Aufenthaltsraum mit 45 qm. Tischtennisplatte, Spielhof, Grillplatz und Freizeitraum. Übernachtung 13 € für Erw, 10 € für Kinder und Jugendliche 4 – 17 Jahre, Ermäßigung für Naturfreundemitglieder und Gruppen.

NFH Hardt, Hardt 44, 51429 Bergisch Gladbach-Herkenrath. ✆ 02204/867558, Fax 867563. Handy 0173/2558022. www.haus-hardt.de. info@haus-hardt.de. Tief im Wald liegt das Haus Hardt. Es hat 26 Betten in Zimmern mit 2, 3, 4 und 5 Betten, für die ihr ohne Frühstück 10 € pro Nacht und mit Frühstück 15 € zahlt. In dem großen Speisesaal finden bis zu 80 Gäste Platz. Es gibt zwei Grillplätze, einen großen Spielplatz und einen Bolzplatz.

NFH Gummersbach, Friedrichstraße 26, 51643 Gummersbach. ✆ 02261/26700, 807614, Fax 22889. www.naturfreundehaus.net. kurt.eulenhoefer@t-online.de. **Anfahrt:** Bhf Gummersbach, dann 5 Min. **Auto:** Keine unmittelbare Zufahrt mit dem PKW, vom Parkplatz müssen die letzten 50 m über einen Weg mit Steigung bewältigt werden. Kleines Stadtheim mit 24 Betten, Selbstkocherküche und einem Aufenthaltsraum für 50 Pers. Die Betten sind über 5 Zweibettzimmer, 2 Vierbettzimmer und ein Sechsbettzimmer verteilt. Aus der Küche kommt man auf eine Außenterrasse, auf der etwa 20 Pers Platz finden. Das Haus ist atomwaffenfreie Zone. Die Übernachtung kostet für Kinder unter 12 Jahre 6,50 €, wer älter ist zahlt 10 €. Für Mitglieder der Naturfreunde Deutschlands und der internationalen Naturfreundeorganisationen gelten Sondertarife. Bettwäsche sollte aus Umweltgründen selbst mitgebracht werden, kann aber auch für 4 € entliehen werden.

Di und Do ist in Gummersbach Wochenmarkt auf dem Bismarckplatz, Sa in der Hindenburgstraße.

Ferienzentrum Käte-Strobel-Haus, Käte-Strobel-Weg 30, 51647 Gummersbach-Lieberhausen. ✆ 02763/9100, Fax

910166. www.ferienzentrum-lieberhausen.de. info@ferienzentrum-lieberhausen.de. **Anfahrt:** Bhf Gummersbach, Abholdienst auf Anfrage. **Auto:** A45 Ausfahrt 16 Meinerzhagen, Richtung Meinerzhagen, nach 300 m links B54 Richtung Olpe, nach 3 km bei Gaststätte Höll rechts. Ein komfortabel eingerichtetes Naturfreundehaus mit Appartements, Ez und DZ. Hier gibt es sogar ein Spielzimmer, einen Spielplatz, eine Kegelbahn, einen Grillplatz, ein Hallenbad und eine Sauna. Alle Kinder unter vier Jahre, die zur Familie gehören, wohnen, schlafen und essen kostenlos. Kinderbetten vorhanden. Erw VP 49 €, HP 46 €, Jugendliche 14 – 17 Jahre VP 44,50 €, HP 41,50 €, Kinder 5 – 13 Jahre VP 37 €, HP 34 €, Ermäßigungen in der Nebensaison, bei Aufenthalt von mehr als 2 Nächten und für Mitglieder der Naturfreunde und der AWO.

Jugend- und Gruppenunterkünfte

Haus Strohn, Martha Hartkopf, 42651 Solingen-Glüder. ✆ 0212/2442029. **Auto:** Kreisstraße K4 (Balkhauser Weg), zwischen Solingen-Mitte und Leichlingen-Witzhelden. **Zeiten:** auf Anfrage. Einfache Gruppenunterkunft mit Selbstkocherküche und kleinem Spielplatz in Glüder, direkt an der Wupper und nicht weit von Waldschadenslehrpfad und Waldschule mitten im Wald.

Waldschule Solingen, Strohner Höhe 1, 42659 Solingen-Strohn. ✆ 0212/295-1095, Fax 295-1096. **Anfahrt:** Bus 252 Glüder. **Auto:** Kreisstraße K4 (Balkhauser Weg), zwischen Solingen-Mitte und Leichlingen-Witzhelden. **Zeiten:** Bürozeiten Mo – Fr 8.30 – 12.30 Uhr. Dieses Selbstversorgerhaus liegt mitten im Wald, hier gibt es weit und breit keine Straße. Sogar Gäste dürfen maximal mit einem Pkw über den Zufahrtsweg ihr Gepäck zum Haus bringen. Es hat 25 Betten in drei Achtbettzimmern und einem Einbettzimmer, einen Gruppenraum, zwei Waschräume, eine Küche und einen urigen Gewölbekeller. Die Ü kostet 10 €, Kinder zahlen 7 €, Oktober – April 12 € bzw. 8 €. Tagespreis ohne Ü 3 € pro Pers, mindestens 30 €. Keller 50 €, Endreinigung 50 € (ihr könnt aber auch selber putzen).

CVJM Bildungsstätte Bundeshöhe, Bundeshöhe 7, 42285 Wuppertal. ✆ 0202/574226, 574227, Fax 2545604. www.bildungsstaette-bundeshoehe.de. bildungsstaette@cvjm-westbund.de. **Anfahrt:** CE61 Müngstener Straße, CE62 Lichtscheid, Bus 620 Kappellen, Bus 640 Marper Schulweg. Haus mit 114 Betten in Ez, DZ, DBZ. Davon 33 Zimmer mit Dusche und WC. Zusätzlich gibt es einen Selbstversorger-Trakt mit 20 Betten. Auf dem Gelände gibt es eine Sporthalle mit Kletterwand, ein Sport-Seminar-Gebäude Billard, Kicker, Tischtennis, Jakolo, Air-Hockey, Tischgolf, Fußballtore mit Netzen und Grillmöglichkeiten.

Schulland-, Sport- und Freizeitheim Haus Veste Nyestadt, Zum Dreiort 101, 51702 Bergneustadt. ✆ 02261/41058, Fax 478460. www.haus-veste-nyestadt.de. niermannrolf@compuserve.de. **Anfahrt:** Bus ZWS301 Gummersbach – Bergneustadt, dann 10 Min Fußweg, Wegweiser vorhanden. **Auto:** A4 Ausfahrt 26 Reichshof/Bergneustadt, B256 bis Bergneustadt, dann als Schullandheim ausgeschildert. **Infos:** Rolf Niermann ✆ 02051/84316, Fax 81202. Große Gruppenunterkunft mit 140 Betten. Für Jungen und Mädchen sind in getrennten Schlaftrakten mit Gemeinschaftsduschen auf zwei Etagen 3 Achtbettzimmer, 15 Sechsbettzimmer, 3 Vierbettzimmer und ein behindertengerechtes DZ mit Dusche/WC eingerichtet. Für die Begleiter stehen 4 EZ und 4 DZ mit Dusche/WC zur Verfügung. Im Haus außerdem 5 Aufenthaltsräume, Seminarraum, Aula mit Bühne, Turnhalle, Kaminraum, Tischtennis- und Spielraum, 2 Lehrerzimmer mit SAT-Fernsehen sowie einen separaten Leseraum. Außen sind ein Bolz- und Basketballplatz, Tischtennisplatten, Flächenspiele, wetterfester Außengrill und eine Lagerfeuerstelle. ÜF 15 €, VP 26 – 30 €.

Haus Odenspiel, Rehwinkel 2, 51580 Reichshof-Odenspiel. ✆ 02297/909366, Fax 909367. www.haus-odenspiel.de. information@haus-odenspiel.de. Für Jugendgruppen, Schulklassen und Familien ist das Haus Odenspiel mehr als nur eine Gruppenunterkunft mit 57 Betten in 34 Zimmern. Quasi nebenbei bekommt ihr Kontakt zu den dort lebenden Tieren: Ziegen und Pferden. Erholung findet ihr auch in dem großen Garten, beim Freiluftschach, Billard, Kicker, Dart oder Tischtennis. Es gibt sogar ein spezielles Kinderhaus. Abends geht es in der Disco im großen Gewölbekeller oder am Feuerplatz heiß her. Erlebnispädagogische Angebote wie z.B. Artistik-Kurse, Klettertrainings, interkulturelle Trainings. Üblicherweise buchen Gruppen die gut organisierten Pauschalprogramme. Da kostet z.B. ein Aufenthalt Mo – Fr mit Vollverpflegung und Ausflugsprogramm 134 €. Ein Tag im Mittelalter, in der Steinzeit oder bei den Indianern liegt bei 31,50 €. Einzeln zahlt ihr für Ü 23 €, F 4,50 €, Mittagessen 7 € und Abendbrot 5,50 €.

Heuhotel Hof Fröhling, Rauner Hohn 20, 51570 Windeck-Hurst. ✆ 02292/7327, Fax 680067. Handy 0160/7272859. www.hof-froehling.de. hof-froehling@t-online.de. **Auto:** In Hurst der Reiterstraße folgen. Bis zu 25 Pers können hier in feinstem Wiesenheu vom Biolandhof schlafen. Selbst im Winter stehen 15 Schlafplätze zur Verfügung, denn das Heu ist in einem schnieken Gebäude mit Fußbodenheizung (!) aufgeschüttet. Es gibt einen Spielplatz, ein Saunahaus und einen Grill auf dem Gelände. ÜF für Gruppen ab 8 Pers 15 € pro Pers. Es sind auch Planwagenfahrten und Ponyreiten möglich. Kindergartengruppen sind herzlich willkommen, ebenso Grundschulklassen.

Tipp: Hier gibt es auch ein Doppelzimmer und Ferienwohnungen, in einer davon sind Haustiere erlaubt.

Jugendzeltplätze

Jugendzeltplatz an der Aggertalsperre, Derschlager Straße 2, 51647 Gummersbach-Lantenbach. ✆ 02261/22387, **Anmeldung** für Gruppen: Oberbergischer Kreis, Jugendamt, Am Wiedenhof 5, 51643 Gummersbach, ✆ 02261/885166, Fax 02261/885166. **Anfahrt:** Bus 318 Genkeltalsperre. **Auto:** A4 Ausfahrt 26 Reichshof, dann über Gummersbach-Derschlag B256. A45 Ausfahrt 16 Meinerzhagen Richtung Gummersbach. **Zeiten:** 15. Mai – 15. Sep. **Infos:** Tiere haben keinen Zutritt. Buchungen von Jugendgruppen und Familien werden bevorzugt behandelt. Ein 8500 qm großer Zeltplatz für bis zu 250 Zeltbewohner, direkt an der Aggertalsperre. Direkt vom Gelände aus könnt ihr zum Schwimmen gehen, am Wochenende passen Rettungsschwimmer der DLRG auf. Der Platz ist vergleichsweise gut ausgestattet, besonders bei Regen sind die 2 Aufenthaltsräume, 4 Gruppenküchen und 1 Einzelwandererküche eine Wohltat. Außerdem stehen Duschen, Waschräume, Toiletten, Kühlschränke, Wäschetrockner und eine Telefonzelle zur Verfügung. Auf dem Platz sind 2 Grillstellen und 1 Lagerfeuerstelle angelegt. Volleyball, Basketball, Tischtennis, Boule, Freiluftschach und 6 Kanus. Tagesgäste zahlen ab 18 Jahre 2 €, unter 18 Jahre 1 €, Übernachtungsgäste 4 € pro Tag, wobei An- und Abreise jeweils als ein Abrechnungstag zählen. Das Duschen kostet 0,50 €, für Strom, Wasser und Gas wird nichts berechnet.

Jugendökologiezeltplatz, Waldjugendherberge, Herbergsstraße 19, 51570 Windeck-Rosbach. ✆ 02292/5042, Fax 6569. www.djh.de/jugendherbergen/windeck. jh-windeck@djh-rheinland.de. **Auto:** B256 bis Rosbach, dort Richtung Hurst. Rad: Siegtalradweg, dann steil den Berg hinauf Richtung Hurst/Waldkrankenhaus. Der Jugendökologiezeltplatz ist für Kinder- und Jugendgruppen bis zu 80 Pers eingerichtet. Es sind zwei getrennte Sanitärtrakte mit Duschen vorhanden, Küche mit Elektrokocher, Elektroherd und Kühlschränken, kleiner Aufenthaltsraum, Feuerstelle, Bolzplatz, Bowlingbahn und Grillfeuerstelle. Die Übernachtung kostet 3 € pro Pers, hinzu kommen Endreinigung 57 €, Küchenbenutzung, Wasser, Strom, Müllentsorgung und Feuerholz.

Hunger & Durst

Auf Wunsch werdet ihr auch bekocht: Frühstück 4,30 €, andere Mahlzeiten 4,50 €.

Naturnahe Campingplätze

Waldcamping Glüder, Thomas Liedgens, Glüder 2, Balkhausener Weg 240, 42719 Solingen. ✆ 0212/242120, Fax 2421234. www.camping-solingen.de. info@camping-solingen.de. **Anfahrt:** Bus 252 Glüder. **Auto:** Kreisstraße K4 (Balkhauser Weg), zwischen Solingen-Mitte und Leichlingen-Witzhelden. Schön im Wald gelegener Platz direkt an der Wupper mit Stromanschluss an jedem Platz, Sanitärgebäude mit Warmwasser, Laden, Waschmaschine, Trockner, Minigolf, Kinderspielplatz und Tischtennis. Pro Nacht Wohnwagen und Auto 6,15 €, WoMo 6,15 €, großes Zelt und Auto 6,15 €, kleines Zelt und Auto 3,60 €, Erw 3,60 €, Ki 2 – 13 Jahre 2 €, Hunde 2 €, Müllgebühr pro Erw 0,50 €.

WoMo-Plätze in Solingen

Gräfrath: Parkplatz am Brandteich

Müngsten: Parkplatz Müngstener Brücke

In Remscheid

Remscheid: Autohaus Pauli

Campingplatz Broich im Sülztal, Familie Kraus, Wipperfürther Straße 338, 51515 Kürten. ✆ 02268/6801, 906463, Fax 906464. **Preise:**; Kinder bis 14 Jahre 1,30 €; Wohnwagen. Campingplatz für etwa 70 Wagen mit eigenem Strom- und Wasseranschluss, ganzjährig geöffnet. Erw 2,60 €, Kinder bis 14 Jahre 1,30 €, Wohnwagen 3,60 €, WoMo 5,10 €, Zelt 2,60 €, Auto 2,60 €, Motorrad 1 €, Hund 0,75 €, Strom 2,05 €, Duschmarke 0,50 €

Campingplätze an der Bevertalsperre, Interessengemeinschaft Zeltplätze Bever-Talsperre e.V., Mühlenweg 6, 42499 Hückeswagen. ✆ 02192/2018, 2019, Fax 3279. www.ig-bever.de. kon@ig-bever.de. **Zeiten:** Wohnwagen und WoMo ganzjährig, Zelte April – Sep. **Infos:** Haustiere nicht zugelassen. Große Zeltplätze, auch für Gruppen, direkt an der Bevertalsperre. Außer Spielplatz, Kiosk und Restaurant gibt es in der Zeit von Mitte März bis Ende Okt einen Bootsverleih mit Tret-, Ruder- Paddel- und Segelbooten sowie eine Segel- und Tauchschule. Die aktuellen Preise fordert ihr jeweils per Post an oder entnehmt sie dem Internet.

Campingplatz Freizeitparadies Beverblick, Friedel Wickesberg, Großberghausen 29, 42499 Hückeswagen-Großberghausen. ✆ 02192/83389. **Zeiten:** Wohnwagenstellplätze ganzjährig, Zeltplätze April – Sep. **Infos:** Haustiere sind nicht zugelassen. Direkt an der Bevertalsperre gelegener Campingplatz mit Stellplätzen und guten sanitären Anlagen, Spielplatz, Kiosk und Restaurant. Stellplatz pro Tag 20 € einschließlich Strom, pro Woche 120 €.

Freizeitcamp Aggertalsperre, Familie Stubenrauch, Derschlager Straße 4, 51647 Gummersbach-Lantenbach. ✆ 02261/66527, 500065, Fax 817112. www.freizeitcamp.de. info@freizeitcamp.de. **Anfahrt:** Bus 318 Genkeltalsperre. **Auto:** A4 Ausfahrt 26 Reichshof, dann über Gummersbach-Derschlag B256. A45 Ausfahrt 16 Meinerzhagen Richtung Gummersbach. **Zeiten:** April – Sep und nach Absprache. Gemütlicher, kleiner Campingplatz direkt an der Aggertalsperre mit Spielplatz, gepflegten Sanitäranlagen mit Waschmaschine und Trockner, überdachtem Grillplatz. Im Frühjahr machen hier kanadische Graugänse Station. Für Kurzurlauber mit Zelt, Wohnwagen und WoMo gibt es ei-

WoMo-Plätze in Wuppertal

Wuppertal: Parkplatz Kornstraße (mit Parkscheinautomat)

Wuppertal: Restaurant Zum alten Kuhstall

Wuppertal: Freizeitbad Bergische Sonne, Lichtscheider Straße

Tipp: Die Esso-Station in der Friedrich-Ebert-Str. 434, 42117 Wuppertal, ✆ 0202/711445 bietet Trinkwasser. Chemietoiletten und Abwassertanks kann man 8 – 15.30 Uhr im Klärwerk Buchenhofen, Buchenhofen 45, 42329 Wuppertal, ✆ 0202/2746-0 leeren.

An Wupper & Dhünn

Leichlingen: Campingplatz Balker Aue

Wermelskirchen: Hotel Zur Eich

WoMo-Plätze bei Gummersbach

Engelskirchen: Parkplatz am Feckelsberger Weg

Ründeroth: ehemaliges Freibad beim Kurpark

Lindlar: Hotel-Restaurant Bergische Rhön

WoMo-Plätze im Homburger Ländchen

Morsbach-Rom: Hotel zum Römertal

Reichshof-Eckenhagen: Festplatz Reichshof

Reichshof-Eckenhagen: Parkplatz Monte Mare (max. 3 Tage)

Wiehl: Parkplatz Wiehlpark, hinter Petzhalle (mit Entsorgungsstation); am Eisstadion; am Sportplatz Eichhardt

An der Sieg:

Altwindeck: am Heimatmuseum; Café Zum goldenen Spinnrad

Dattenfeld: Platz am Brunnenweg (Sanistation am Hallenbad)

Dreisel: Gasthof zu Sieg

Herchen: Am Sportplatz; Parkhotel Löwenburg

Oettershagen: Eisenbergstraße

Stromberg: Gaststätte Zum Eichenhain

Übersetzig: Festplatz Auf dem Greent

gene Rasenflächen, Zelte dürfen sogar unmittelbar am Ufer aufgestellt werden. Vom Ufer aus könnt ihr eine Badeinsel mit Rutsche erreichen, das ist im Sommer immer ein großer Spaß und spart so manchen Weg zu einem Schwimmbad. Am Wochenende gibt es aufmerksame DLRG-Rettungsschwimmer auf dem Jugendzeltplatz nebenan. Wohnwagen 7 €, kleines WoMo 7 €, großes 9 €, Zelt/Pavillon 5 – 10 €, Parkplatz 2 €, Erw 3,50 €, Kind 3 – 13 Jahre 2,50, Hund 2 €, Ermäßigungen für längere Aufenthalte.

Campingplatz Wiesengrund, Familie Sauermann, Brochhagen, 51789 Lindlar. ✆ 02266/8978, Fax 44120. www.camping-wiesengrund.de. info@camping-wiesengrund.de. 270 Stellplätze, auch für Reisemobile, in ruhiger Hanglage in einem kleinen Seitental. Der Platz ist ganzjährig geöffnet. Kosten pro Nacht: Stellplatz 6 €, Erw 3 €, Kind 2 – 13 Jahre 2,50 €, Hund 1,50 €, Zelt 3 – 6 €.

Campingplatz Bielstein, Jahnstraße, 51674 Wiehl-Bielstein. ✆ 02262/727420, Fax 727421. www.campingplatz-bielstein.de. campingplatz-bielstein@stubsgmbh.de. **Auto:** A4 Ausfahrt 25 Gummersbach/Wiehl. Kinderfreundlicher Campingplatz direkt neben dem Freibad Bielstein mit modernem Sanitärbereich mit Wickelraum, Behinderten- und Kindertoiletten. 300 Dauerstellplätze, 28 Touringstellplätze, Wagen 16 € pro Tag, Zelt 13 € pro Tag, zwei Pers sind im Preis enthalten, jede weitere kostet 3,50 €.

Campingplatz Franz Müßgen, Im Rosenthal 22, 53773 Hennef-Lanzenbach. ✆ 02242/2095, Fax 3094. www.im-wingert.de. camping@im-wingert.de. **Auto:** A560 Ausfahrt 7 Hennef Ost, rechts Richtung Hennef, dann L125 Richtung Buchholz/Lanzenbach, in Lanzenbach rechts. **Zeiten:** Mai – Okt. Ruhig gelegener Campingplatz im Hanfbachtal direkt am Waldrand im Naturschutzgebiet. Der Platz ist angenehm klein, von den 80 Stellplätzen sind 30 für Wohnwagen von Touristen und 10 für WoMo reserviert. Auf dem Gelände findet ihr Restaurant, Sanitäranlagen, Entsorgungsmöglichkeit für Campingtoiletten, Freibad und Spielplatz. Pro Nacht kostet das 4 € für den Wohnwagen oder das Reisemobil, 2 € für Zelt oder Auto, 3 € für Erw und 1,50 € für Ki unter 14 Jahre.

KARTEN & REGISTER

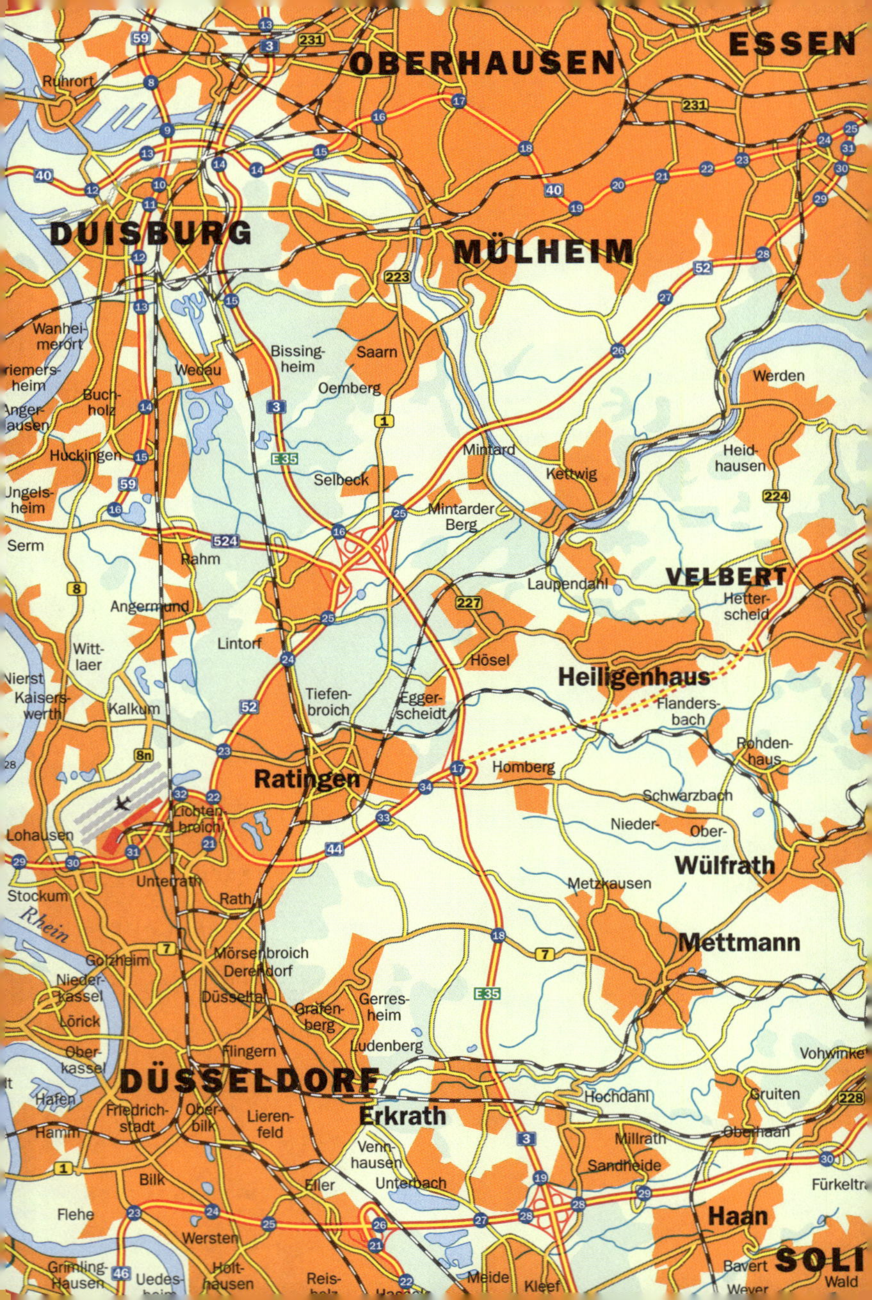

OBERHAUSEN
ESSEN
Ruhrort
DUISBURG
MÜLHEIM
Wanheimerort
Wedau
Bissingheim
Saarn
Oemberg
Buchholz
Huckingen
Mintard
Kettwig
Werden
Heidhausen
Selbeck
Mintarder Berg
Serm
Rahm
Laupendahl
VELBERT
Hetterscheid
Angermund
Wittlaer
Lintorf
Hösel
Heiligenhaus
Kaiserswerth
Kalkum
Tiefenbroich
Eggerscheidt
Flandersbach
Rohdenhaus
Ratingen
Homberg
Schwarzbach
Lohausen
Lichtenbroich
Nieder-
Ober-
Wülfrath
Stockum
Unterrath
Rath
Metzkausen
Rhein
Golzheim
Mörsenbroich
Derendorf
Mettmann
Niederkassel
Düsseltal
Gerresheim
Grafenberg
Lörick
Oberkassel
Flingern
Ludenberg
Vohwinkel
DÜSSELDORF
Hafen
Friedrichstadt
Oberbilk
Lierenfeld
Erkrath
Hochdahl
Gruiten
Hamm
Millrath
Oberhaan
Vennhausen
Sandheide
Bilk
Unterbach
Eller
Fürkeltrath
Flehe
Wersten
Haan
Grimlinghausen
Uedesheim
Holthausen
Reisholz
Meide
Kleef
Bavert
SOLI
Wever
Wald
E35

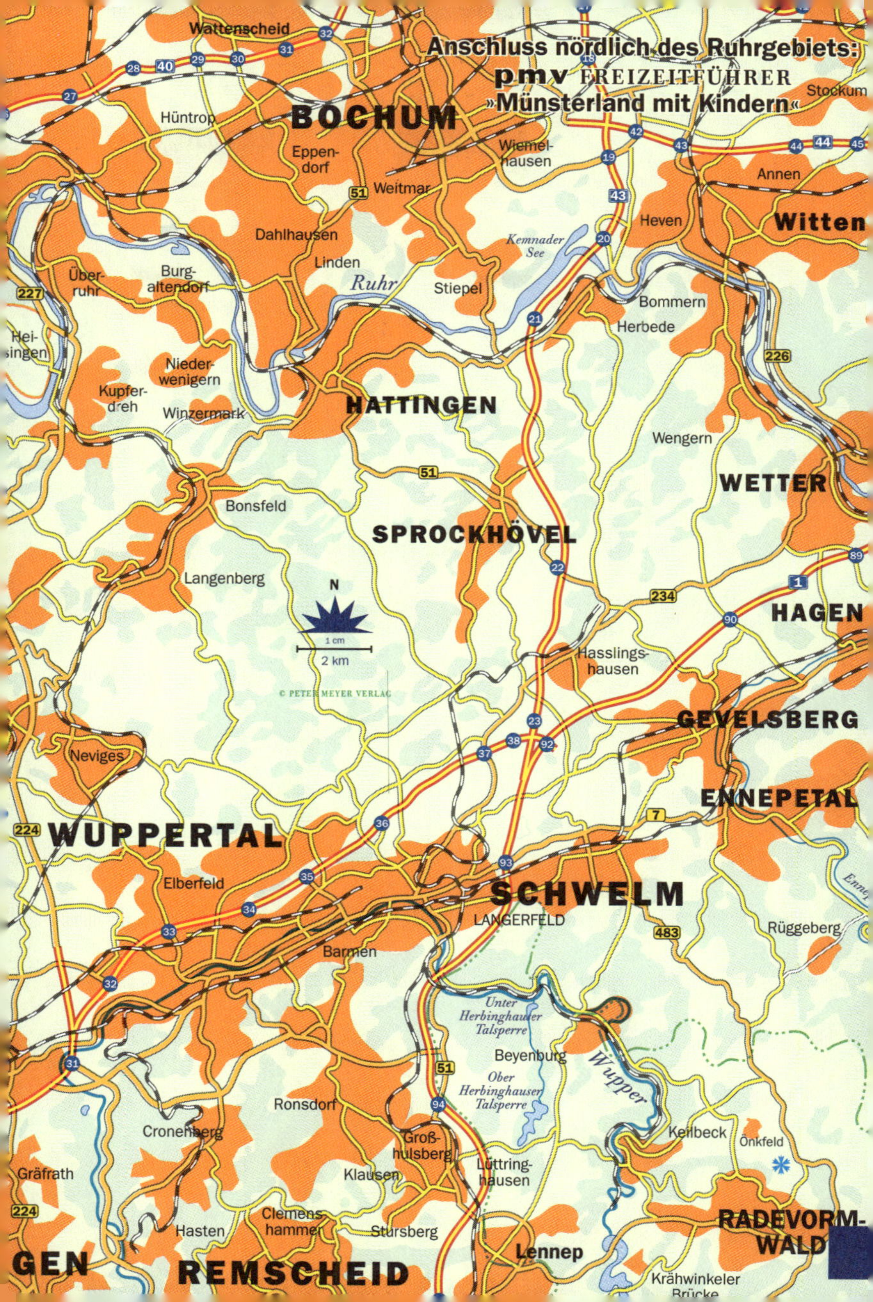
Anschluss nördlich des Ruhrgebiets:
pmv FREIZEITFÜHRER
»Münsterland mit Kindern«
Wattenscheid
BOCHUM
Stockum
Hüntrop
Eppendorf
Weitmar
Wiemelhausen
Annen
Witten
Heven
Dahlhausen
Linden
Kemnader See
Ruhr
Stiepel
Überruhr
Burgaltendorf
Bommern
Herbede
Heisingen
Niederwenigern
Kupferdreh
Winzermark
HATTINGEN
Wengern
WETTER
Bonsfeld
SPROCKHÖVEL
Langenberg
HAGEN
N
1 cm
2 km
© PETER MEYER VERLAG
Hasslingshausen
GEVELSBERG
Neviges
ENNEPETAL
WUPPERTAL
Elberfeld
SCHWELM
LANGERFELD
Rüggeberg
Barmen
Unter Herbinghauser Talsperre
Beyenburg
Wupper
Ober Herbinghauser Talsperre
Ronsdorf
Cronenberg
Großhulsberg
Keilbeck
Önkfeld
Gräfrath
Klausen
Lüttringhausen
Clemenshammer
Hasten
Stursberg
RADEVORMWALD
Lennep
GEN
REMSCHEID
Krähwinkeler Brücke

DÜSSELDORF
Oberkassel
Flingern
Ludenberg
Heerdt
Hafen
Hamm
Friedrichstadt
Oberbilk
Lierenfeld
Erkrath
Hochdahl
Millrath
Sandheide
Vennhausen
Unterbach
Eller
Bilk
Flehe
Wersten
NEUSS
Weissenberg
Reuschenberg
Grimlinghausen
Uedesheim
Holthausen
Reisholz
Hassels
Meide
Kleef
Weckhoven
Norf
Himmelgeist
Itter
Niederheid
Benrath
Hoisten
Urdenbach
Hilden
Ohligser Heide
Garath
Hülchrath
Rosellen
Delrath
Stürzelberg
Richrath
Wiescheid
Neukirchen
Feste Zons
Baumberg
Hellerhof
Langenfeld
Nievenheim
Gohr
Ückerath
Horrem
Rheinfeld
Berghausen
Immigrath
Dormagen
Straberg
Reusrath
Westlicher Anschluss:
pmv FREIZEITFÜHRER
»Rheinland mit Kindern«
Delhoven
Monheim
Hackenbroich
Blechhof
Hitdorf
N
1 cm
2 km
Stommelerbuch
Roggendorf
Worringen
Rheindorf
Rommerskirchen
© PETER MEYER VERLAG
Thenhoven
Fühlingen
Bürrig
Chorweiler
Stommeln
LEVER
Volkhoven
Seeberg
Merkenich
Sinnersdorf
Esch
Weiler
Ingendorf
Pulheim
Heimersdorf
Büsdorf
Fliesteden
Auweiler
Flittard
Manstedten
Pesch
Longerich
Niehl
Weidenpesch
Stammheim
Glessen
Sinthern
Geyen
Mengenich
Bocklemünd
Ossendorf
Neuehrenfeld
Riehl
202
Glessener Höhe
Dansweiler
Nippes
Lövenich
Bickendorf
Quadrath-Ichendorf
Königsdorf
Müngersdorf
KÖLN
Kalk
Weiden
Junkersdorf
Altstadt
Deutz
Vings
1
3
19
28
29
27
26
21
20
22
23
24
25
46
59
228
57
477
8
542
E 35
E 31
9
99
100
101
102
103
104
10
E 40
4
27
30
59n

Vohwinkel
Gruiten
Oberhaan
Fürkeltrath
Gräfrath
Haan
SOLINGEN
Bavert
Weyer
Wald
Merscheid
Ohligs
Höh-
scheid
Aufder-
höhe
Cronenberg
Ronsdorf
Beyenburg
Ober
Herbinghauser
Talsperre
Wupper
Groß-
hulsberg
Klausen
Lüttring-
hausen
Hasten
Clemens-
hammer
Stursberg
REMSCHEID
Lennep
Eschbach-
talsperre
Wupper-
talsperre
HÜCKES-
WAGEN
Unter-
burg
Oberburg
Pfaffen-
berg
Glüder
Burg
Strohn
Wermelskirchen
Elbring-
hausen
Scheide-
weg
Sengbach-
talsperre
Wupper
Witzhelden
Tente
Epringhausen
Dhünn
Leichlingen
Höhscheid
Hilgen
Grunewald
Kleine Dhünn
Großer
Dhünnbach
Burscheid
Dabring-
hausen
Vorsperre
Kl. Dhünn
Bergisch-
Neukirchen
Repinghofen
Vorsperre
Gr. Dhünn
Wipperfeld
Lützen-
kirchen
Große
Dhünntalsperre
277
Quettingen
Opladen
Stein-
büchel
Weiden
Alken-
rath
Altenberg
Nechen
Scheuren
Kürten
Klasmühle
Schlebusch
USEN
Dhünn
Odenthal
Bechen
Sülz
Schildgen
Eikamp
Linde
Katterbach
Dürscheid
Biesfeld
Dünnwald
Herren-
strunden
MD Bauernhof
Waldbröl
Berg
Paffrath
Dombach
Hommerich
Höhen-
haus
Hand
BERGISCH
GLADBACH
Dell-
brück
Gronau
Herken-
rath
Brombach
Moitzfeld
Holweide
Refrath
Bensberg
Imme-
keppel
Sülz
Vilkerath
Brück
Königsforst
Steinenbrück
Heiligenhaus
Overath
Mar
linden
E 37
E 40

Beyenburg
Ober Herbinghausen Talsperre
Wupper
Keilbeck
Önkfeld
Glör-talsperre
Ennepe-talsperre
Schalksmühle
Lüttringhausen
RADEVORMWALD
Ennepe
Lennep
Ehringhansen
Krähwinkeler Brücke
Halver
Dürhagen
Eschbach-talsperre
Wupper-talsperre
Bever-talsperre
Kreuzberg
HÜCKESWAGEN
355
Elbringhausen
Großberghausen
434
Markeshagen
237
Kleineichen
Scheideweg
Schevelinger Talsperre
Kerspe-talsperre
Epringhausen
Hämmern
Dhünn
Wupper
237
Ohl
Rönsahl
Großer Dhünnbach
Wipperfürth
380
Kleine Dhünn
501
Klüppelberg
Lingese-talsperre
Vorsperre Kl. Dhünn
372
Agathaberg
Dorgaul
Wipperfeld
Vorsperre Gr. Dhünn
Thier
Gerhardsfeld
277
Marienheide
Himmerkusen
Brucher Talsperre
300
Hartegasse
Kürten
Frielingsdorf
Herreshagen
Leppebach
Lindlarer Sülz
Berghausen
Gummershard
405
Sülz
347
Gummeroth
GUMMERS
Linde
Lindlar
Biesfeld
Flaberg
256
Heiligenhoven
Bickenbach
MD Bauernhof
Waldbruch Berg
Gr. Borrberg
Hommerich
321
Ründeroth
327
Hölzer Kopf
Aggertalhöhle
Dieringhausen
Engelskirchen
55
Brombach
23
24
25
E40
4
364
Sülz
Vilkerath
Schimmelhau
56
Bielstein
4
Wiehl
384
Heiligenhaus
22
Großoderscheid
Heckberg
Overath
Marialinden
Drabenderhöhe
51

Werdohl
LÜDENSCHEID
45
14
229
N
1 cm
2 km
© PETER MEYER VERLAG
PLETTENBERG
15
Verse-
talsperre
521
Herscheid
Jubach-
talsperre
Oester-
talsperre
Fürwigge-
talsperre
645
Rehberg
NATURPARK
Kierspe
Attendorn
539
Kahler Kopf
600
Rothenstein
450
Valbert
Meinherzhagen
16
Lister
EBBERGEBIRGE
Ingemert
472
45
Müllen-
bach
506
Unnenberg
Genkel-
talsperre
Lieber-
hausen
Lanten-
bach
405
17
55
481
Beulberg
Agger-
talsperre
BACH
55
Bergneustadt
Belmicke
18
Olpe
465
Hepper
Derschlag
Drolshagen
54
Agger
Eckenhagen
Blockhaus
Husten
Halbhusten
19
28
4
Silberkuhle
Gerlingen
362
515
28
26
Breselberg
Wenden
Hespert
27
Monsau
Hahn
Reichs-
45
Wiehl-
talsperre
Heischeid

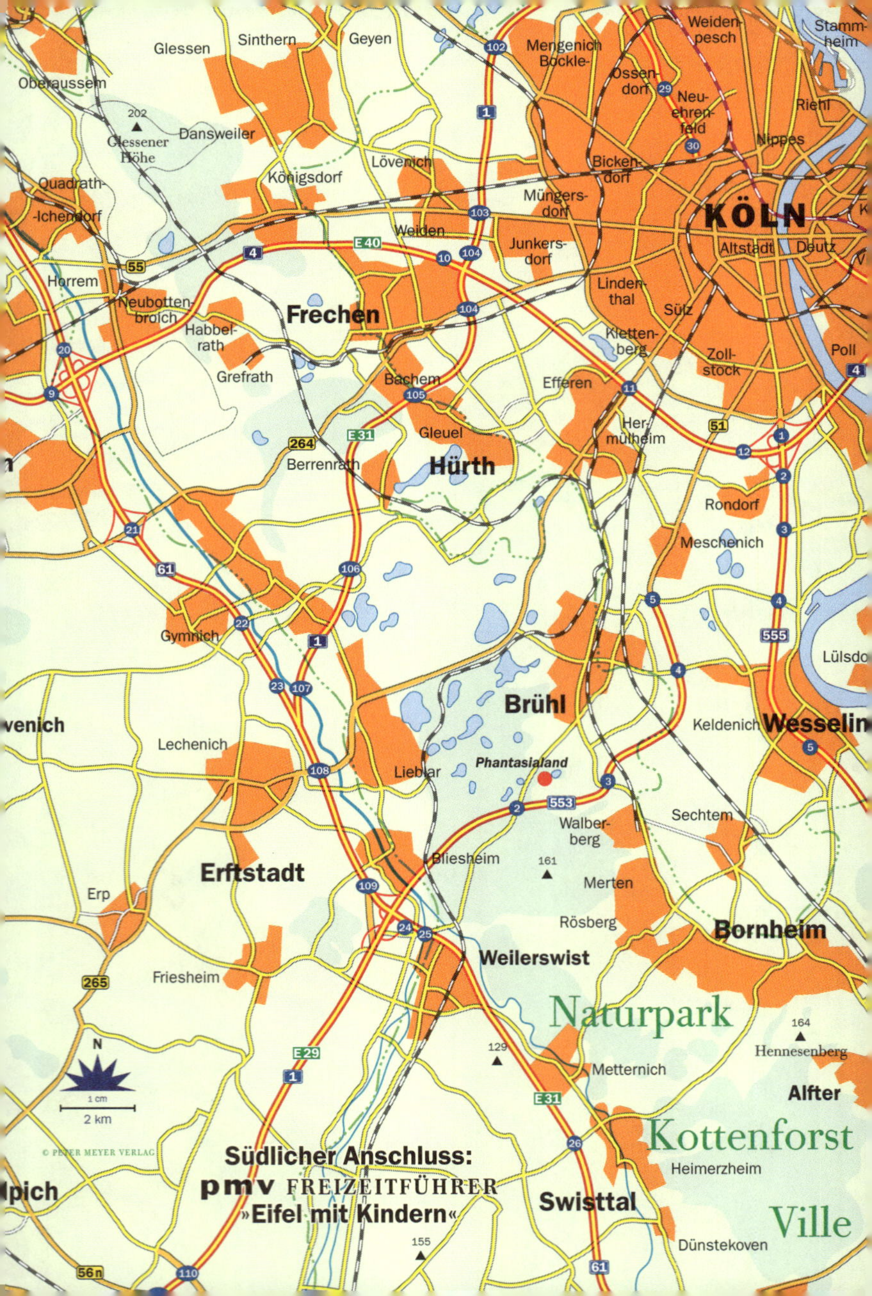
Glessen
Sinthern
Geyen
Mengenich
Bockle-
Weiden-
pesch
Stamm-
heim
Oberaussem
202
Glessener
Höhe
Dansweiler
Ossen-
dorf
Neu-
ehren-
feld
Riehl
Nippes
Königsdorf
Lövenich
Bicken-
dorf
Quadrath-
-Ichendorf
Müngers-
dorf
KÖLN
Weiden
Junkers-
dorf
Altstadt
Deutz
Horrem
E 40
Linden-
thal
Neubotten-
broich
Frechen
Sülz
Habbel-
rath
Kletten-
berg
Zoll-
stock
Poll
Grefrath
Bachem
Efferen
Her-
mülheim
Gleuel
Berrenrath
Hürth
E 31
Rondorf
Meschenich
Gymnich
Lülsdo
Brühl
venich
Keldenich
Wesselin
Lechenich
Phantasialand
Liblar
Sechtem
Walber-
berg
Bliesheim
161
Erftstadt
Merten
Erp
Rösberg
Bornheim
Weilerswist
Friesheim
Naturpark
164
Hennesenberg
129
E 29
Metternich
N
Alfter
E 31
1 cm
2 km
Kottenforst
© PETER MEYER VERLAG
Südlicher Anschluss:
pmv FREIZEITFÜHRER
»Eifel mit Kindern«
Heimerzheim
lpich
Swisttal
Ville
155
Dünstekoven

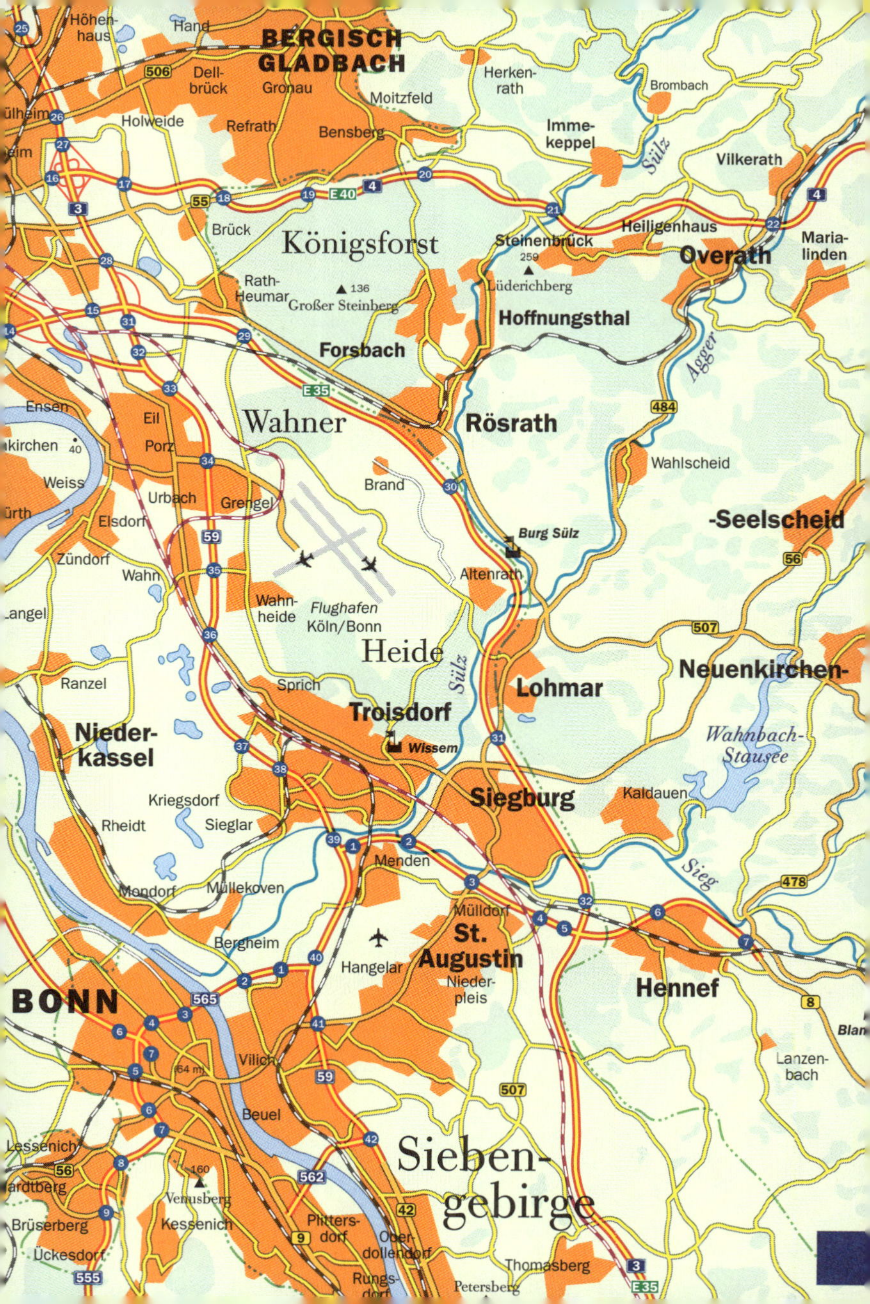
BERGISCH GLADBACH
Höhenhaus
Hand
Dellbrück
Gronau
Moitzfeld
Herkenrath
Brombach
Holweide
Refrath
Bensberg
Immekeppel
Sülz
Vilkerath
E 40
Königsforst
Brück
Steinenbrück
259
Lüderichberg
Heiligenhaus
Overath
Marialinden
Rath-Heumar
136
Großer Steinberg
Hoffnungsthal
Forsbach
Agger
E 35
Ensen
Eil
Wahner
Rösrath
Porz
Wahlscheid
Weiss
Urbach
Grengel
Brand
Elsdorf
Burg Sülz
-Seelscheid
Zündorf
Wahn
Altenrath
Wahnheide
Flughafen Köln/Bonn
Heide
Ranzel
Sprich
Lohmar
Neuenkirchen-
Niederkassel
Troisdorf
Wissem
Wahnbach-Stausee
Kriegsdorf
Siegburg
Kaldauen
Rheidt
Sieglar
Menden
Sieg
Mondorf
Müllekoven
Mülldorf
St. Augustin
Bergheim
Hangelar
Niederpleis
Hennef
BONN
Blan
Lanzenbach
Vilich
64 m
Beuel
Lessenich
Siebengebirge
160
Venusberg
Kessenich
Brüserberg
Plittersdorf
Oberdollendorf
Ückesdorf
Thomasberg
Rungsdorf
Petersberg
E 35
506
55
484
56
507
478
565
8
562
42
9
555

327
Hölzer Kopf
Aggertal-
höhle
Engelskirchen-
Diering-
hausen
55
23
24
25
E 40
4
Brombach
Sülz
Vilkerath
364
Schimmelhau
56
Bielstein
Wiehl
4
22
Heiligenhaus
Overath
Maria-
linden
Groß-
oderscheid
384
Heckberg
Draben-
derhöhe
Bergisches
Hübender
hal
Wellerscheid
Ober-
staffelbach
Schloss
Homburg
Agger
Bövingen
325
Ödinghaise
484
Much
Land
Hardt
Nümbrecht
Oberelben
Wahlscheid
Marienfeld
Wirtenbach
-Seelscheid
56
478
507
Schönenberg
Ruppichteroth
Neuenkirchen-
370
Hohes
Wäldchen
Wahnbach-
Stausee
Nutscheid
Windeck
Kaldauen
263
Steimelskopf
Dattenfeld
Sieg
478
301
Steinbachsko
6
Herchen
7
Eitorf
(89 m)
Hennef
8
Burg
Blankenberg
Blankenberg
Käsberg
Lanzen-
bach
Leuscheid
388
Hüppel-
röttchen
Schaden
Stein
389
Weyersbusch
8
3
Westerwald
Rettersen
334
E 35
Buchholz
Birnba

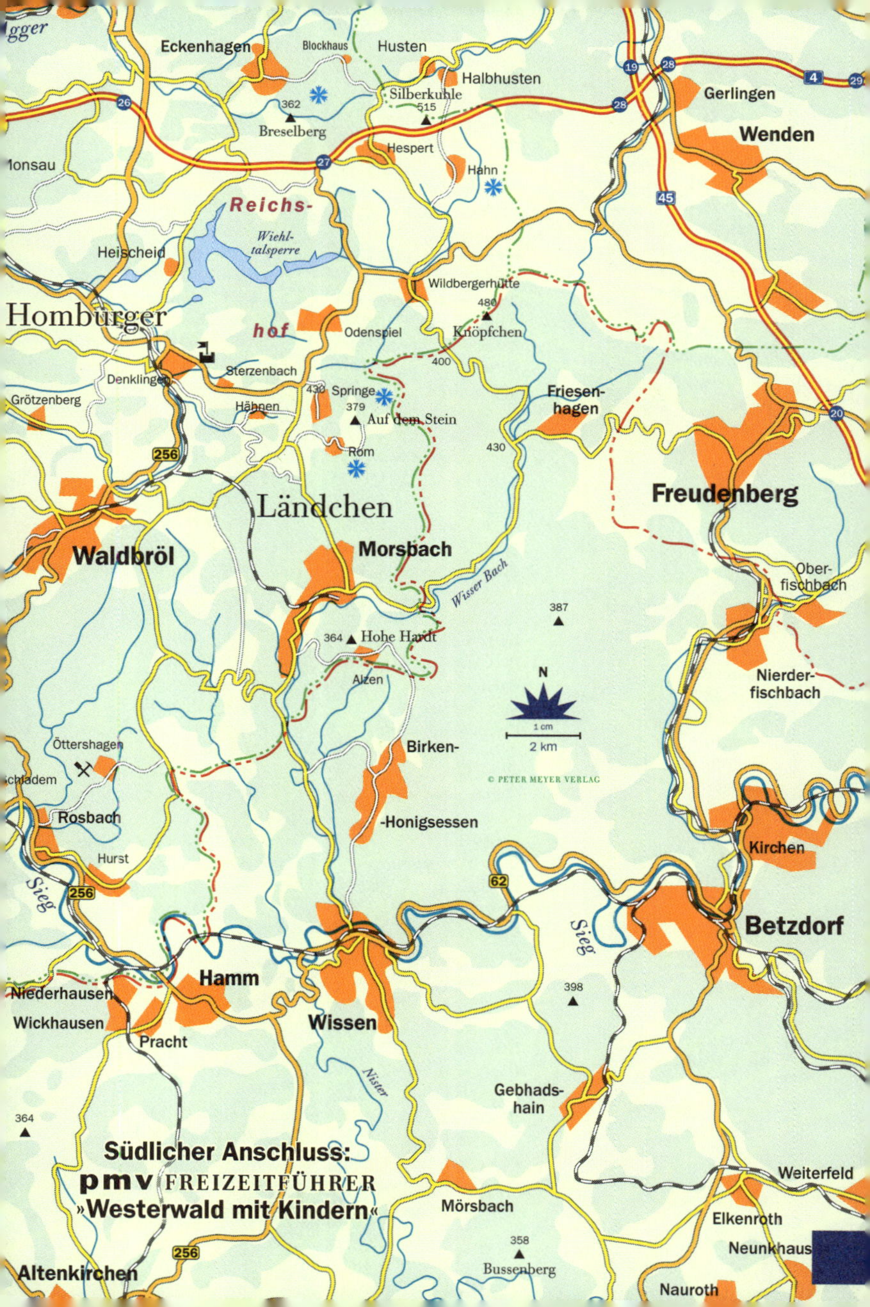
Agger
Eckenhagen
Blockhaus
Husten
Halbhusten
Silberkuhle
515
362
Breselberg
Gerlingen
Wenden
Hespert
Hahn
Reichs-
Wiehl-
talsperre
hof
Homburger
Heischeid
Wildbergerhütte
480
Knöpfchen
Odenspiel
400
Sterzenbach
Denklingen
Grötzenberg
Hähnen
430
Springe
379
Auf dem Stein
Rom
Friesen-
hagen
430
Freudenberg
Ländchen
Waldbröl
Morsbach
Wisser Bach
Ober-
fischbach
387
364
Hohe Hardt
Alzen
Nierder-
fischbach
N
1 cm
2 km
© PETER MEYER VERLAG
Öttershagen
Birken-
-Honigsessen
Rosbach
Hurst
Kirchen
Sieg
Betzdorf
Hamm
Niederhausen
Wickhausen
Pracht
Wissen
398
Nister
Gebhads-
hain
364
Südlicher Anschluss:
pmv FREIZEITFÜHRER
»Westerwald mit Kindern«
Weiterfeld
Mörsbach
Elkenroth
358
Bussenberg
Neunkhaus
Altenkirchen
Nauroth
256
62
45
4
19
26
27
28
29
20

Register

A

B

C – D

E – F

G